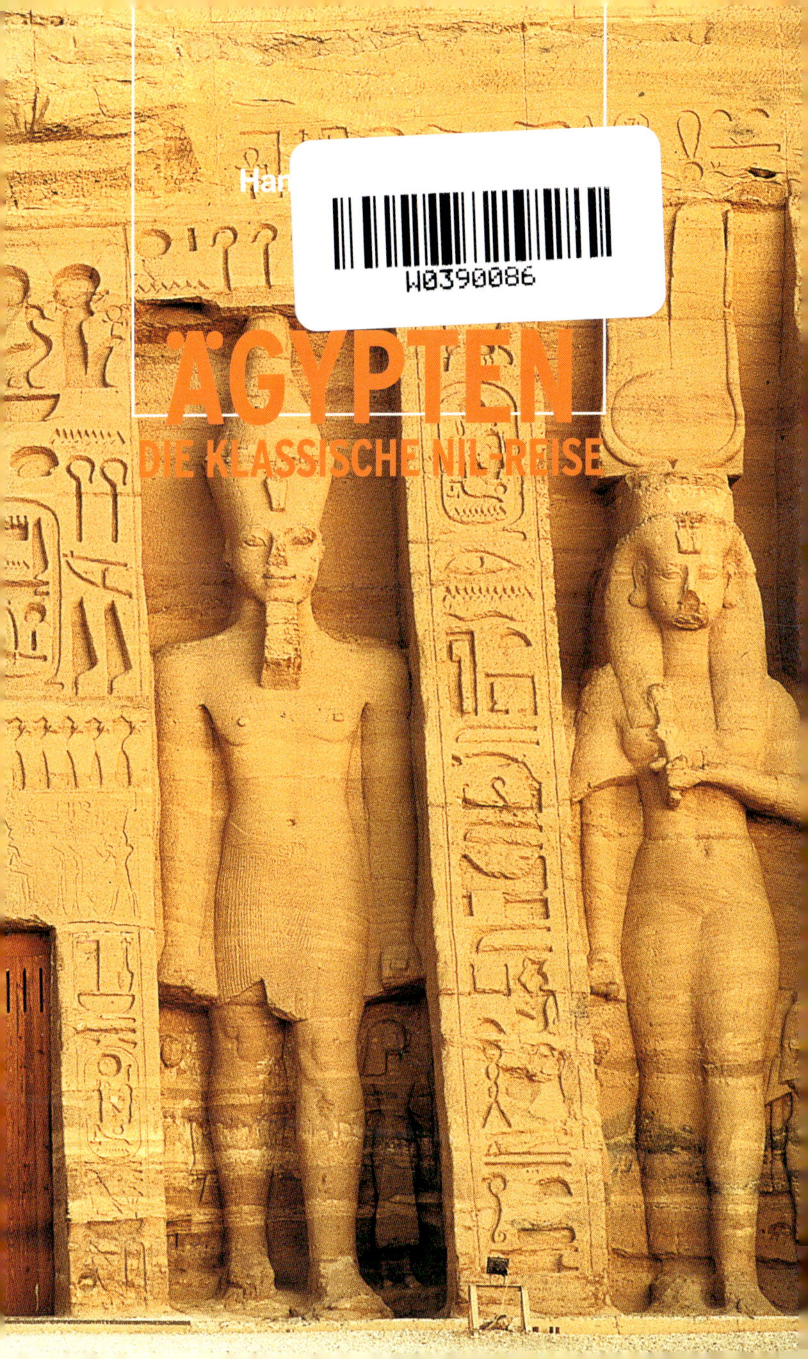

Han

ÄGYPTEN

DIE KLASSISCHE NIL-REISE

W0390086

Inhalt

LAND & LEUTE

Das Land der Pharaonen

Kultur und Leben

ÄGYPTEN

DIE KLASSISCHE NIL-REISE

DUMONT REISE-TASCHENBUCH

Tipps für Ihren Urlaub

UNTERWEGS IN ÄGYPTEN

Unterägypten

Inhalt

REISEINFOS VON A BIS Z

REISEATLAS

Fellache auf dem Weg zur Feldarbeit ▷

LAND & LEUTE

»Wie schön ist der Tempel des Amun, wenn der Tag mit Feiern vergeht, wie eine berauschte Frau, die draußen vor ihrem Zimmer sitzt mit offenen Haaren auf ihrem schönen Busen.«

Inschrift auf einem thebanischen Grab der Zeit Ramses' II. (1290–1224 v. Chr.)

Das Land der Pharaonen

Karnak – Statue Ramses' II.

ÄGYPTEN - EIN GESCHENK DES NIL

Wie in kaum einem anderen Land kann man in Ägypten eine Reise in die über viertausendjährige Geschichte mit Badespaß und jeglicher Form von Wassersport verbinden. Zahllos sind die gut erhaltenen Monumente der Pharaonenzeit, die gigantischen Pyramiden, die mit vielerlei Reliefs versehenen Tempel und die reich bemalten Gräber nicht nur von großen Pharaonen, sondern auch von einfachen Handwerkern.

Wie an einer Kette reihen sich die Denkmäler, die man bei einer Nilkreuzfahrt besichtigen kann, am längsten Fluss der Welt. Aber auch Reisenden, die ihren Urlaub ganz individuell planen und durchführen möchten, wird es in Ägypten leicht gemacht. Mit der Eisenbahn geht es durch das dicht besiedelte Nil-Tal, vorbei an den Feldern der Fellachen, zu den bedeutendsten Sehenswürdigkeiten des Landes.

Seit 2000 Jahren ist Ägypten ein Reiseziel, heutige Besucher wandeln auf den Spuren der Historie und der Zivilisation sowie in den Fußstapfen großer Persönlichkeiten der Weltgeschichte. Die jahrtausendealte Pharaonenkultur und das Interesse ausländischer Touristen machen die Ägypter stolz und so bezeichnen sie ihr Land auch gern und nicht zu Unrecht als ›Wiege der Zivilisation‹. Bei allem Besucherandrang haben sie ihre Freundlichkeit Gästen gegenüber nicht verlernt.

Nachdem der griechische Geschichtsschreiber Herodot das Land besucht und seine Zeitgenossen ausführlich über »das Geschenk des Nil« informiert hatte, folgten weitere große antike Reisende – etwa Strabon oder Diodor – seinen Spuren und bestätigten die schier unglaublichen Taten und Leistungen der Pharaonen wie auch das oft prekäre Alltagsleben der kleinen Leute. Ihnen folgten die römischen Kaiser, die so beeindruckt von den altägyptischen Herrschern waren, dass sie sich in Ornat und Habitus auf den Tempelwänden als Pharaonen verewigen ließen.

Im späten Mittelalter kamen die ersten europäischen Reisenden, der Strom der Besucher wurde im Zuge der Orientalismusbegeisterung des 18. und 19. Jh. immer stärker und sollte bis heute nicht mehr abreißen.

Die grandiosen Zeugnisse einer der ersten Hochkulturen der Welt, die vor über 4000 Jahre Bauwerke wie die Pyramiden im Wüstensand errichtete, faszinieren die Menschen rund um den Erdball. Den Pharaonen folgten Römer, Griechen, Christen und Muslime und auch sie haben ihre Spuren im Lande gesetzt. Der Bogen der Hinterlassenschaften reicht von den Mastabas des Alten Reiches bis zu den Moscheen des späten Mittelalters, in keinem Land der Welt sind die geschichtlichen Epochen von der Prähistorie bis in die Moderne so gut und reichhaltig dokumentiert wie in Ägypten.

Dieses Reise-Taschenbuch folgt einer natürlichen Spur, dem Verlauf des Nil. Von jener Stelle, an der Alexander

STECKBRIEF ÄGYPTEN

Lage und Größe: Ägypten, gut 1 Mio km^2 groß, liegt im Nordosten von Afrika und grenzt im Norden an das Mittelmeer, im Osten an die Sinai-Halbinsel, im Süden an den Sudan, im Westen an Libyen. Hauptstadt: Kairo mit etwa 13 Mio. Einwohnern.

Bevölkerung: Ägypten hat etwa 67,2 Mio. Einwohner, 99 % leben entlang des Nil und im Nil-Delta. 44 % der Bevölkerung wohnen in Städten, 36 % aller Ägypter sind unter 15 Jahre alt. Bevölkerungswachstum: 1,89 %; Lebenserwartung: Männer 66,5 Jahre, Frauen 69,5 Jahre; Analphabeten: Männer 36,5 %, Frauen 61,6 %; Religion: 94 % sunnitische Muslime, 6 % christliche Kopten.

Regierungsform: Ägypten ist eine Präsidialdemokratie mit dem seit 1981 regierenden Staatsoberhaupt Hosni Mubarak. Seit 1953 Trennung von Staat und Religion. Die Verfassung von 1971 berücksichtigt Elemente der *sharia,* der islamischen Gesetzgebung; Wahlpflicht ab 18 Jahren. Von den 454 Parlamentsabgeordneten werden zehn vom Staatsoberhaupt ernannt, die restlichen alle fünf Jahre gewählt. Der Präsident wird für sechs Jahre vom Parlament nominiert und vom Volk bestätigt. Er ernennt den Ministerpräsidenten, die Kabinettsmitglieder, Gouverneure, hohe Richter und Offiziere. Amtssprache: Arabisch; Handelssprachen: Englisch und Französisch.

Wirtschaft: Die Landwirtschaft trägt zu 16 %, die Industrie zu 32 %, der Dienstleistungsbereich zu 52 % zum Bruttoinlandsprodukt bei. Exporterlöse: 4,6 Mrd. US-$, Importe: 14,4 Mrd. US-$. Ausgeführt werden Rohöl, Erdölprodukte, Textilien, Rohphosphat und Manganerz. Arbeitslosenquote: offiziell 7,4 %, Inflation 2,7 %. Größte Devisenbringer: Tourismus, Erlöse aus den Passagen des Suez-Kanals, Erdölexport und Überweisungen der im Ausland tätigen ägyptischen Gastarbeiter.

Soziales: Zur Sozialversicherungspflicht tragen Arbeitnehmer und Arbeitgeber je 5 % des Lohnes bei. Die Mindestlöhne und die 42 Wochenstunden betragende Arbeitszeit werden staatlich festgelegt. Seit 1997 ist die Beschneidung von Mädchen verboten. Auf 1000 Einwohner kommen 2,1 Ärzte und zwei Krankenhausbetten. Zugang zu sauberem Wasser haben in den Städten 95 %, auf dem Land 74 % der Bevölkerung.

Bildung: Der Schul- und Universitätsbesuch ist kostenlos. Schulpflicht besteht vom sechsten bis zum 14. Lebensjahr, die Einschulungsquote liegt bei 95 %.

Reisezeit: Am angenehmsten sind die Temperaturen von Oktober bis April, im Sommer wird es sehr heiß.

der Große seinen Feldherrenmantel achtlos auf den Boden fallen ließ und den Bau einer Stadt – Alexandria – befahl, geht es zur »Mutter der Welt« – Umm al Dunya, wie die Araber Kairo nennen. Ein Meer aus Minaretten, von denen fünfmal am Tag der Ruf des Muezzin erklingt, bestimmt die Skyline der Kapitale und zeugt von der 1100 Jahre alten Bedeutung der Metropole.

Über die mittelägyptischen Ausgrabungsorte – etwa Tell al Amarna, der Residenz des ›Ketzerpharao‹ Echnaton – wird dann Luxor erreicht, das unter dem Namen Weset lange Hauptstadt des Reiches war. Hier konzentrieren sich an beiden Ufern des Nil die monumentalen Göttertempel und die reich geschmückten Gräber von Herrschern, hohen Beamten und einfachen Handwerkern der alten Hochkultur. Assuan, die einstige Grenzstadt zu Nubien, und Abu Simbel, der grandiose Felsentempel von Ramses II., bilden den Abschluss der Reise in die frühen Tage der Menschheit.

Immer mehr Urlauber schließen dann noch ein paar Tage im Ferienzentrum Hurghada am Roten Meer an, dem idealen Revier zum Windsurfen, Tauchen und Schnorcheln.

Die Minarette der Sultan Hassan- und der Rifa'i-Moschee in Kairo

LANDSCHAFTEN UND NATURRAUM

Das Land am Nil

Djumhuriyya Misr al Arabiyya, die Arabische Republik Ägypten, erstreckt sich von der nordwestlichen Mittelmeerküste Afrikas rund 1000 km gen Süden sowie ebenfalls über 1000 km vom Roten Meer Richtung Westen. Im Norden grenzt das Land ans Mittelmeer, im Osten an das Rote Meer, im Süden an den Sudan und im Westen an Libyen. Die Sinai-Halbinsel, die ebenfalls zu Ägypten gehört, bildet die Landbrücke nach Asien hinein.

Knapp 5 % der Fläche des Landes sind besiedelt, die Bevölkerung konzentriert sich im Nil-Delta und entlang der Flussoase, an deren Ufern ein nur 5 bis 20 km breiter fruchtbarer Streifen als Ackerland genutzt werden kann. Demzufolge weist die besiedelbare Fläche Ägyptens eine der größten Bevölkerungsdichten der Welt auf.

Westlich vom Nil verläuft die Libysche Wüste, die rund drei Viertel des Landes umfasst. Hier befindet sich die über 18000 km^2 große Kattara-Senke, die 133 m unter dem Meersspiegel liegt und einer der tiefsten Punkte Afrikas ist. In diesem weiten Sandmeer liegen auch die fünf Oasen Kharga, Bahriyya, Dakhla, Siwa und Farafra.

Östlich der Lebensader des Landes verläuft bis ans Rote Meer die Arabische (oder auch Östliche) Wüste – keine Sand-, sondern eine Geröll- und Gebirgseinöde. Deren höchste Erhebung im Norden beträgt rund 1000 und im Süden etwa 2000 m.

Der Nil

»Ägypten – ein Geschenk des Nil«, so hat der griechische Geschichtsschreiber Herodot das Land charakterisiert. Einzig durch diesen Strom werden die landwirtschaftlichen Erträge möglich, konnte eine der ersten Hochkulturen der Menschheit entstehen.

Mit 6671 km ist der Nil der längste Fluss der Erde, sein Einzugsgebiet umfasst 2,8 Mio. km^2 Den Oberlauf, Kagera-Nil genannt, speisen die in Ruanda und Burundi entspringenden Quellflüsse Rukaraya, Mwogo sowie Nyawarongo, später durchfließt der Nil den Viktoria- und den Albert-See, bahnt sich unter dem Namen Bahr al Djebel (Bergfluss) seinen weiteren Weg, nimmt den Bahr al Ghasal (Gazellenfluss), den Bahr ash Sharafa (Giraffenfluss) sowie den Sobat auf und trifft bei Khartum im Sudan als Bahr al Abyad (Weißer Nil) auf den Bahr al Azraq (Blauer Nil - so benannt nach den trüben, sedimentreichen Fluten). Zwischen Khartum und dem Mündungsdelta am Mittelmeer fließt der Atbara hinzu.

Die Breite des Stromes schwankt zwischen 500 und 900 m. Durchschnittlich führt der Nil pro Jahr zwischen 70 und 90 km^3 Wasser ins Meer, in extrem regenreichen Jahren können es bis zu 120 km^3 sein – und das, obwohl der Fluss auf seinem Weg mehr als die Hälfte seines Wassers durch Verdunstung verliert.

Fast regelmäßig schwillt der Nil durch sintflutartige Regenfälle im äthiopischen Hochland Jahr für Jahr an (so genannte Nil-Schwelle). Die Niederschläge spülen fruchtbare, kalireiche Tonerde in den Blauen Nil und die gewaltigen Wassermassen lassen das Niveau des Flusses um bis zu 7 m steigen. Die Flutwelle erreicht Khartum Mitte Mai und ist Anfang Juni in Assuan angelangt; den höchsten Stand hat sie dort in der ersten Septemberwoche. Je nach Höhe der Flut überschwemmte der Fluss einst die Uferstreifen und hinterließ den fruchtbaren Schlamm. 10 bis 12 m dick ist die Sedimentschicht, die der Strom in den vergangenen Jahrtausenden abgelagert hat.

Von Anbeginn der ägyptischen Geschichte markiert der Eintritt der Nil-Schwelle den wichtigsten Termin für das Land. Drei Jahreszeiten kannten die Alten Ägypter: Überschwemmung, Aussaat und Ernte sowie die Trockenperiode. Sobald die Wassermassen abzufließen begannen, säte man in der noch feuchten Erde und pflegte die Schößlinge durch regelmäßige Bewässerung. Nach vier Monaten wurde geerntet, danach lagen die Felder bis zum nächsten Hochwasser brach. Erst in der jüngeren Vergangenheit wurde dieser natürliche Kreislauf durch den Bau des Assuan-Hochdamms verändert (s. S. 190).

Und dann es bedurfte noch einiger Jahrzehnte, bis sich die Bewässerungstechniken der Bauern wandelten. Denn erst seit den 90er Jahren des 20. Jh. besitzen die Fellachen dieselgetriebene Pumpen zur Irrigation ihrer Felder und Parzellen. Kaum noch genutzt werden daher der *shaduf,* ein langer beweglicher, in einer Achse gelagerter Holzschwengel, der an dem einen Ende einen Eimer und am anderen Ende einen Lehmklotz als Gegengewicht hat, oder der *tambur,* eine archimedische Schraube, sowie unter-

Der Nil und die Wüste – Ägyptens landschaftliche Gegensätze

schlächtige Wasserräder. Die *sakiyya* hingegen, ein von einem Büffel, Esel oder Kamel angetriebenes Göpelwerk, ist immer noch in Gebrauch. Und für die schnelle Bewässerung werfen die Bauern nach wie vor den Ledereimer aus.

Pflanzen und Tiere

Aufgrund der intensiven Landwirtschaft wurden die natürliche Flora und Fauna im Nil-Tal in den letzten Jahrzehnten immer weiter zurückgedrängt. Die Kultivierung hat im Kastental des Stromes alle freilebenden Tierarten verdrängt und zur Ausrottung des Hippos, des Krokodils (an den Ufern des Nasser-Sees gibt es mittlerweile wieder größere Populationen), des Löwen und des Spießbocks geführt.

Vereinzelt sollen Luchse in der Östlichen Wüste Domizil gefunden haben. Durch die Wüstenrandgebiete streifen der Wüstenfuchs, die Kleinfeld-Ginsterkatze, die Dornschwanz-Agame, Dorcas-Gazellen und Hyänen. Sehr häufig wird man bei einer Fahrt durch die Wüste halbwilde Kamele und Dromedare sehen. Sie schweifen nur scheinbar frei umher; irgendwo in der Nähe gibt es immer eine Beduinenfamilie, zu der die Tiere gehören. Mehrere Eidechsenarten, Wüstenwarane und zahlreiche, oft giftige Schlangen wie die Hornviper, Speikobra und die von den Pharaonen hoch verehrte Uräusschlange gehören zu den in Ägypten vertretenen Reptilien.

Explosionsartig haben sich sich in den letzten Jahrzehnten Kleinnager vermehrt. Seit biblischen Zeiten schon vernichten Ratten und Mäuse beträchtliche Mengen an Getreide. Das Nil-Delta bevölkern zahlreiche Vogelarten: Enten, Wildgänse, Flamingos, Ibis, Wanderfalke, Bartgeier und Fischadler, Reiher, Störche, aber auch Milane sowie Sperlinge, Raben, Perlhühner, Lerchen und Tauben, die vielerorts in hohen Taubentürmen als Haustiere gehalten werden und oft Bestandteil der häuslichen Speisefolge sind.

Seit der Vollendung des Assuan-Hochdamms im Jahre 1971 sind die Fischbestände im Nil dramatisch zurückgegangen. Das Rote Meer dagegen ist nach wie vor eines der bei weitem fischreichsten Gewässer der Erde. Neben den artenreichen Korallenfischen kommen auch Haie, Rochen, Barrakudas und Delphine vor.

Da Ägypten zu über 90 % von lebensfeindlicher Wüste bedeckt ist, sind weite Regionen nur mit dürreresistenten Steppenpflanzen bewachsen oder völlig vegetationslos. Lediglich in den Oasen, dem Delta sowie an den Ufern des Nil findet sich eine üppige Pflanzenwelt, die jedoch von Menschenhand kultiviert ist und keine endemische Flora mehr aufweist. So sind der Lotos und der Papyrus, die einstigen Wappenpflanzen des pharaonischen Reiches, heute nur noch in Botanischen Gärten oder Parks zu finden.

Weit verbreitet sind die Schatten spendenden Dattel- und Dum-Palmen, Akazien und Tamarisken, der viel Wasser ziehende Eukalyptusbaum sowie die einst als heilig verehrte Sykomore.

WIRTSCHAFT UND UMWELT

Bevölkerungswachstum

Obwohl das Land in den letzten 20 Jahren enorme Fortschritte gemacht hat, frisst das hohe Bevölkerungswachstum die wirtschaftlichen Erfolge regelmäßig auf. Während Ende der 80er, Anfang der 90er Jahre des 20. Jh. die Geburtenzahl noch bei 2,3 % lag und alle zehn Monate rund 1 Mio. Ägypter geboren wurde, hat sich dank der schon seit 1966 propagierten Aufklärung zur Geburtenkontrolle und Familienplanung die Lage mittlerweile verbessert.

Das Bevölkerungswachstum ist deutlich unter 2 % gesunken und im Land breitet sich ein bescheidener Wohlstand aus; auch dank der Entwicklungshilfezahlungen vor allem aus den USA und Deutschland – die gleichzeitig die beiden wichtigsten Außenhandelspartner des Nil-Landes sind. Jahr für Jahr fließen rund 70 Mio. € von Deutschland nach Ägypten. Lobend hebt die OECD den Ansatz der Bundesrepublik hervor, vor allem die Institutionen der Zivilgesellschaft sowie die private Wirtschaft zu stärken.

Industrie

Die bedeutendsten Industriezweige sind die Lebensmittelverarbeitung, Textilien, Chemikalen, Zement, Erdöl und Metalle. Dank der Erdöllagerstätten im Roten Meer kann sich Ägypten selbst mit Benzin und Diesel versorgen und muss nicht gegen teure Devisen Treibstoff einführen. Noch liegt die Förderproduktion so hoch, dass ein Teil des Rohöls exportiert werden kann.

Zusätzliche Ausfuhrgüter sind weitere Erdölprodukte, Textilien, Baumwolle, Erdgas, Blei und eine ganze Reihe von Mineralien. Die Industriegebiete konzentrieren sich vor allem in Kairo, Alexandria, Port Said und Suez. Neben den Exporterlösen sind die beiden wichtigsten Devisenbringer der Tourismus und die Einnahmen aus den Gebühren des Suez-Kanals.

Dienstleistungssektor

Gut 50 % trägt der Dienstleistungssektor zum ägyptischen Bruttosozialprodukt bei – vor allem im Tourismus findet ein Großteil der Bevölkerung Lohn und Brot. Hunderttausende – es werden jedes Jahr mehr – arbeiten in Hotels und Feriendörfern, in Restaurants und auf den Schiffen der Nil-Flotte, führen als Reiseleiter Besuchergruppen durchs Land, verkaufen Eintrittskarten oder bewachen Denkmäler. Hinzu kommen noch die vielen Menschen, die ohne feste Arbeitsverträge vom Besucherstrom profitieren.

Der Regierung ist es zudem gelungen, immer mehr internationale Kongresse nach Kairo zu holen. Zahlreiche Tagungszentren und Hotels des gehobenen Standards stehen in der Metropole zur Verfügung. Nicht ohne Grund zählen Kongressteilnehmer zu den be-

DER VERFALL DER ÄGYPTISCHEN KULTURDENKMÄLER

Das extrem trockene Klima des Nil-Landes konservierte die pharaonischen Bauwerke und Malereien über Jahrtausende. Seit einigen Jahrzehnten jedoch verfallen die Tempel, Gräber und Bildwerke sichtlich. Verantwortlich für diesen Prozess sind einerseits der Nasser-Stausee, der die Luft- und Bodenfeuchtigkeit erhöht hat (s. S. 190), andererseits die Bevölkerungsexplosion und die Industrialisierung Ägyptens. Archäologen können nur noch registrieren, was in wenigen Jahren unwiederbringlich verloren sein wird.

Auch der Tourismus trägt zum Verfall der Kulturdenkmäler bei. Atem und Schweiß der Besucher befeuchten die Wände der Grabanlagen und begünstigen damit Algen- und Schimmelbildung; diese wiederum zerstört Malereien. Man sollte es deshalb vermeiden, die Monumente zu berühren oder sich, schweißgebadet, gegen Pfeiler oder Wände zu lehnen. Messungen im Grab des Tut-anch-Amun ergaben in den frühen Morgenstunden vor dem Touristenandrang eine für die Reliefs verträgliche Luftfeuchtigkeit von 5 %; am späten Nachmittag, nach dem Durchzug Tausender, jedoch etwa 75 %. So mehren sich die Stimmen ägyptischer Archäologen, welche die Gräber für eine Besichtigung schließen möchten.

Durch den Besucherandrang in den Grabanlagen erhöht sich die Luftfeuchtigkeit – die Malereien sind gefährdet

Bei der Dattelernte

liebtesten Besuchern im Land, denn sie geben am Tag dreimal mehr als ›normale‹ Touristen aus.

Landwirtschaft

Noch immer ist die Landwirtschaft ein nicht unerheblicher Wirtschaftszweig, angebaut werden Zuckerrohr, Mais, Weizen, Baumwolle und eine Vielzahl von Obst und Gemüsen. Dennoch kann Ägypten sich nicht selbst versorgen und muss ungefähr die Hälfte der benötigten Lebensmittel einführen. Die mehr als 10 Mio. t Getreide jährlich liefern vor allem die USA und Kanada.

Umwelt

Für die weitaus meisten Ägypter ist Umweltschutz ein Fremdwort und deutlich weniger als 1 % der Landesfläche stehen als Nationalparks unter Naturschutz. Dazu zählen vor allem die beiden Reservate bei Sharm al Sheikh an der Südspitze des Sinai. Hier befinden sich die nördlichsten Mangrovenwälder der Erde.

GESCHICHTE IM ÜBERBLICK

Das Alte Reich 2640–2160 v. Chr.

2640–2575 3. Dynastie. Unter Pharao Djoser errichtet der Baumeister Imhotep die Stufenpyramide von Saqqara. Expeditionen ziehen in den Sinai und nach Unter-Nubien, um Gold, Kupfer und Türkis ins Reich zu holen.

2575–2465 Die Könige der 4. Dynastie lassen von ihren Baumeistern die Stufenpyramide zur ›echten‹ Pyramide weiterentwickeln. In Giza entstehen die Pyramiden des Cheops, Chephren und Mykerinos sowie die löwenköpfige Sphinx.

2465–2325 5. Dynastie. Erste Fahrten über das Rote Meer nach Punt, das vielleicht an der heutigen somalischen Küste gelegen haben mag, Beziehungen nach Kleinasien und in den ägäischen Raum.

2325–2160 6. Dynastie. Politische und soziale Unruhen führen zum Erstarken lokaler Machthaber (Gaufürsten).

2134–2040 Während der so genannten Ersten Zwischenzeit ist das Land in zwei Teilreiche gespalten. Die 10. Dynastie herrscht in Herakleiopolis im Norden, die 11. Dynastie im süd-ägyptischen Theben; hinzu kommen zahlreiche selbstständig regierende Gaufürsten. Die geistige Auseinandersetzung mit dem Reichsverfall führt zu einem Aufschwung der altägyptischen Literatur. Es entstehen Werke wie »Klagen eines beredten Bauern«, »Mahnworte des Ipuwer« und »Lehre für Marikare«.

Das Mittlere Reich 2040–1650 v. Chr.

2040 Mentuhotep (2061–2010 v. Chr.) eint von Theben aus das Reich erneut. Der Gott Amun und der ihm zu Ehren errichtete Tempel in Karnak (Theben-Ost, Luxor) erlangen zentrale Bedeutung für die pharaonische Religion.

1991–1785 Amenemhet I. (1991–1962 v. Chr.) gründet die 12. Dynastie. In der Oase Fayyum wird neues Kulturland gewonnen.

1897–1878 Sesostris II. Die Kultstätte des Osiris in Abydos avanciert zum religiösen Mittelpunkt des Reiches.

1878–1797 Unter Sesostris III. (1878–1841 v. Chr.) und Amenemhet III. (1844 bis 1797 v. Chr.) werden in Nubien zwischen dem ersten und zweiten Nil-Katarakt Festungsbauten errichtet. Byblos (im heutigen Libanon) und sein Hinterland stehen unter starkem ägyptischen Einfluss.

1785–1650 13. und 14. Dynastie. Rasch wechselnde Herrscher; erneuter Reichsverfall.

1650 Die Hyksos (Beherrscher der Fremdländer), eine Volksgruppe noch nicht restlos geklärter Herkunft, erobern Ägypten vermittels ihrer überlegenen Waffentechnik (Streitwagen).

1650–1551 So genannte Zweite Zwischenzeit, Herrschaft der Hyksos.

1560 Rebellion gegen den Hyksos-Herrscher Apophis I.

Das Neue Reich 1551–1070 v. Chr.

1551 Ahmose (1551–1526 v. Chr.) gründet das Neue Reich.

1595–1493 Thutmosis I. führt Eroberungszüge bis an den Euphrat im Norden und bis nach Nubien (vierter Nil-Katarakt) im Süden. Die Felsengräber im Tal der Könige werden angelegt (Theben-West).

1490–1468 Herrschaft von Thutmosis' Tochter Hatshepsut. In Der al Medina (Theben-West) errichtet ihr Günstling Senenmut der Königin einen Felsentempel. Hatshepsuts Mitregent Thutmosis III. führt zahlreiche Feldzüge nach Syrien und Palästina.

1364–1347 Amenophis IV. nennt sich ab 1359 v. Chr. Echnaton und führt Aton als alleinigen Gott ein (s. S. 142). Erster gesicherter Monotheismus der Geschichte. Eine neue Residenz wird in Achet-Aton (heute Tell al Amarna) erbaut. Verfolgung der Amun-Anhänger und Bildzerstörungen in großem Ausmaß.

1347–1306 Unter dem unmündigen Tut-anch-Amun (1347–1338, v. Chr., vgl. S. 100) wird Achet-Aton aufgegeben. Mit Haremhab, einst General unter Echnaton und Tut-anch-Amun, endet die 18. Dynastie.

Medinat Habu, der Toten- und Festungstempel Ramses' III. in Theben-West

1306–1286	Ramses I. (1306–1304 v. Chr.), ein Offizier unter Haremhab, und sein Sohn Sethos I. (1304–1290 v. Chr.) gründen die 19. Dynastie. Die Erinnerung an Echnaton und den Aton-Kult wird ausgelöscht.
1285	Schlacht von Kadesch im Zusammenhang der Kämpfe gegen die Hethiter unter Ramses II. (1290–1224 v. Chr.).
1224–1214	Merenptah siegt über die Libyer und die ›Seevölker‹ (u. a. Philister).
1186–1070	20. Dynastie.
1184–1153	Ramses III. bezwingt in mehreren Schlachten die Libyer und die ›Seevölker‹. Der Totentempel in Medinat Habu (Theben-West) entsteht. Die Akten der Arbeitersiedlungen von Der al Medina (Theben-West) berichten von wirtschaftlichem Niedergang, Rechtsunsicherheit und Streiks (s. S. 170).
ab 1153	Niedergang des ägyptischen Reiches.
1070–945	21. Dynastie, Residenz in Tanis (Ostdelta).
945–722	Der libysche Söldner Scheschonk I. (945–924 v. Chr.) gründet die 22. Dynastie.
711–343	So genannte Spätzeit, letzte Blütezeit und Beginn der ›Fremdherrschaften‹.
712–664	Die Könige der 25. Dynastie einen Ägypten erneut.
690–664	Unter Pharao Taharqa rege Bautätigkeit.
671–666	Die Assyrer unter Assarhaddon und Assurbanipal erobern Ägypten.
525–404	Ägypten wird persische Provinz (Satrapie).
404–343	28. bis 30. Dynastie.

Griechisch-Römische Zeit (332 v. Chr.–395 n. Chr.)

332 v. Chr.	Alexander der Große erobert Ägypten und hellenisiert das Land. Gründung von Alexandria. Der Feldherr zieht in die Oase Siwa zum Heiligtum des Gottes Zeus-Ammon und lässt sich vor dem Gott als Herrscher Ägyptens bestätigen. Nach dem Tod Alexanders 323 v. Chr. übernimmt dessen General Ptolemaios als Statthalter Ägypten, lässt sich 305 v. Chr. als Ptolemaios I. Soter zum König krönen und gründet die Dynastie der Ptolemäer. Die Herrscher übernehmen Titulatur und Ornat der ägyptischen Pharaonen.
51–30	Kleopatra VII. regiert mit ihrem Bruder Ptolemaios XIII.
48–47	Cäsar marschiert in Ägypten ein, um den römischen Einfluss zu sichern; im so genannten Alexandrinischen Krieg kommt Ptolemaios XIII. ums Leben.
47	Kleopatra verbündet sich mit Cäsar.
41	Kleopatra versucht in einem Bündnis mit Marc Anton die Ptolemäer-Herrschaft auszuweiten.
32	Kriegserklärung von Octavian, dem späteren Augustus, an Kleopatra.

KLEOPATRA – LETZTE ›PHARONISCHE‹ HERRSCHERIN ÄGYPTENS

Kleopatra – dieser Name steht selbst 2000 Jahre nach dem Tod der Königin noch immer für weibliche Schönheit, Leidenschaft und Sinnlichkeit, aber auch für Intrige und Machtgier. Antike Geschichtsschreiber – Plutarch und Cassius Dio etwa – haben sich dieser Frau literarisch angenommen und die verschwenderisch-orientalische Pracht ihres Hofes ausgemalt. 1373 greift Boccaccio den Stoff erneut auf und als 1592 Plutarch ins Englische übersetzt wird, schöpft Shakespeare aus dieser Quelle: »Antony and Cleopatra« kommt 1607 zum ersten Mal auf die Bühne. 1898 regt die schöne Ägypterin George Bernard Shaw zu seinem Drama »Caesar and Cleopatra« an und im 20. Jh. hat unter anderem Bertolt Brecht sie in seiner »Dreigroschenoper« verewigt, allerdings wenig schmeichelhaft: »Ihr saht die schöne Kleopatra, Ihr wißt, was aus ihr wurd'! Zwei Kaiser fielen ihr zum Raub. Da hat sie sich zu Tod gehurt und welkte hin und wurde Staub.«

Mehr noch als Literatur oder Kunst hat der Film diese Frau zu einer modernen Legende gemacht. 1899 dreht Georges Méliès den ersten Kleopatra-Film, 1934 umjubeln die Zuschauer Claudette Colbert als ägyptische Königin und 1946 brilliert Vivien Leigh in dieser Rolle. 1963 spielt Elizabeth Taylor den Part der Kleopatra – in einem Monumentalfilm der 20th Century Fox, dessen Massenszenen und pseudohistorische Pappkulissen eine ›Antike à la Hollywood‹ bieten.

Wer war die Frau, die solch anhaltenden kulturellen Nachhall fand? 69 v. Chr. wurde Kleopatra VII. als Tochter Ptolemaios' XII. in Alexandria geboren. Kleopatras Vater war nach Zahlung eines hohen Bestechungsgeldes an Cäsar auf den Thron gekommen und trug den offiziellen Titel ›Freund und Verbündeter Roms‹. Fremde Einflussnahme aus dem italienischen Norden sahen die Alexandriner allerdings mit gemischten Gefühlen, und als die Römer das zum ägyptisch-ptolemäischen Reich gehörende Zypern okkupierten, trieb die Bevölkerung Ptolemaios aus dem Land. Durch ein weiteres Bestechungsgeld sicherte sich der Herrscher schließlich jedoch erneut den Thron, gestützt auf die Schlagkraft der römischen Legionen. Vor seinem Tod im Jahre 51 v. Chr. bestimmte er die damals 18-jährige Kleopatra und ihren zehnjährigen Bruder Ptolemaios XIII. – nach pharaonischer Sitte als ›Brudergemahl‹ – zu seinen Nachfolgern.

Die junge Königin, hoch gebildet, beherrschte angeblich zwölf Sprachen und wirkte durch starke persönliche Ausstrahlung. Mit Selbstbewusstsein und Charakterstärke beherrschte sie ihre Umgebung. Schön im eigentlichen Sinne war sie indes nicht, ihre überlange Nase wurde schon in der Antike verspottet, und Porträts zeigen ein eher alltägliches Gesicht, doch galt Kleopatra als Meisterin der Umgangsformen und als ›Königin der Kosmetik‹; berühmt war die zarte Modulation ihrer Stimme.

Als Cäsar 48 v. Chr. in Ägypten einmarschierte, um den römischen Einfluss zu sichern, sah Kleopatra, nun 21-jährig, die Möglichkeit, mit den römischen Waffen die gegen sie und ihre emanzipierte Politik gerichteten Bestrebungen der alexandrinischen Oberschicht zu ersticken – so ließ die Königin, was ein unerhörter Vorgang war, Münzen mit ihrem Bild und Namen prägen.

Zwischen dem 53-jährigen römischen Potentaten und der jungen Ägypterin entspann sich eine heftige Liebesbeziehung: In einen Teppich eingerollt, ließ Kleopatra sich in die Königsburg zu Cäsar bringen, vorbei an den Wächtern ihres romfeindlichen ›Brudergemahls‹. 47 v. Chr. gebar Kleopatra Caesarion (Ptolemaios XV. Kaisar), den Cäsar als seinen Sohn anerkannte. Ein Jahr später folgte sie der Einladung ihres Geliebten und reiste nach Rom, wo sie fast zwei Jahre als selbstbewusste ägyptische Königin residierte, Cäsar in ihrem erotischen Bann hielt und sich dadurch die Römer mehr und mehr zu Feinden machte. Cicero schrieb: »Die Königin hasse ich, von ihrem Übermut, als sie in den Gärten jenseits des Tiber wohnte, vermag ich nicht ohne schmerzliche Empfindung zu sprechen.«

Am 15. März 44 v. Chr. wurde Cäsar ermordet, sein Testament bevorzugte Octavian (Augustus) als Erben; einen Monat später ernannte Kleopatra den dreijährigen Caesarion zum Mitregenten, ließ Ptolemaios XIV. – wohl mit Gift – ermorden und kehrte nach Ägypten zurück.

41 v. Chr. begegnete sie, nun 28 Jahre alt, in Tarsus, an der Südküste Kleinasiens, dem 40-jährigen Marc Anton, Repräsentant Roms in den Ostgebieten des riesigen Reiches. Der beleibte römische Reiteroffizier, sogleich fasziniert von dieser Frau, folgte ihr bald nach Alexandria. Neun Monate später kam Kleopatra mit den Zwillingen Alexander Helios und Kleopatra Selene nieder.

Obwohl seit 40 v. Chr. mit Octavia, der Schwester Octavians, verheiratet, ging Marc Anton 37 v. Chr. die Ehe mit Kleopatra ein; 36 v. Chr. wurde der Knabe Ptolemaios Philadelphos geboren. Die heimlich geschmiedeten Großmachtpläne des Paares blieben Rom nicht verborgen und am Ende des Jahres 32 v. Chr. erklärte Octavian, der spätere Kaiser Augustus, Ägypten den Krieg. Kurze Zeit darauf trafen die Kriegsflotten der beiden Kontrahenten bei Actium vor Nordwest-Griechenland aufeinander. Unter dem Feldherrn Agrippa wurden die Ägypter am 2. September 31 v. Chr. vernichtend geschlagen, doch konnten Antonius und Kleopatra entkommen. Wenig später marschierte Octavian in das Nil-Land ein, wo die römischen Legionen Marc Anton am 1. August 30 v. Chr. eine weitere schwere Niederlage bereiteten. Auf die Nachricht hin, Kleopatra habe sich getötet, stürzte Marc Anton sich in sein Schwert, erfuhr dann aber, dass seine Geliebte noch lebte und ließ sich – sterbend – zu ihr bringen. Bald danach tötete sich auch die 39-jährige Kleopatra, um nicht in Octavians Triumphzug als Gefangene durch Rom geführt zu werden. Dass sie sich dazu eine Giftschlange an die Brust legte, ist historisch nicht bezeugt. In Alexandria wurde die Königin mit allen Ehren neben ihrem Geliebten bestattet. Mit Kleopatra endete die 300-jährige Herrschaft der Ptolemäer über Ägypten.

30	Eroberung von Alexandria durch die Römer. Kleopatra begeht Selbstmord.
30 v. Chr.– 395 n. Chr.	Ägypten ist römische Provinz und wird in das römische Weltreich eingegliedert.

Byzantinische/Christliche Zeit 395–451

395–640	Mit der Teilung des römischen Imperiums in eine westliche und eine östliche Reichshälfte fällt Ägypten an Ostrom (Byzanz), das das Land als ›Kornkammer‹ nutzt oder besser ausplündert. Seuchen und Hungersnöte dezimieren die Bevölkerung.
451	Im Konzil von Chalkedon trennen sich die ägyptischen Christen von der Reichskirche (vgl. S. 104).

Islamische Zeit 640–1798

640	Der islamische Heerführer Amr Ibn al As erobert Ägypten, gründet ein Jahr später am Südende des Nil-Deltas die Stadt Fustat, Vorläuferin Kairos, und lässt die Amr-Moschee erbauen.
868–905	Der Statthalter Ahmad Ibn Tulun erklärt sich von der abbasidischen Zentralregierung in Bagdad für unabhängig und ruft die Dynastie der Tuluniden ins Leben. Bau der Ibn Tulun-Moschee in Kairo.
969–1171	Die Fatimiden, schiitische Muslime aus Nordafrika, erobern Ägypten und gründen die Stadt Al Qahira (Kairo). Bau der Al Azhar-Moschee sowie der Al Azhar-Universität.
1171–1250	Salah ad Din (Saladin) führt das sunnitische Glaubensbekenntnis wieder ein und gründet die Dynastie der Ayyubiden. Bau der Zitadelle in Kairo, Kämpfe gegen die Kreuzritter. Die letzten Ayyubiden müssen zur Sicherung ihrer Herrschaft Söldner (Mamluken) anwerben.
1250–1517	Die Mamluken übernehmen die Macht. Die folgenden rund 300 Jahre sind von Herrschaftsstreitigkeiten und politischen Morden gekennzeichnet.
1517–1798	Die Osmanen regieren in Ägypten und bedienen sich weiterhin der Mamluken zur Sicherung ihrer Oberhoheit.
1798–1801	Französische Herrschaft. Napoleon erobert Ägypten. Wissenschaftler seines Expeditionskorps sichten und dokumentieren die pharaonischen Bauten.

Neuzeit 1806–1953

1806–1848	Der albanische Offizier Muhammad Ali wird Pascha von Ägypten. Modernisierung des Landes durch den Aufbau einer geordneten Verwaltung, Anlage von Straßen, Schaffung eines Gesundheitswesens und Öffnung zum Westen.

Die Muhammad Ali-Moschee von Kairo wurde 1824 gebaut

1811 Muhammad Ali lässt auf der Zitadelle in Kairo 400 Mamluken-Führer ermorden und festigt dadurch seine Macht.

1854–1879 Ab 1859 Bau des Suez-Kanals unter der Leitung von Ferdinand de Lesseps. Ägypten gerät in finanzielle Bedrängnis. 1876 erklärt es den Staatsbankrott.

1869 Eröffnung des Suez-Kanals.

1881–1888 In Alexandria bricht eine Militärrevolte aus, die den europäischen Einfluss auf Ägypten ausschalten will. Bei den Auseinandersetzungen lassen viele Engländer ihr Leben. Großbritannien wird damit ein Grund zum Eingreifen gegeben, britische Kriegsschiffe beschießen Alexandria, die Engländer besetzen Ägypten und sichern sich über den Suez-Kanal den Seeweg nach Indien.

1892–1914 Abbas II. kann sich politisch nicht gegen den britischen Generalkonsul Lord Cromer durchsetzen. Die anti-britische Stimmung im Lande wächst.

1914 Nachdem die Türkei zusammen mit Deutschland am Ersten Weltkrieg teilnimmt, wird Ägypten britisches Protektorat.

1919 Die nationale Revolution gegen die britische Herrschaft unter Führung von Saad Zaghloul wird von der Kolonialmacht gewaltsam niedergeschlagen.

1922 Großbritannien erklärt Ägypten für unabhängig. Der Suez-Kanal, die Landesverteidigung und der Schutz der ausländischen Interessen bleiben weiter in britischer Hand.

1923	Mit neuer Verfassung wird Ägypten konstitutionelle Monarchie.
1939	Durch den Ausbruch des Zweiten Weltkriegs wird das Land de facto wieder britisches Protektorat.
1942	Der britische Botschafter zwingt König Faruk (1936–52) mit Waffengewalt, eine pro-britische Regierung einzusetzen. Ägypten wird zum Kriegsschauplatz. Der deutsche General Rommel marschiert bis Al Alamein, wo er von britischen Truppen geschlagen wird.
1952	Staatsstreich der ›Freien Offiziere‹ unter General Nagib und Gamal Abd el Nasser. König Faruk geht ins Exil. Eine Landreform beschränkt den Grundbesitz auf maximal 84 ha.

Arabische Republik Ägypten ab 1953

1953	Ägypten wird Republik.
1954/5	Abzug der britischen Truppen.
1956	Gamal Abd el Nasser wird zum Präsidenten der Republik gewählt. Die USA, Großbritannien und die Weltbank ziehen ihre Finanzierungszusage für den Bau des Assuan-Staudamms zurück. Nasser reagiert mit der Verstaatlichung des Suez-Kanals. England und Frankreich provozieren mit Israel den Suez-Krieg. Trotz ihrer militärischen Niederlage kontrollieren die Ägypter weiterhin den Kanal.
1958	Syrien und Ägypten schließen sich zur Vereinigten Arabischen Republik zusammen (aufgelöst 1961).
1967	Niederlage im Sechs-Tage-Krieg gegen Israel.
1970	Tod Nassers; Anwar as Sadat wird neuer Präsident.
1973	Erfolgreicher Angriff Ägyptens gegen Israel: Yom Kippur-Krieg. Hinwendung zu den USA, Aufnahme diplomatischer Beziehungen.
1977	Preiserhöhungen für subventionierte Lebensmittel lösen schwere Unruhen aus, die Verteuerung muss revidiert werden. Sadat reist nach Jerusalem.
1979	Friedensvertrag mit Israel.
1981	Sadat wird während einer Parade von muslimischen Fundamentalisten ermordet. Sein Nachfolger ist Hosni Mubarak.
1984	Wiederaufnahme Ägyptens in die Konferenz der islamischen Organisation, aus der das Land aufgrund seiner Israel-Politik 1979 ausgeschlossen worden war.
1987	In Kairo wird die erste U-Bahn auf dem afrikanischen Kontinent eröffnet. 4,5 Mio. Wahlberechtigte (88 % Wahlbeteiligung) entscheiden sich mit 95 % für eine zweite Amtsperiode von Mubarak.
1990	Nachdem der irakische Diktator Saddam Hussein Kuwait annektiert hat, fliehen Hunderttausende ägyptische Gastarbeiter aus dem Irak und Kuwait in ihr Heimatland. In Ägypten verschärfen sich die sozialen Probleme. Die EU überweist Hilfsgelder ins Nil-Land.

1991 Während des Golfkriegs kämpft Ägypten auf Seiten der Alliierten.

1992 Am 12. Oktober erschüttert ein schweres Erdbeben die ägyptische Hauptstadt. Mehr als 400 Menschen kommen ums Leben.

1993–1995 Militante islamische Fundamentalisten verüben Anschläge auf touristische Einrichtungen, die Besucherzahlen gehen rapide zurück. Den ägyptischen Sicherheitskräften gelingt es bis 1995, fast alle führenden Köpfe der religiösen Eiferer zu verhaften.

1997 Bei Anschlägen muslimischer Fundamentalisten in Kairo und in Theben-West sterben mehrere ausländische Touristen.

1998 Die Fundamentalisten erklären, dass sie fortan auf Gewalttaten verzichten werden. Seitdem ist es im Lande ruhig geblieben.

1999 Hosni Mubarak wird zum vierten Mal für eine weitere sechsjährige Amtszeit zum Präsidenten gewählt.

2001 Hosni Mubarak versucht, zwischen den Palästinensern und den Israelis zu vermitteln, um die neuerlich angefachte Intifada auf der West Bank und im Gaza-Streifen zu beenden und den Friedensprozess wieder in Gang zu bringen.

2003 Mubarak erleidet einen Schwächeanfall. Da er nie einen Stellvertreter bestimmt hat, mehren sich Diskussionen um seine Nachfolge.

2005 Präsident Hosni Mubarak tritt seine fünfte Amtszeit an.

2006 Wie schon so oft versucht eine ägyptische Delegation mehrfach zwischen Israelis und Palästinensern zu vermitteln.

Blick auf den Nasser-Stausee bei Abu Simbel

Kultur und Leben

Im Amun-Tempel von Karnak

LEBEN AM NIL

Die Bevölkerung

In Ägypten leben Berber und zumeist nicht mehr umherschweifende Beduinen. Kleinere Gruppen stellen Nubier, Griechen, Armenier und levantinische Volksgruppen. Rund 40 % der Bevölkerung haben sich in den Städten niedergelassen, 60 % der Einwohner des Nil-Landes sind Fellachen, die Bauern Ägyptens. Arabisch ist die Amtssprache des Landes, vor allem die kleine Oberschicht spricht exzellent Englisch und Französisch. Alle Ägypter, die mit dem Tourismus zu tun haben, verstehen und sprechen Fremdsprachen.

Das geschriebene Wort unterscheidet sich sehr vom im Alltag gesprochenen lokalen Dialekt: Da Ägypten die einzige Film- und Fernsehindustrie in den arabischen Staaten betreibt und ägyptische Seifenopern überall hin exportiert werden, es die besten Universitäten der Region besitzt, an denen viele Ausländer studieren, wird der Kairiner Dialekt von allen arabischen Nachbarn verstanden und hat andere arabische Sprachvarianten mittlerweile erheblich überlagert.

Religion

Die weitaus meisten Ägypter sind Muslime (vgl. S. 52ff.) und bekennen sich zum sunnitischen Glauben. Obwohl die Republik Ägypten offiziell ein weltlicher Staat ist, werden viele Gesetze, Bestimmungen und vor allem das soziale Leben stark von der Religion beeinflusst. Die in den letzten Jahrzehnten gewachsene innenpolitische Stärke der Muslim-Bruderschaft *(ichwan al muslimin)* hat dazu geführt, dass die Regierung den frommen Eiferern immer mehr judikatives Terrain überlassen hat. Eine Minderheit von 6 % stellen die christlichen Kopten, die sich im 5. Jh. von Rom losgesagt haben (vgl. S. 104f.).

Ehe und Familie

Vor allem auf dem Lande werden gemäß uralter Traditionen die zukünftigen Lebenspartner noch immer von den patriachalisch herrschenden Familienoberhäuptern bestimmt, geht es doch bei einer Hochzeit nicht um die Eheschließung zweier Menschen, sondern um die Zusammenführung zweier Großfamilien. Entsprechend intensiv kümmern sich neben den Eltern sämtliche Onkel, Tanten, Brüder, Schwestern, Kusinen und Kusins beider Parteien um das geplante Ereignis. Auf dem Land sind die geschlechtsspezifischen Arbeitsteilungen der Großfamilie noch uneingeschränkt in Takt, nicht selten leben vier Generationen unter einem Dach.

In den städtischen Ballungszentren hingegen, in denen die Bewohner im Alltagsleben viel mehr den Auswirkungen der Moderne unterliegen, sind diese alten Traditionen in Auflösung begriffen.

Umgangsformen

Die Umgangsformen der Ägypter sind von gegenseitiger Höflichkeit und von Respekt vor dem anderen bestimmt. In ritualisierter Weise erkundigen sich die Gesprächspartner nach dem gegenseitigen Befinden und dem der gesamten Familie. Männer schütteln sich zur Begrüßung die Hände und küssen sich auf beide Wangen. Wenn man sich lange Zeit nicht gesehen hat, folgt meist noch ein abschließender Kuss auf die Stirn.

Herren begrüßen eine Frau nur dann mit Handschlag, wenn die Dame zuerst den Arm ausstreckt. Um dem Anderen gegenüber Reverenz zu erweisen, stellt man dem Namen oft einen Ehrentitel voran (*ya rayyis* ... oh Kapitän, Präsident, *ya hagg* ... oh Mekka-Pilger). Es ist nicht ungewöhnlich, wenn gute Freunde Abends Hand in Hand durch die beleuchteten Gassen streifen, um ihre *shilla* (Freundschaftsgruppe unter Männern) zu treffen und mit den anderen in einem Café Tee zu trinken. Der Umgang mit dem anderen Geschlecht ist von Distanz geprägt.

Leben auf dem Land

In der Regel besitzen Fellachen-Haushalte nur die Gerätschaften für das alltägliche Leben, unter Umständen einige Haustiere, deren Anzahl von der Größe des bebaubaren Landes abhängig ist – ein Teil der Parzellen muss dann für Futterpflanzen reserviert bleiben. Wichtigstes Nutztier ist die Was-

Hausputz im nubischen Dorf auf der Nil-Insel Elephantine

Fellache bei der Feldarbeit

serbüffelkuh *(gamusa).* Aus ihrer Milch lassen sich Butter und Käse herstellen, deren Überschüsse auf dem Markt verkauft werden können. Außerdem wird die *gamusa* vor den Pflug *(mihrat)* gespannt. Und irgendwann wirft sie ein Kalb, das entweder durch Verkauf Bargeld einbringt, die Produktion von Käse und Butter steigert, Arbeitskraft ersetzt oder auch vermietet werden kann. Ähnliches gilt für Ziegen oder Hammel, Geflügel wird ohnehin gezüchtet – auch ein Esel als Reit- und Lasttier findet sich in fast jedem Fellachen-Haushalt.

Universales Arbeitsgerät ist die Hacke *(fa'as),* mit ihrem schmiedeeisernen Blatt und dem kräftigen Holzstiel ist sie etwa 2 kg schwer. Fellachen erledigen alle Erdarbeiten mit der *fa'as,* sei es die Auflockerung der verkrusteten Böden zwischen den Jungpflanzen oder die Anlage von Bewässerungsfurchen. Mit einem einfachen Holzpflug werden größere Felder bestellt. Technisch aufwendiges Gerät findet sich in keinem Bauernhaushalt.

In einigen Dörfern haben ehemalige Fellachen Verleihfirmen gegründet; deren Eigner verdienten einst als ›Gastarbeiter‹ Geld in den Golfstaaten und zählen heute mit ihren Traktoren und Dreschmaschinen zu den Honoratioren *(al kebir)* des Dorfes.

Innerhalb des Hauses *('isha),* das mit getrockneten Lehmziegeln *(tub nay)* in wenigen Wochen errichtet werden kann, gibt es wenige Räume und kaum Mobiliar: ein Schlafzimmer *('odat an nom)*, einen Flur *(wast ad dar)*, in dem die Arbeitsgeräte stehen, eine Küche *(matbach)* mit dem Petroleumkocher *(babur)* und den Haushaltsutensilien.

Von großer symbolischer Bedeutung für die Bäuerin ist dabei das Kupfergeschirr *(nahas)* – eine äußerst teure Anschaffung, gehörte es einst doch zu ihrer Aussteuer *(afsh)*. Nur an besonderen Festtagen und bei Besuchen der Verwandten wird mit dem *nahas* gekocht, ansonsten verrichtet die Bäuerin mit billigem Aluminiumgeschirr die alltäglichen Hausarbeiten.

In Notzeiten kann das *nahas* verkauft werden. Frauen werden jedoch versuchen, einen eventuellen Zugriff ihrer Männer auf das Kupfer abzuwehren, da fehlendes *nahas* im Dorf sofort auffällt und ihr Status innerhalb der Frauenhierarchie entsprechend gefährdet wäre. So wird die wirtschaftliche Sicherheit eines Fellachen-Haushalts nach außen unter anderem durch das Kupfergeschirr dokumentiert. Es gehört zum Ritual einer selbstbewussten Fellaha, mit dem Kupferkanister auf dem Kopf von der Wasserstelle bis zum Haus durch das Dorf zu schreiten, um den Wohlstand ihrer Familie zu demonstrieren.

Alles im Dorf spielt sich draußen, in der Öffentlichkeit ab, wie Pater Ayrout, einer der kenntnisreichsten Ausländer, schon in den 30er Jahren des 20. Jh. beschrieb: »Den Fellachen gibt es eigentlich nur im Plural, denn er lebt in der Gruppe, ja selbst in der Masse. Auf den Feldern, als Pächter und Kleingrundbesitzer, plagt er sich gemeinsam mit seiner Familie, als Tagelöhner arbeitet er in einer Gruppe. Innerhalb des engen und gedrängten Universums, welches das Dorf für ihn darstellt, lebt und arbeitet er öfter im Freien als im Haus; alles spielt sich öffentlich ab, eine Privatsphäre, in die der Einzelne sich zurückziehen könnte, gibt es nicht. Die Frauen holen das Wasser in Gruppen, die Kinder schließen sich zu regelrechten Schwärmen zusammen; das tägliche Leben ist gemeinschaftlich und kollektiv organisiert. Das Dorf oder seine einzelnen Viertel, nicht aber das Haus, bildet die Einheit; eine Gemeinschaft, die in vieler Hinsicht wichtiger ist als die Familie oder der Clan.«

Bäuerlicher Bodenbesitz

Etwa 40 % der Bauern besitzen keinen eigenen Boden und leben als Tagelöhner, Ernte-Arbeiter oder Wanderarbeiter (s. S. 82f.), weitere 50 % nennen winzige Parzellen ihr Eigen, die oft nicht einmal ein *feddan* (0,42 ha) erreichen und nur in *qirat* gemessen werden (1 *qirat* = 1/24 *feddan* = 175 m^2). Damit die Familie überleben kann, muss Land hinzugepachtet werden. Die verbleibenden 10% der ländlichen Bevölkerung verfügt über teilweise umfangreichen Grundbesitz.

Drei Möglichkeiten bieten sich einem Fellachen, Land zu erwerben: die Pacht *(igar)*, Land als Lohn *(ma'ash)* und die Pfandleihe *(rahn)*.

In vielen Gebieten Ägyptens hat der Staat nach der ›Revolution der freien Offiziere‹ im Jahre 1952 große Latifundien der ins Ausland abgeschobenen oder geflüchteten Feudalherren des ehemaligen Faruk-Regimes übernommen und landlosen Fellachen im Zuge des so genannten Dauerpachtsystems überlassen. Die Größe des verpachteten Landes beträgt zwischen sechs *qirat* und einigen *feddan.* Dort, wo nicht der Staat, sondern private Grundbesitzer als Verpächter auftreten, stellt dieses System ein bedeutendes Privileg dar. Da der Pächter uneingeschränkte Rechte über das Land besitzt und bei der dörflichen Kooperative *(gama'iyya)* als Inhaber registriert ist, stehen ihm je nach Parzellengröße Saatgut, Schädlingsbekämpfungsmittel und Kunstdünger zu subventionierten Preisen zur Verfügung.

Teurer und weniger sicher für einen Fellachen sind saisonale Pachtverträge. Für die Dauer einer Anbauperiode – je nach Feldfrucht zwischen vier und sechs Monate – verpachtet ein privater Grundbesitzer Land. Dieser bleibt bei der Genossenschaft als Eigentümer registriert, was für den pachtenden Fellachen den Nachteil hat, dass er keine subventionierten Waren aus dem Bestand der Kooperative kaufen kann, sondern sich teilweise zu doppeltem Preis Saatgut und Schädlingsbekämpfungsmittel auf dem Schwarzmarkt *(suq soda)* besorgen muss. Die Höhe der Pacht hängt vom aktuellen Marktpreis der angebauten Feldfrüchte ab.

Beim System »Land als Lohn« erhält ein Fellache für die einem Großgrundbesitzer geleisteten Dienste eine zwischen 15 *qirat* und einem *feddan* große Parzelle als Lohn, die er für seine Familie bebauen darf. Wie und wann der Bauer ›sein‹ Stück Land bearbeitet, bleibt ihm überlassen – keine leichte Aufgabe, da er in erster Linie seinem Arbeitgeber zur Verfügung stehen muss: tagsüber, nachts, zur Ernte – wann immer dieser seiner Dienste bedarf.

Ein Grundbesitzer, der kurzfristig Geld benötigt, bietet einem Fellachen für dessen Erspartes als Sicherheit ein Stück Boden an, das dieser so lange bearbeiten darf, bis das Geld erstattet ist. Sehr häufig geht bei diesem Handel das Land auf den Bauern über, da der einstige Besitzer nicht mehr willens oder fähig ist, den Betrag zurückzuzahlen. Die Pfandleihe bezieht sich auf die Hälfte des Wertes, den das Land nach den aktuellen Marktpreisen besitzt.

Signalisiert der ehemalige Besitzer seine endgültige Verkaufsbereitschaft, bedeutet dies für den Fellachen, dass er nun unter allen Umständen die zweite Hälfte des Betrags beschaffen muss. Denn hier ergibt sich eine der wenigen Möglichkeiten, eigenes Land in Familienbesitz zu bringen. Die wenigen ›Schätze‹, die ein Bauernhaushalt sein Eigen nennt, werden dann verkauft: die Kuh *(gamusa)*, der Brautschmuck der Frau *(mahr)*, das Kupfergeschirr *(nahas)* – alles in der Hoffnung, in ferner Zukunft alles mit den Erträgen des eigenen Landes zurückkaufen zu können. Auf solche Gelegenheiten warten landlose Bauern ihr Leben lang. Unter Umständen sparen sie Jahrzehnte darauf hin, ein solches Angebot ›ihres‹ Grundbesitzers zu erhalten.

Leben in der Stadt

Die Struktur eines islamischen Stadtviertels ist durch die Trennung von Straße *(shari'a)* und Gasse *(hara)* bestimmt. In der Straße befinden sich Werkstätten, Lebensmittelläden, Cafés und mobile Reparatureinrichtungen – dies ist die Welt der Männer. In den Gassen dagegen liegen die Häuser mit Wohnungen – und über diesen Bereich herrschen die Frauen. Die *hara* ist eine private Zone und wird von ihren Bewohnern erbittert verteidigt. Noch vor 50 Jahren war es für Fremde unmöglich – selbst wenn sie aus dem Nachbarviertel kamen –, ohne lokalen Schutz die Intimität der Gasse zu stören.

Bei vielen Gelegenheiten werden Haushaltsaktivitäten aus der Enge der Wohnung in das Leben der Gasse verlegt. Während der Dämmerung sitzen die Frauen vor ihren Haustüren im Gespräch beisammen, oft ist auch ein Fernseher oder ein Radio in der Mitte der Gasse aufgestellt. In heißen Sommernächten wird in der *hara* sogar geschlafen.

Erstaunlich sind die lockeren Sitten der Kleiderordnung; bequeme Schlafanzüge und ›Nachthemden‹ zählen zur bevorzugten Kleidung. Der unbefangene Umgang mit der Blöße des eigenen Körpers kündet von familiär-nachbarschaftlicher Intimität, die ein Ende findet, wenn ein Unbefugter in das Labyrinth der Gassen eindringt.

Traditionell gekleidete Ägypter – Frauen in der *milliyya,* Männer in der *gallabiyya*

DIE ISLAMISCHE STADT

Die Geschichten aus Tausendundeiner Nacht prägen bis heute die Vorstellung der Europäer von der ›orientalischen Stadt‹ und Kairo – ›die Mutter der Welt‹ – regt die Phantasie der Reisenden ganz besonders an. Heutigen Besuchern der Metropole geht es dabei wie den berühmten Geographen der vergangenen Jahrhunderte; der Araber Ibn Battuta beschrieb sie im 14. Jh. als »jede Vorstellung und Einbildungskraft sprengend«. Und ebenfalls im 14. Jh. verband der Staatsrechtler Ibn Khaldun die Größe des Islam mit dem Schicksal dieser Stadt (»Ich betrat die Metropole der Welt im Garten Allahs«).

Islamische Städte waren nie eine homogene Einheit, sondern aus vielen verschiedenen Vierteln zusammengesetzt. Auch Kairo bildete hier keine Ausnahme; 969, im Jahre der Gründung durch die fatimidischen Eroberer, wurden Griechen, Berber, Türken, Araber und Kurden in gesonderten Stadtteilen angesiedelt. Das zentrale Element einer jeden orientalischen Stadt ist das Quartier. Im Gegensatz zur Metropole als Ganzem bildeten die einzelnen Viertel relativ homogene, voneinander – sozial wie auch geographisch – abgegrenzte Einheiten.

Städte, die aus beduinischen Heersiedlungen oder Niederlassungen hervorgegangen waren, entwickelten ihre Viertel nach der unterschiedlichen Abstammung ihrer Bewohner. Viele Quartiere Kairos trugen noch sechs Jahrhunderte nach der Gründung die Namen der Stämme und Gruppen, auf die ihre Gründung zurückging. Daneben bildeten religiöse und ethnische Minderheiten eigene Viertel. In jüngerer Zeit war vor allem die Landflucht für die Entstehung neuer Stadtteile mit vorwiegend dörflichem Gepräge verantwortlich.

Die geographische Struktur eines alten islamischen Stadtviertels ist gekennzeichnet von einer (Haupt-)Straße *(shari'a)*, die von mehreren Sackgassen *(hara)* umgeben ist. Früher oblag die ›Aufsicht‹ in den einzelnen Quartieren dem *muhtasib,* der das islamische Recht durchzusetzen hatte. In den Städten wurde das Bauwesen ebenso wie die öffentliche Moral durch die *hisba* geregelt, durch die religiösen Grundsätze eines gottgefälligen Lebens und öffentlichen Wohlverhaltens.

Es war die Aufgabe des *muhtasib,* die Einhaltung dieser Normen zu kontrollieren und für einen ungehinderten Durchgangsverkehr zu sorgen. In Zeiten einer schwachen Zentralgewalt aber war die Machtbefugnis des *muhtasib* begrenzt, es fehlte ihm dann die ›Rückendeckung‹ der staatlichen Autorität. Unter solchen Verhältnissen reduzierte sich seine Funktion auf die Kontrolle über den Markt *(suq)*, die Badehäuser *(hamam)* und die Prostituierten *(mumis)*.

Fast alle islamischen Rechtsschulen sehen seit Jahrhunderten die Durchgangsstraße als gemeinschaftlichen, öffentlichen Bereich an, die Sackgassen dagegen gelten als private Sphäre. In der Straße ergriff der *muhtasib* von sich aus die ordnende Initiative; in den Gassen hingegen endete seine Befugnis. Hier durfte er nur aktiv werden, wenn er von den Bewohnern um Schlichtung gebeten wurde. Die Gasse hat bis heute ihre Funktion als Schutz für die Privatsphäre der Wohnung behalten.

Einst hatten die Sackgassen auch Schutzfunktionen. Die Unsicherheit städtischen Lebens, das weniger als in der abendländischen Stadt von außen, vielmehr von innen bedroht war, führte zu solchen architektonischen Schutzmaßnahmen. Kriegerische Auseinandersetzungen zwischen einzelnen Stadtvierteln ebenso wie Meuterei oder Plünderung der Söldnergarnison, Kämpfe und Brandschatzung rivalisierender Stadtherren oder Beduinenüberfälle waren keine Seltenheit.

Jedes Stadtviertel besaß seine eigene soziale Infrastruktur. Dazu gehörten Moscheen und heilige Brunnen *(sabil)*, die auch als Ruheorte genutzt wurden; Koranschulen *(kuttab)*, Karawansereien *(khan/wakala)*, Krankenhäuser *(bimaristan)* und öffentliche Bäder *(hamam)*.

Im orientalischen Basar *(suq)* entfalteten sich wesentlich ausgeprägtere und dichtere wirtschaftliche Aktivitäten als etwa in den Gewerbevierteln der mittelalterlichen Städte Europas. Räumlich konzentriert und organisatorisch miteinander verbunden, drängten sich hier Einzel- und Großhandel, Fern- und Außenhandel, Dienstgewerbe, Finanzwesen und Handwerk.

Ein Basar, in Ägypten *suq* genannt, gehört zu jedem Viertel

Wer die *hara* verlässt und auf die Straße geht, kleidet und verhält sich anders. Im Terrain der *shari'a* (Straße) dominiert das öffentliche Leben und dessen Moral und derartige Territorien sind von Männern und männlichen Ansprüchen beherrscht. Frauen haben nur dann das Recht, sich auf der Straße zu zeigen, wenn sie mit einem Auftrag, etwa dem täglichen Einkauf, betraut sind. Stets tragen die Frauen dabei den schwarzen Umhang *(mileyya),* den sie mit den Händen oder auch mit den Zähnen zusammenhalten. Mit Männern treten sie nur im Rahmen ihrer Aufgaben in Kontakt – oder wenn sie männliche Verwandte treffen.

Da die Öffentlichkeit der Straße das Territorium der Männer ist, üben auch sie die Kontrolle über diesen Raum aus. Jeder Werkstattbesitzer herrscht über den Teil der Straße, der vor seinem *warsha* (Handwerksbetrieb) liegt. Ein starker, ein guter, ein cleverer Mann, dem die Leute vertrauen, kann seine Einflusssphäre ausdehnen, kann über die angrenzenden Räume anderer herrschen. Er entscheidet dann, welche Straßenhändler sich in seiner Sphäre niederlassen dürfen: Sei es, dass er einer geschiedenen Frau Schutz für ihren Obststand gewährt oder einen Mechaniker duldet, der Haushaltsgeräte repariert. Letztlich ist es seine Aufgabe, den Verkehr zu regeln, der in dem Gewirr der Esels- und Pferdekarren, Autos und Motorroller sowie der vielen kleinen Transporter immer wieder im Laufe eines Tages zum Erliegen kommt.

In der Öffentlichkeit der Straße ist der *hurm,* der eigene Haushalt, Gegenstand intensivster Verteidigung. Nur wer einen reinen, makellosen *hurm* vorweisen kann, ist ein ehrenhafter Mann. Die Ehrbarkeit des eigenen Haushalts bleibt jedoch stets gefährdet, unterliegt unterschiedlichen Wahrnehmungen und Interpretationen. Böswillige Neider und Feinde, die man sich geschaffen hat, können bissige Kommentare oder verletzende Witze im Viertel verbreiten und die Würde des eigenen Haushalts in Mitleidenschaft ziehen. So hängt es von der Schlagfertigkeit ab, mit der man diesem sozialen Rumoren begegnet, ob derlei Angriffe den guten häuslichen Leumund und die eigene Ehre in der Öffentlichkeit herabsetzen.

Jede Aktion des Mannes in der Öffentlichkeit zielt darauf ab, seine Ehre zu stärken und Vertrauenskredit zu erringen. Ob im Café, im *warsha,* beim Handeln mit Kunden und Lieferanten oder bei den Feierabendgesprächen innerhalb der *shilla,* der Freundschaftsgruppe unter Männern. Immer geht es um den Gewinn oder Verlust von Ehre. Dabei kann nur bestehen, wer seine Angelegenheiten makellos hält – der eigene Haushalt und die Frau sind die Schwachpunkte dieser Ehrenwettkämpfe. Die Dominanz des Mannes in der Öffentlichkeit ist stets durch die Herrschaft der Frau im privaten Sektor gefährdet, ihm droht der Ausschluss aus seiner Männergruppe, wenn er seinen Haushalt nicht mehr kontrollieren kann, wenn in der Öffentlichkeit seine nur scheinbare Herrschaft im *hurm* deutlich wird und mit seinem ›Bestand an Ehre‹ kollidiert.

Nachbarschaftliche Hilfe

Nicht nur im Dorf spielt die Nachbarschaft eine wichtige Rolle, auch in den alten Kairoer Stadtteilen – auch in den Mittelklasse-Vierteln – ist die Nachbarschaft die soziale Institution schlechthin. Nachbarn sind die Menschen, die in Notzeiten helfen, mit denen man Neuigkeiten austauscht und gemeinsam handelt. Doch geht zugleich auch Gefahr von ihnen aus – können böswillige nachbarschaftliche Gerüchte doch den eigenen Ruin bedeuten. Zuallererst jedoch unterstützen sich die Nachbarn gegenseitig und leisten sich Hilfe in allen Lebenslagen.

In der Öffentlichkeit der Straße und innerhalb der vielen kleinen Werkstätten wird das System der gegenseitigen Hilfe *(muzamla)* besonders deutlich. Hier kommt eine Norm der ägyptischen Gesellschaft zum Tragen: der Gefallen *(ma'ruf)*, um den sich die kleinen Warenproduzenten gegenseitig bitten. Schon der Ursprung des Wortes zeigt die soziale Bedeutung: *Ma'ruf* heißt soviel wie ›wissen, wie man sich korrekt verhält‹; ma'ruf ist die Kenntnis dessen, was in der Gesellschaft allgemein akzeptiert und anerkannt ist, es ist das Gute schlechthin.

Aber auch hier ist Vorsicht geboten, denn die Verpflichtung zur gegenseitigen Hilfe beinhaltet einen sozialen Balance-Akt: Angebotene und angenommene Hilfe müssen sich die Waage halten. Darüber hinaus unterliegen die Männer bei dem Prinzip der gegenseitigen Hilfe ihrem Ehrenkodex. So wird ein Werkstattbesitzer, dessen Maschinen allzu oft zusammenbrechen, der allzu oft um unentgeltliche Hilfe bittet, bald seine Reputation verlieren.

Die Gewährung von Leistung und Gegenleistung kann die eigene Ehre in der Öffentlichkeit ruinieren oder stärken. Je mehr Hilfe angeboten, aber selbst ausgeschlagen werden kann, um so stärker wächst die moralische Stellung, die Berechtigung, über andere zu urteilen.

Gemeinsam wird die Dattelernte auf den Markt gebracht

KUNST UND KULTUR IM LAND AM NIL

Die Welt der Pharaonen

Die Götter der Pharaonen

Das pharaonische Pantheon enthält eine Vielzahl von Göttern, die zudem häufig mit verwirrenden Attributen ausgestattet sind. Wegen der vielen Gottheiten mag der Eindruck entstehen, dass die Ägypter den ›Einen Großen Gott‹ gar nicht kannten. Richtig ist, dass sie das Anonyme des Heiligen in viele Sinnbilder und Personifizierungen zu differenzieren versuchten, um so Gott Anschaulichkeit zu geben.

Im Neuen Reich entsteht die Formulierung: »Alle Götter sind drei: Verborgen ist Gott als Amun, Gott ist Re vor aller Augen, und Gottes Leib ist Ptah.« Gott ist die Dreieinigkeit von Geist, Schöpfer und Körper. Im Folgenden sind die für das Verständnis der Baudenkmäler und der pharaonischen Bilderwelt wichtigsten Götter kurz beschrieben.

Amun ›Der Verborgene, der im Lufthauch Wirkende‹, wird schon in den Pyramidentexten als Ur-Gott erwähnt, gelangt dann während der Zeit der 11. Dynastie in Theben zu neuer Bedeutung. Im Neuen Reich erhält Amun als Gott der Hauptstadt Theben den Rang des Hauptgotts.

Anubis Totengott mit dem Beinamen ›Herr des Heiligen Landes‹ (Nekropole), gewöhnlich mit dem Kopf eines Hundes oder eines Schakals dargestellt; beschützt die Mumie vor bösen Mächten.

Apis Der Stier mit der Sonnenscheibe und der Uräusschlange zwischen den Hörnern ist ein Symbol der Fruchtbarkeit. Apis gilt als Herold des memphitischen Stadtgottes Ptah und als dessen Verkörperung auf Erden. Nach seinem Tod geht Apis in den Gott Osiris ein (man spricht auch von Osiris-Apis; griech. Serapis).

Aton Seit dem Mittleren Reich (2040–1650 v. Chr.) bezeichnet Aton die Sonne als Gestirn, später wurde Aton als Erscheinungsform des Re angesehen. Seit Thutmosis IV. wird die Sonnenscheibe dann personifiziert –

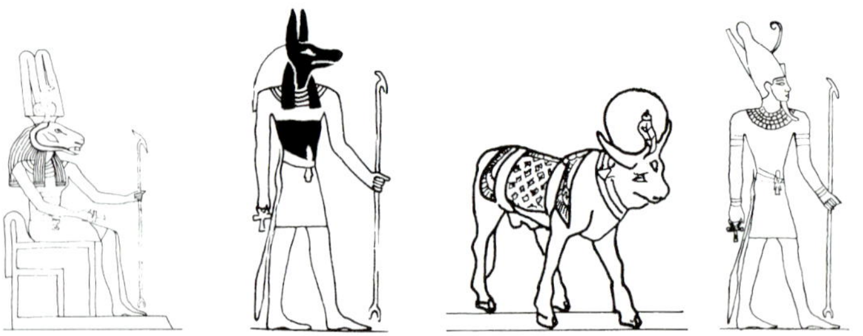

Amun Anubis Apis Atum

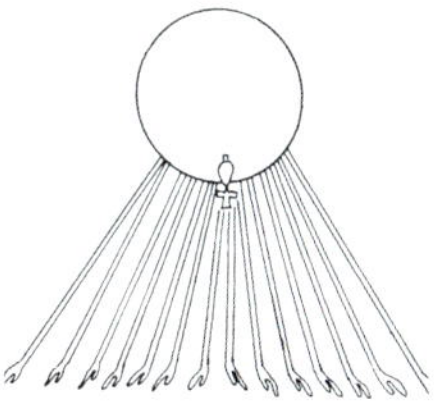

Aton

Bastet

Chnum

Chons

Aton ist der Sonnengott. Amenophis IV., der sich in Echnaton (Strahl des Aton) umtaufte, erhebt Aton zur alleinigen Gottheit (vgl. S. 144). Dargestellt ist der Gott als Sonnenscheibe, deren Strahlen in Händen enden.

Atum Mit Re zu Atum-Re verbunden, Ur- und Schöpfergott von Heliopolis; dargestellt als Aal oder in Menschengestalt mit Doppelkrone.

Bastet Im Alten Reich wird Bastet mit einem Löwenkopf dargestellt, im Mittleren Reich wird ihr eine Katze beigegeben, im Neuen Reich erscheint sie katzenköpfig. Im Laufe der Jahrhunderte erlangt sie ein zunehmend freundlicheres Naturell; ihre einstige zornvolle Wesensart wird an die Göttin Sachmet abgegeben, die damit zur zerstörerischen Seinshälfte der Bastet wird.

Chnum Der Spender des Nil-Wassers wird in Menschengestalt mit Widderkopf wiedergegeben; Chnum ist ein Schöpfergott, der die Menschen auf einer Töpferscheibe formt.

Chons Der Mondgott, Sohn von Amun und Mut, trägt auf dem Kopf eine Mondscheibe und -sichel; häufig wird er auch mit einem Falkenkopf dargestellt.

Hathor In älterer Zeit als Himmelsgöttin und als Mutter des Horus verehrt; gilt auch als Göttin der Liebe, des Tanzes und des Rausches. Wegen der Vorstellung, der Himmel sei eine

Hathor

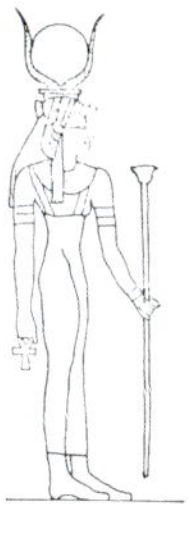

Horus

Isis

Maat

Mut

DER TOTENGLAUBE DER ALTEN ÄGYPTER

Nach ägyptischer Vorstellung führten Verstorbene im Jenseits ihre irdische Existenz fort – allerdings unter erleichterten und verbesserten Bedingungen. Für das Leben nach dem Tode waren all jene Gegenstände vonnöten, die ihnen bereits im Diesseits gedient hatten. So entstand das Steingrab als Haus der Verstorbenen, Speisen und Getränke sowie Möbel und Werkzeuge wurden den Toten entweder im Original oder als Modelle mitgegeben.

Auch durch die magische Kraft des Wortes, durch das Opfergebet der Angehörigen, versorgte man die Verstorbenen im Jenseits mit den für sie notwendigen Dingen. Der Totendienst oblag in der Regel dem ältesten Sohn, ein Testament regelte die Nutznießung der Hinterlassenschaft im Austausch gegen die regelmäßige Fürbitte. Auch Dienerfiguren *(ushebtis)* galten als beliebte Grabbeigaben. In vielen Gräbern fand man gar 365 dieser kleinen Statuen, für jeden Tag eine.

Um jedoch zu den Wiederauferstandenen zu gehören, zu den ›Seligen‹, mussten Verstorbene eine kritische Instanz passieren. Ein Totengericht fällte die Entscheidung über das jenseitige Leben, indem es die diesseitige Lebensführung auf

Darbringung von Grabbeigaben – Relief im Tempel Ramses' II. in Abydos

Verfehlungen untersuchte. Das ethisch richtige Verhalten war in den so genannten Totenbüchern niedergelegt. Zu den alltäglichen Aufgaben gehörte es, »seine Pflicht treu zu erfüllen, das Rechte zu reden und zu üben, bescheiden zu sein, Gier und Habsucht zu meiden, Vater und Mutter zu lieben und zu ehren, gegen die Geschwister und Nächsten liebenswert zu sein, sich in seinem Amte der Schwächeren anzunehmen, sein Amt nicht zu mißbrauchen, die Hungrigen zu speisen und die Nackten zu kleiden, sich der Witwen und Waisen anzunehmen, Untergebene vornehm zu behandeln, gegen niemanden bei dessen Vorgesetzten etwas Nachteiliges zu sagen, keinem Menschen etwas zu leide zu tun« (zitiert nach Helmut Brunner, Grundzüge der altägyptischen Religion, Darmstadt 1988).

Sprach das Gericht einen Toten frei, so wurde er neu erschaffen, gab es einen Schuldspruch, so fiel er der Verdammnis anheim und empfing seinen ›zweiten Tod‹, indem er der Schöpfungsmasse zurückgegeben wurde.

Osiris, der ›Vorsitzende‹ des Jenseitsgerichts, fällte das Urteil nach der Herzwägung. Da das Herz als Speicher des Gewissens galt und daher Auskunft über diesseitige Verhalten geben konnte, legte man es auf eine Waagschale; das Gegengewicht bildete eine Feder als Symbol der Wahrheit.

Dem Totengericht wurde eine große Bedeutung beigemessen und es sind die warnenden Worte eines Vaters an seinen Sohn überliefert: »Der Gerichtshof, der die Elenden richtet, du weißt, daß sie nicht milde sind an jenem Tage, da die Unglücklichen verurteilt werden. (. . .) Schlimm ist es, wenn der Ankläger allwissend ist. Vertraue nicht auf die Länge der Jahre: Sie sehen die Lebenszeit wie eine Stunde an. Nach dem Sterben bleibt der Mensch allein, und seine Taten werden auf einen Haufen neben ihn gelegt« (zitiert nach Helmut Brunner, Grundzüge der altägyptischen Religion, Darmstadt 1988).

Vor dem Richter sprach der Verstorbene das so genannte negative Bekenntnis: »Ich habe nicht getötet, ich habe nicht gestohlen, ich habe nicht verleumdet . . .« Trafen die Angaben des Verstorbenen zu, so blieb die Waage im Gleichgewicht, hatte er jedoch gesündigt, so senkte sich die Schale mit dem Herzen. Der schakalköpfige Gott Anubis prüfte den Ausschlag des Züngleins und der ibisköpfige Toth protokollierte den Vorgang.

Wurden Verstorbene verurteilt, so fielen sie in den Rachen eines Monsters, das aus einem Krokodilskopf, einem Löwenleib und einem Nilpferdhinterteil bestand. Die Freigesprochenen aber wurden neu erschaffen, indem der Sonnengott den Körper, die Lebenskraft und die Seele wieder vereinte. Freilich setzte dies voraus, dass die drei lebenswichtigen Elemente von den Angehörigen ›am Leben‹ gehalten wurden. So bewahrte man den Körper durch die Mumifizierung (s. S. 158f.) und spendete der Lebenskraft die notwendigen Speisen und Getränke. Da die Seele nur Wasser für ihr Fortbestehen benötigte, legten die Hinterbliebenen entweder einen kleinen Teich an oder stellten eine wassergefüllte Schale ins Grab. Der Sonnengott setzte nun diese drei Teile wieder zusammen und der Tote erstand neu als ein *ach,* als ein ›Verklärter‹.

Nut

Osiris

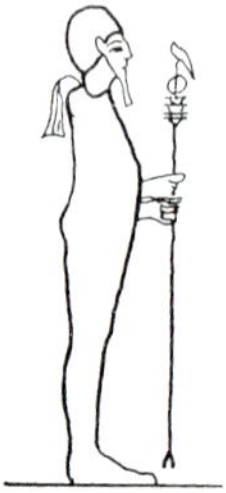

Ptah

riesige Kuh, ist sie häufig in Kuhgestalt dargestellt; sonst als Frau, manchmal mit Kuhohren und -hörnern.

Horus Himmelsgott in Gestalt eines Falken oder auch nur mit einem Falkenkopf dargestellt. Schon in frühester Zeit wurde der Falke mit dem König gleichgesetzt, somit galt der Pharao als Erscheinungsform des Horus.

Isis Göttin in Gestalt einer Frau mit der Hieroglyphe für ›Thron‹ auf dem Kopf, gilt daher als Gottheit des Thronsitzes. Oft auch dargestellt mit einem Kuhgehörn und der Sonnenscheibe auf dem Haupt; Gemahlin von Osiris.

Maat Die Personifikation allen Seins; verkörpert Recht, Wahrheit, kosmische Gesetzmäßigkeiten und die Ordnung der Welt. Viele Reliefs zeigen, wie die Maat, auf der Handfläche des Pharao sitzend, den Göttern dargebracht wird; die Geste symbolisiert, dass der König die göttliche Ordnung vertritt.

Mut Göttin, die als Geier oder als Mensch dargestellt ist, gelegentlich auch löwenköpfig; als Gattin des Amun verkörpert sie sich häufig in der Gestalt der Königin.

Nut Das personifizierte Himmelsgewölbe, dargestellt als Frau, die sich schützend über die Erde beugt.

Osiris Osiris bildet mit Isis und Horus die ›göttliche Familie‹. Sein Bruder Seth, als Gott der Wüste Widersacher des Fruchtbarkeitsgotts Osiris, lockt ihn in einen Kasten und wirft ihn in den Nil; der Gott (fruchtbares Land) ertrinkt (Überschwemmung) und ermöglicht so eine neue Ernte. Später galt jeder verstorbene Pharao als Verkörperung des Osiris, der zum Symbol für die Auferstehung wurde.

Ptah Stadtgott von Memphis, Ur- und Schöpfergott, Beschützer der Handwerker und Künstler. Ptah erschafft die Menschen ähnlich wie Chnum auf der Töpferscheibe.

Re Sonnengott von On (Heliopolis), sein Symbol ist der Obelisk, auf dessen Spitze er sich niederlässt. Re wurde später mit Harachte (Horus) verbunden und übernahm von ihm die menschliche Gestalt mit dem Falkenkopf und der Sonnenscheibe auf dem Haupt. Als im Mittleren Reich die Stellung des Gottes Amun stärker wurde, verband man beide Gottheiten zu Amun-Re.

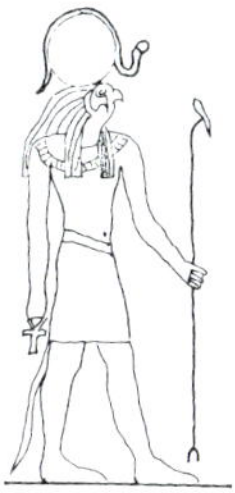

Re

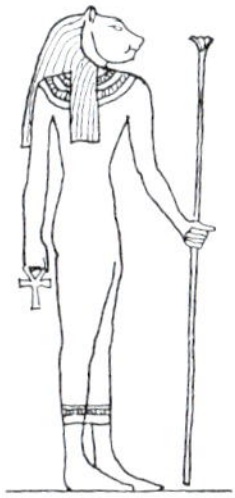

Sechmet

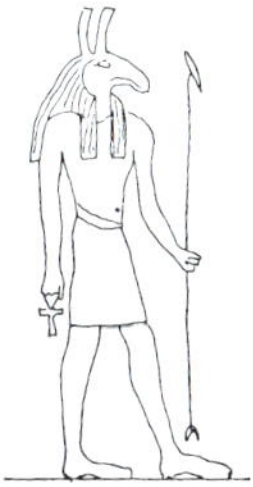

Seth

Thot

Sechmet ›Die Mächtige‹ ist die Göttin des Krieges und Gemahlin von Ptah. In ihrem kriegerischen Aspekt erscheint sie als Gegennatur zu Bastet; dargestellt als Frau mit Löwenkopf.

Seth Wüstengott, Bruder des Osiris; gilt durch den Osiris-Mord als Inkarnation des Bösen; dargestellt mit dem Kopf eines zoologisch nicht bestimmbaren Tieres.

Toth Gott der Weisheit, dargestellt als Pavian oder Mensch mit einem Ibis-Kopf.

Pyramiden

Die Hauptsorge der Alten Ägypter galt dem Leben nach dem Tode (vgl. S. 44). Und dem entsprechend gestalteten sie ihre letzten Ruhestätten mit größter Sorgfalt. Die Gräber dokumentieren die technischen, handwerklichen und künstlerischen Fähigkeiten der damaligen Baumeister, Bildhauer und Maler besonders augenfällig. Vor allem die Pyramiden, die monumentalen Begräbnisanlagen der Könige, faszinieren die Besucher des Nil-Landes.

Jede Pyramide besteht aus der Sargkammer, tief unter der Erde oder im Innern des großen Grabbaus, dem Totentempel an der Ostseite der Pyramide, in dem der verstorbene Pharao mit Speisen, Getränken und Gebeten versorgt wurde, und dem Verehrungs- oder Taltempel, der durch einen Aufweg mit der Pyramide verbunden war und in dem sich die rituelle Wiederbelebung des Königs vollzog.

Gräber

Nicht minder eindrucksvoll sind die Felsengräber im Tal der Könige (s. S. 173), von denen die längsten mehr als 200 m tief in das Gestein getrieben sind. Malereien und Reliefs schmücken ihre Wände und Decken.

Hohe Würdenträger, begüterte Grundbesitzer, aber auch einfache Arbeiter und Bauern sorgten sich – ebenso wie die Pharaonen – um ihre letzte Ruhestätte. Eindrucksvolle Beispiele reich ausgestatteter Privatgräber bieten die Mastabas von Saqqara (vgl. S. 133). Diese Bankgräber besitzen eine unterirdische Sargkammer und überirdisch angelegte Räume für

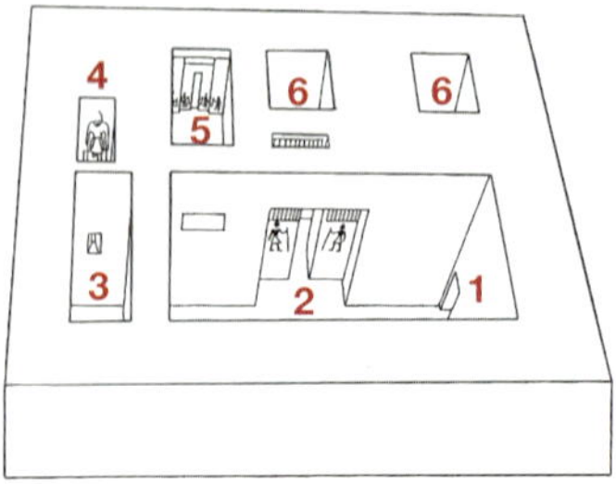

Mastaba
1 Eingang
2 Vorhof
3 Opferkammer mit Schlitz zum Serdab
4 Serdab
5 Kultraum mit Scheintürnische
6 Schächte zu den Sargkammern

die kultischen Handlungen. Immer findet sich – zumeist in einer abgeschlossenen Kammer *(serdab)* – eine Stein-, seltener eine Holzstatue als Abbild des Verstorbenen. In dem Opferraum, der vor dem *serdab* liegt und mit diesem nur durch einen Schlitz verbunden ist, erfolgte die rituelle Versorgung des Toten.

Tempel

Neben den vielen Grabstätten sind es vor allem die Tempel (vgl. S. 49), in denen sich die architektonischen Leistungen des alten Ägypten manifestieren. Jedes dieser Heiligtümer weist einen oder mehrere mächtige doppeltürmige Torbauten (Pylone) auf. An das Tor schließen sich offene Höfe und Säulenhallen an. Vor dem Allerheiligsten, dem Raum für den Hauptgott, befindet sich ein Opferraum. Kapellen für Gastgötter umschließen das Sanktuarium. Wie in den Gräbern sind die Decken und Wände der Tempel mit religiösen, gelegentlich auch zeitgeschichtlichen Motiven geschmückt.

Reich dekoriert zeigen sich auch die Säulen und Pfeiler eines jeden Heiligtums. Jenseits ihrer architektonischen Funktion galten sie als Stützen des Himmelsgewölbes, besaßen also hohen symbolischen Wert. So nahm in der Papyrusbündelsäule der Himmelszug des Sonnengottes im Laufe eines Tages steinerne Gestalt an: Geöffnete Blütenkapitelle verwiesen auf den Tag, geschlossene auf die Nacht.

Der altägyptischen Vorstellung, nach der der Himmel eine Palme ist, entspricht die Palmstammsäule; in ihrer ausladenden Krone konnte der Sonnengott – so glaubte man – täglich seinen Platz einnehmen. Zeltstangensäulen mit glattem, schmucklosen Schaft fanden dort Verwendung, wo ein schwerer steinerner Bau eine leichte Hütte, ein Zelt oder einen Pavillon symbolisieren sollte. In Tempeln, die der Hathor geweiht waren, trugen die Säulen das Antlitz der Göttin. Die so genannten Osirispfeiler oder -säulen verbanden eine Kolossalskulptur des Pharao in Gestalt des Osiris mit dem Leib der Stütze zu einer Einheit.

In der ptolemäischen Ära gehörte zu jedem Tempel ein *mammisi*, ein Geburtshaus, quer zur Tempelachse gelegen. Hier wurde die Geburt des Gottessohns und des mit ihm identischen Pharao nachvollzogen.

ÄGYPTISCHE TEMPEL

Das Areal jeden Tempels war von einer hohen Mauer aus Lehmziegeln umschlossen. Unbefugte konnten den sakralen Ort weder betreten noch einsehen. Vor dem ersten Pylon – und damit vor dem Tempeleingang – konnten die Gläubigen in einem kleinen Garten der Gottheit Wasser spenden oder ein Gebet verrichten. Keinem Gläubigen war es erlaubt, den Eingangspylon zu durchschreiten; die Tempelbediensteten betraten die heilige Stätte durch Nebentüren. In den Pylon-Wänden waren in zwei oder vier Nischen hohe Flaggenmasten eingelassen. Diese Masten, importiert meist aus dem Libanon, waren an der Spitze vergoldet und mit farbigen Wimpeln versehen. Das mächtige, eisenbeschlagene Doppeltor des Eingangspylons wurde nur geöffnet, wenn sakrale Prozessionen Einlass verlangten.

Ein offener Säulenhof, der sich jenseits des Eingangstors ausbreitet, leitet zu einer Säulen- oder Pfeilerhalle über. Es folgen Räume mit einem schmaleren Grundriss als der Hof und die Halle, da rechts und links Nebenkammern angebaut sind. Die axiale Tempelstruktur setzt sich fort mit einem langen, schmalen Saal für die Götterbarke, die auf einem Steinsockel ruhte. Es schließen sich zunächst der Speiseraum an, in dem die Mahlzeiten für den Gott bereitet wurden, dann die Cella mit einem steinernen oder hölzernen Naos und dem Kultbild.

Jeder Tempel besaß Wirtschaftsräume: Speicher für die Opfergaben, Werkstätten, Kleiderkammern, Schreiberräume, eine Bibliothek sowie Unterkünfte für die Priester. Außerdem gab es einen Reinigungsbrunnen und einen heiligen See. Alle Räume und Kammern waren durch Türen verschlossen. Die großen Tore enthielten kostbare Einlegearbeiten und den Fußboden bedeckte eine Silberauflage.

In fast allen Tempeln steigt der Achsenweg gleichmäßig an, jeder folgende Gebäudeteil liegt etwas höher als der vorhergehende. Gleichzeitig senkt sich die Decke immer mehr ab, im hinteren Teil fehlen die Lichtschlitze, sodass sich das Allerheiligste an der höchsten und dunkelsten Stelle des Tempels befindet.

Der ägyptische Kultbau war als Abbild der Welt angelegt. So galten die beiden Pylon-Türme als Gebirgszüge, zwischen denen am Morgen die Sonne aufging, die Säulenhalle bezeichnete das Moor, das bei der Entstehung der Welt entstand, und die Silberschicht auf dem Fußboden stellte das Wasser des Sumpfes dar. Das ansteigende Niveau der Tempelachse und das Allerheiligste am höchsten Punkt symbolisierten die Böschung und die Spitze des Urhügels, aus dem einst die Welt hervorging, und die abnehmende Helligkeit bezeichnete den Übergang vom Bekannten zum Mysterium. Der heilige See repräsentierte Nun, den ewigen Ozean, das Urgewässer, das es schon vor der Erschaffung der Erde gab.

Auch die ›Säulenwälder‹ ägyptischer Tempel besaßen neben ihrer architektonischen Funktion eine religiöse und symbolische Bedeutung. Die Stützen, auf denen das Flachdach ruhte – so etwa die Palmensäule, die Lotusbündelsäule, die Papyrussäule sowie die Osirispfeiler –, galten als Träger des Himmels.

Statuen und Tierfiguren

Zu den Werken der plastischen Kunst zählten Statuen von Göttern, Königen und Privatpersonen, aber auch Tierfiguren. In den Gräbern fanden sich Statuen als Abbild der Verstorbenen. Größe, Haltung und Kleidung symbolisierten die Funktionen und den Rang, den der Tote einst innehatte. Auch die so genannten Dienerfiguren *(ushebtis),* die für einen hohen Verstorbenen die Arbeit im Jenseits übernehmen sollten, fanden sich als Grabbeigaben.

Ein Charakteristikum altägyptischer Plastik ist die Tendenz zur Monumentalität, zu Kolossalstatuen, die entweder als Fassadenkolosse oder als so genannte Osirispfeiler (s. S. 49) viele Meter hoch aufragten und allein durch ihre Größe den Rang eines Gottes oder eines Dynasten ausweisen sollten. An Materialien verwendeten die Bildhauer Alabaster, weichen Kalkstein, harten Rosengranit, Schiefer, Holz und Bronze. Kleinere Skulpturen wurden bemalt oder mit Gold überzogen.

Reliefs

In der Flachkunst arbeiteten die altägyptischen Künstler erhabene und versenkte Reliefs aus dem Stein. Das erhabene Relief hebt sich aus dem Hintergrund heraus, das versenkte hingegen ist in den Stein eingetieft. Zahlenmäßig dominiert das versenkte Relief, das im Streiflicht besondere Prägnanz gewinnt und daher häufig an Außenwänden von Tempeln angebracht ist.

Malerei

Mit dem Übergang vom Mittleren zum Neuen Reich (1551 v. Chr.) und dem damit verbundenen Aufstieg Thebens als Residenz setzte sich gegenüber dem Relief mehr und mehr die Malerei durch. Das Gestein von Theben, brüchig und schwach, erlaubte Architekten und Bildhauern keine präzise, detailgetreue Meißelarbeit. Die Handwerker glätteten daher die Wände mit Nil-Schlamm und überzogen sie mit einer Gipsschicht. Die Naturfarben – Schwarz wurde aus Lampenruß gewonnen, Blau und Grün aus Malachit, Weiß aus Gips oder Kreide, die verschiedenen Rottöne aus Eisenoxyd – banden die Künstler mit Leim oder Eiweiß.

Kunsthandwerk

Schon in der Frühzeit verstanden es die Kunsthandwerker, Gefäße aus Hartgestein (Basalt, Diorit, Granit) herzustellen. Seit dem Alten Reich wurden **Tonwaren** auf der Töpferscheibe geformt, danach gebrannt und bemalt. Ebenfalls im Alten Reich stellte man bereits Perlen aus Glas her, während der kurzen Regierungszeit von Tut-anch-Amun tauchte dann erstmals durchsichtiges **Glas** auf. Um farbige Gläser herzustellen, fügte man dem Glassand Natron und Kalziumkarbonat, Kobalt, Kupfer, Mangan, Blei oder Antimon hinzu.

Kupfer und Blei vermochte man in Ägypten bereits in der dynastischen Frühzeit zu verarbeiten; im Alten und Mittleren Reich verstand man sich

Malerei im Grab des Sennedjem im Tal der Könige von Theben-West

auch auf die Herstellung von Bronze, in der 18. Dynastie kamen erstmals Eisengegenstände zum Einsatz. Aus den Edelmetallen stellten die Goldschmiede Gefäße, Figuren und Schmuck her. Die Ägypter beherrschten – vor allem in der Spätzeit – zudem vorzüglich die Technik des Tauschierens, bei der Gold oder Silber in unedle Metalle (so etwa in Bronze) eingelegt werden.

Hölzerne Gebrauchsgegenstände arbeitete man aus den Stämmen der einheimischen Akazie, Sykomore und Tamariske heraus. Für kostbare Schnitzereien importierte man Edelhölzer aus Syrien, Nubien und dem Libanon. Die Holzplastiken wurden bemalt, dazu durch Einlegearbeiten und Inkrustation kunstvoll verziert.

Papier

Aus **Papyrus**, neben dem Lotos die Symbolpflanze Ägyptens, wurde vor allem der berühmte Schreibstoff hergestellt, der unserem Papier seinen Namen gab. Aus dem Pflanzenmark der Staude schnitt man schmale Streifen heraus, die aneinander gelegt wurden, eine quer aufgetragene Lage verstärkte dieses ›Blatt‹, das dann mit einem Schlegel geklopft, später gepresst und dann poliert wurde.

Mit der Entwicklung der Schrift entstanden in Altägypten literarische Werke ebenso wie wissenschaftliche Texte, Annalen, Chroniken und – wichtig für die Verwaltung – Tabellen und Aufstellungen. Ohne Schriftkenntnis hätte die komplexe administrative

Ordnung und die hoch entwickelte Gesellschaft Ägyptens niemals entstehen können.

Das altägyptische Schulwesen verdient besondere Anerkennung. Lehrstätten waren die Tempel. Dabei vermittelten die Lehrer nicht nur abfragbares Wissen, vielmehr auch Verhaltensregeln und moralische Gebote.

Musik, Tanz, Spiele

Musik und Tanz waren zu allen Zeiten weit verbreitet, auch sportliche Aktivitäten verschiedenster Art sind überliefert. Die Ringer, in den Felsgräbern von Beni Hassan (s. S. 141) detailgetreu dargestellt, kämpften mit Griffen, die im Freistil noch heute üblich sind. Zum Zeitvertreib gehörten ferner Gesellschafts- und Brettspiele und Kinderspielzeug wie etwa Puppen mit beweglichen Gliedern oder Tierfiguren auf Rädern.

Kalender

Eine wissenschaftliche Meisterleistung stellte um das Jahr 2772 v. Chr. die Einführung eines exakten Kalenders dar. Als Jahresanfang legten die ägyptischen Astronomen den Aufgang des Sirius fest, der – nachdem er längere Zeit nicht sichtbar ist – am 19. Juli eines jeden Jahres am Himmel erstrahlt. Die Zeit bis zum nächsten Aufgang des Sirius beträgt genau 365 1/4 Tage.

Da um den 19. Juli auch die Nil-Schwelle begann, teilte man das Jahr in drei Abschnitte ein (Überschwemmung, Aussaat und Ernte, Brache), die jeweils vier Monate à 30 Tage dauerten. Im Jahresverlauf fügte man dann fünf Schalttage hinzu, um auf die Gesamtzahl von 365 Tagen zu kommen. Den verbleibenden Vierteltag ignorierten die Alten Ägypter, so dass erst nach einer Zeitspanne von 1460 Jahren der Neujahrstag wieder mit dem Aufgang des Sirius zusammenfiel. Unser Kalender basiert – nach Änderungen durch Julius Cäsar und Papst Gregor XIII. – noch heute auf der ägyptischen Jahreszählung.

Islamische Religion und Kunst

Im Jahre 570 wurde Muhammad, der spätere Prophet des Islam, in Mekka geboren, das schon zu jener Zeit ein religiöses Zentrum der arabischen Halbinsel war. Seine Familie, die dem Stamm der Koreischiten angehörte, war arm. Bereits in jungen Jahren musste Muhammad sich als Hirte und Kameltreiber seinen Lebensunterhalt verdienen. Als Erwachsener trat er in die Dienste der schon zweimal verwitweten Händlerin Chadidcha, für die er Karawanenreisen leitete. Auf diesen Reisen wurde er mit der jüdischen und christlichen Religion vertraut. Im Jahre 595 heiratete er die fast 20 Jahre ältere Frau.

Um die Jahrhundertwende befielen Muhammad erste Trance-Zustände; er fühlte sich von Dämonen und Geistern bedroht und suchte Zuflucht in der Einsamkeit der Wüste. Dort wurde ihm die erste Offenbarung zuteil, über die er nur im engsten Familienkreis berichtete. 610 erreichte ihn durch den Engel Gabriel die zweite göttliche Sendung, sie bestärkte ihn in der Überzeugung, für einen Ein-Gott-Glauben einzutreten.

Muhammad hielt erste öffentliche Predigten, aber abgesehen von dem begüterten Händler Abu Bakr, der später erster Kalif werden sollte, fand er nur bei Sklaven und armen Leuten Gehör. Die geschäftstüchtigen Bewohner Mekkas lehnten aus wirtschaftlichen Erwägungen die neue Lehre ab, da sie am zentralen Heiligtum des beduinischen Arabiens, der Ka'aba, einen Götzen-Götterdienst etabliert hatten, der ihnen durch das Wallfahrts-, Handels- und Messegeschäft gute Einnahmen brachte. Man scheute sich nicht, auch fremde Götterbilder dort aufzustellen – je mehr Gläubige zur Ka'aba pilgerten, um so größer war der wirtschaftliche Gewinn der alteingesessenen Kaufleute. Muhammads Predigten zur Wiederherstellung eines Ein-Gott-Glaubens beeinträchtigten dieses Wallfahrtsgeschäft erheblich.

So hatten die wenigen Anhänger Muhammads mit Verfolgungen und Schikanen zu rechnen. Eine Gruppe von Muslimen wanderte von Mekka in das monotheistische Abessinien aus, wo sie der dort herrschende Negus wohlwollend aufnahm.

Eine Lösung für die Gläubigen brachte schließlich die wirtschaftliche Konkurrenz zwischen Mekka und der Nachbarstadt Yathrib. Die Bewohner von Yathrib – ständig in Auseinandersetzungen mit den Mekkanern verwickelt – waren bereit, die wenigen Anhänger des neuen Glaubens aufzunehmen und für deren Schutz einzutreten. Im Jahre 622 zogen die Gläubigen aus Mekka aus; das Datum dieser *hejra* markiert den Beginn der islamischen Zeitrechnung. Einer Legende zufolge gab sich die Stadt beim Einzug des Propheten einen neuen Namen: Medinet al Nabi, die Stadt des Propheten.

In Medina fielen die Predigten Muhammads auf fruchtbaren Boden. Es gelang ihm, die starke jüdische Gemeinde mit seinen Offenbarungen zunächst einzuschüchtern, dann seiner Glaubensgemeinschaft zuzuführen; ebenfalls erreichte er die Aussöhnung zweier mächtiger verfeindeter Stämme. Bestärkt von Zuwachs und Einheit, führten die ersten Muslime Raubzüge gegen die Karawanen aus Mekka durch und machten reiche Beute. Immer mehr Menschen – darunter auch viele der mächtigen Koreischiten – traten in den folgenden acht Jahren in die Gemeinschaft der Gläubigen *(umma)* ein. 630 konnte Muhammad als militärischer und religiöser Führer in Mekka einziehen. Wenig später erkrankte er; im Jahre 632 starb er.

Islam – Religion – Glaube

›Sich Gott hingeben‹ – so könnte das Wort Islam übersetzt werden; zugleich bedeutet Islam aber auch die ›gestiftete Religion‹. Dies impliziert, dass die Regeln und Gebote des **Koran** praktiziert und befolgt werden und dass Gläubige ihr Bekenntnis zur großen Gemeinschaft aller Muslime *(umma)*

ablegen. Der Islam herrscht dort, wo seine Regeln geachtet werden. Seine Gesetze betreffen nicht nur den religiösen und juristischen Bereich, sondern ordnen auch das mitmenschliche Zusammenleben. Im Islam verschmelzen Religion und weltliche Gemeinschaft zu einer Einheit.

Ein Muslim, der nicht mehr an Gott glaubt, bleibt trotz allem in der Gemeinschaft der Gläubigen und genießt weiterhin die Solidarität *(asabiyya)* aller Mitglieder. Erst Gott bleibt es überlassen, ein Urteil über ihn am Tag des Jüngsten Gerichts *(yom ad din)* zu fällen. Solange ein ›Zweifler‹ nicht öffentlich seinen Austritt aus dieser Gemeinschaft kundtut, wird er toleriert. »Es soll kein Zwang sein im Glauben«, heißt es im Koran (wenngleich mit dem Zusatz versehen, dass »die wahre Lehre vom Irrglauben ja deutlich zu unterscheiden ist« [2. Sure, Vers 265]). Erst derjenige, der konvertiert und damit zu den *munafiqun,* den Ungläubigen, gehört, hatte nach den alten religiösen Gesetzen sein Leben verwirkt.

Din (Religion), die zwingende Vorschrift, die Gebote zu achten, gilt zugleich als der Bereich, in dem die religiösen Vorschriften zum Tragen kommen. Für alle Gläubigen besteht die Verpflichtung, die Gesetze zu befolgen und im Sinne der Gemeinschaft zu erfüllen. *Din* ist weiterhin die Treue zum Koran und zur Tradition der *sunna* (s. S. 56). Und letztlich bestimmt *din,* dass es keine Trennung zwischen religiösem und weltlichem Handeln gibt. Es gilt das Motto *din we dunya,* Religion und Welt, wobei sich *dunya* auf unseren Alltag bezieht, *din* den Bereich des Transzendenten, des Jenseits *(akhira)* bezeichnet. Die muslimischen Fundamentalisten unserer Tage haben daraus einen neuen ›Schlachtruf‹ gemacht: *din we dawla,* Religion und Staat.

In Moscheen beten Männer und Frauen getrennt

Glaube *(imam)* bedeutet ›sich anvertrauen‹, Zeugnis ablegen für den Islam. Dies ist in der *shahada,* dem Glaubensbekenntnis, verankert, das jeder, der zum Islam übertritt, rezitieren muss. Erst dadurch wird er in die Gemeinschaft der Gläubigen aufgenommen.

Die fünf Grundpfeiler des Islam

Das Glaubensbekenntnis *(shahada)*

»Es gibt keinen Gott außer Allah, und Muhammad ist sein Prophet« *la ilah illa lah we Muhammad rasul lah* – so lautet das Zeugnis, das jeder Muslim für seinen Glauben ablegt.

Das rituelle Gebet *(salat)*

Jeder Gläubige ist aufgefordert, sich fünfmal am Tag durch sein Gebet an Gott zu wenden. Durch vorhergehende Waschungen versetzt er sich in den Zustand ritueller Reinheit und mit dem Ausbreiten einer Matte oder eines Teppichs schafft er einen sakralen Ort. Gebetet wird in Richtung der Qibla, das heißt nach Mekka hin. Innerhalb einer Moschee (vgl. S. 56f.) ist diese Richtung durch eine kleine Nische (Mihrab) in der Wand angegeben.

Wann immer möglich soll jeder Gläubige das Gebet nicht allein, sondern mit anderen in der Moschee *(masjid)* verrichten und damit der sozialen Bedeutung der *ummat an nabi,* der Gemeinschaft des Propheten, Ausdruck verleihen. Das *salat* ist vertrautes Gespräch mit Gott wie auch kultische Übung; es reinigt von Sünden und gewährleistet, ein Leben lang regelmäßig durchgeführt, nach dem Tode den Einzug ins Paradies.

Die Almosengabe *(zakat)*

Almosen an Arme und Bedürftige reinigen den Gläubigen von Sünden und bringen reichen Segen im Jenseits. Es gehört zur Gewissenspflicht eines jeden Muslim, Almosen zu verteilen.

Fasten im Ramadan *(siyam)*

Von Sonnenaufgang bis Sonnenuntergang sollen Gläubige im islamischen Fastenmonat, der 29 Tage dauert, jegliche Nahrungsaufnahme vermeiden. In der Nacht darf gegessen werden. Ausnahmen vom Fasten sind möglich, doch regeln zahlreiche Vorschriften solche Sonderfälle. Gemeinhin gilt, dass das Fasten nachzuholen oder durch Almosengaben auszugleichen ist.

Wallfahrt nach Mekka *(haj)*

Jeder Muslim, der finanziell dazu in der Lage ist, hat die Verpflichtung, einmal in seinem Leben die Pilgerfahrt nach Mekka anzutreten. Die Wallfahrt hat Läuterungscharakter, darüber hinaus soll sie die Solidarität innerhalb der Gemeinschaft der Gläubigen bezeugen.

Die Quellen des Islam

Koran *(qur'an)*

Das Wort Koran ist abgeleitet von *qara* (lesen) oder *iqra* (Lies! Rezitiere!). Im Koran steht, so glauben Muslime, das Wort Gottes, das Muhammad Satz für Satz eingegeben wurde. Hier sind die religiösen und weltlichen Gesetze niedergelegt. Der Koran, auch *al kitab* (das Buch) genannt, gliedert sich in 113 Suren, die aus einzelnen Versen bestehen. Jede Sure ist überschrieben mit »Im Namen Gottes des Barmherzigen und Allmächtigen« *(bismillah ar rahman ar rahim)*.

Sunna und Hadith

Genauer eigentlich, *sunnat al nabi,* die Tradition, die Lebensführung und Handlungsweise des Propheten. Die *sunna* ist in einzelne *hadith* eingeteilt, Aussprüche und Sentenzen des Propheten zu bestimmten religiösen Problemen.

Jedes *hadith* besteht aus zwei Teilen: Zunächst wird der Name desjenigen genannt, der einen spezifischen Vorfall berichtet, sowie die Kette *(isnad; silsilla)* derjenigen, die den Bericht weitergegeben haben, dann folgt der Bericht *(matn)* zur eigentlichen Begebenheit. Die Gemeinschaft der Gläubigen verehrt die *sunna* und versteht sich selbst als *ahl al sunna al jama'a,* als die Leute der *sunna* und der Gemeinschaft.

Die Moschee

In der Moschee (arab. *masjid,* Ort, an dem man sich vor Gott niederwirft) versammeln sich die Gläubigen zum Gebet. Mit seinem großen Innenhof war das Wohnhaus des Propheten Muhammad in Medina die ›erste Moschee‹ für die damals kleine Gemeinde der Gläubigen. Die Anlage stellte aber nicht nur das religiöse, sondern auch das politische Zentrum der Bewegung dar; hier wurden Glaubensinhalte ebenso wie politische Entscheidungen verkündet.

Mit der Ausbreitung des Islam entstanden in den Städten der eroberten Gebiete große Freitagsmoscheen, zunächst in recht einfacher architektonischer Ausführung. Neben den heiligen Stätten erbauten sich die Bewohner in ihren Stadtvierteln zudem kleinere Gebetshäuser.

Als im 9. Jh. die Kalifen der Abbassiden-Dynastie nicht mehr selbst die Freitagspredigt hielten, verlor die Freitagsmoschee auch ihre politische Bedeutung; zumeist in den Marktarealen wurden weitere große Kultbauten für das wöchentliche Gemeinschaftsgebet errichtet. Zentrum des öffentlichen Lebens blieb jedoch die Hauptmoschee, in deren Anlage die Verwaltung, das Gericht und die Koranschule untergebracht waren. Im 11. Jh. entstanden die Grabmoscheen, denen die Stifter häufig eine *madressa* (Koranschule) angliederten.

Der heiligste Ort einer Moschee ist der **Mihrab,** eine kleine Nische in der Wand, welche die Qibla, die Richtung nach Mekka, angibt. Rechts des Mihrab erhebt sich der **Minbar,** eine meist reich dekorierte Kanzel, von welcher der Iman die Freitagspredigt hält. Große Freitagsmoscheen besit-

Säulenhalle der Al Azhar-Moschee in Kairo

zen zudem eine *maqsura,* eine Herrscherloge. Matten und Teppiche sind im Innern der Gebetsstätte ausgelegt; zahlreiche Leuchter und Lampen sorgen für Helligkeit. Ein Brunnen, zumeist im Zentrum des Moscheehofs, spendet Wasser für die rituelle Reinigung vor dem Gebet.

Jede Moschee besitzt zumindest ein **Minarett** (arab. *manara,* Leuchtturm), von dem der Muezzin die Gläubigen fünfmal am Tag zum Gebet ruft. Bis zum 19. Jh. stand der **Muezzin** unter der Kontrolle des *muhtasib* (vgl. S. 38), da der Gebetsrufer von der Plattform des Minaretts in die Wohnungen der Nachbarhäuser, in die Innenhöfe oder die Gassen blicken konnte. Durch einen Eid war er zur höchsten Diskretion verpflichtet. Aus dem 13. Jh. ist die Anweisung eines Richters *(qadi)* überliefert, die Minarette nicht höher als die umgebenden Häuser zu bauen – man sorgte sich also sehr um die Privatsphäre und einem blinden Gebetsrufer wurde stets der Vorzug gegeben. Selbstverständlich war es niemandem außer dem Muezzin erlaubt, den hoch gelegenen Umgang des Minaretts zu betreten.

Feste

Ägypten verwendet wie auch wir den gregorianischen Kalender, schließlich wurde dessen Vorgänger von den Astronomen der Pharaonen entwickelt, von Cäsar in Rom eingeführt und von Papst Gregor XIII. im späten Mittelalter leicht modifiziert. Zur Bestimmung der muslimischen Feiertage allerdings ziehen die religiösen Autoritäten den Mondkalender zu Rate und so verschieben sich diese von Jahr zu Jahr.

Ramadan

Der wichtigste Monat im Leben eines gläubigen Muslim ist der **Fastenmonat** (vgl. S. 56). Von Sonnenaufgang bis Sonnenuntergang wird nicht gegessen, getrunken oder geraucht. Ausländische Besucher zeigen Einfühlungsvermögen und Respekt vor den Gläubigen, wenn sie sich in der Öffentlichkeit den Gesetzen des Landes anpassen.

Kaum aber ist die Sonne hinter dem Horizont verschwunden, trifft sich die Familie mit Verwandten und Freunden zum üppigen Festschmaus, in den großen Städten sind die sonst so überfüllten Straßen gespenstisch leer – kein Mensch ist zu dieser Stunde in den öffentlichen Bereichen auf den Beinen. Aber schon nach kurzer Zeit tobt wieder das Leben auf den Bürgersteigen. Die Geschäfte haben bis tief in die Nacht geöffnet, Familien flanieren auch mit den Kleinsten durch Straßen und Gassen. Überlandbusse unterbrechen unmittelbar nach Sonnenuntergang ihre Fahrt, die Passagiere strömen ins Freie und picknicken am Straßenrand. Wenn die entbehrungsreiche Zeit dann vorbei ist, begehen die Muslime zum Abschluss des Ramadan ein dreitägiges Freudenfest, das *aid al fitr*.

Der wichtigste islamische Feiertag ist das *aid al adha*, gemeinhin nur *aid al kebir,* das große Fest, genannt. Es wird vor allem von jenen begangen, die sich keine Pilgerreise nach Mekka leisten können (vgl. S. 56). Auch Christen kennen die Bedeutung dieses Tages, denn er erinnert daran, dass Gott den Glauben Abrahams (arab. Ibrahim) auf die Probe stellen wollte und ihm befahl, seinen Sohn Isaak zu opfern. Im Gedenken an diese Überlieferung bringen viele Familien ein Schaf als Opfer dar, als Erinnerung daran, dass Gott anstelle von Isaak einen Widder auf den Schlachtaltar platzierte.

Ein hoher Feiertag ist auch *maulid an nabi,* der Geburtstag des Propheten Muhammad. Sehr populär bei der Bevölkerung ist *sham al nassim,* das Frühlingsfest, das am Montag nach dem koptischen Ostern begangen wird. *Sham al nassim* bedeutet so viel wie ›das Riechen des Frühlingshauches‹ und den erschnuppern Ägypter traditionell bei einem Picknick am Ufer des Nil. Nach jahrhundertealtem Brauch wird dabei gesalzener Fisch, *fissih,* gegessen.

Dieses älteste ägyptische Fest geht auf die Pharaonenzeit zurück, seit jenen Tagen markiert es das Ende des Winters. Dabei versinnbildlicht ›das Riechen des Frühlingshauches‹ die altägyptischen Vorstellungen von Tod und Wiedergeburt, das sich im erneuten Erblühen der Natur nach der kalten Jahreszeit zeigt.

Mit der Christianisierung des Landes wurde das Fest übernommen und der Patriarch Athanasios von Alexandria legte in der Mitte des 4. Jh. den Termin auf den ersten Montag nach Ostern. Damit sollte eine Verbindung zwischen dem alten Totenglauben der Pharaonenkinder und der Auferstehung Jesu hergestellt werden. Mit dem *sham al nassim* allerdings beginnt auch die Zeit des *chamsin,* der 50 Tage dauernden Sandstürme, die zwischen Ostern und Pfingsten nicht selten im Lande die Sonne verfinstern.

Literatur und Musik

Nach der Verleihung des Nobelpreises für Literatur an den Schriftsteller **Nagib Machfus** im Jahre 1988 nahm das Interesse an zeitgenössischer ägyptischer Literatur auch im deutschsprachigen Raum zu. Alle Romane des 1911 geborenen Machfus sind übersetzt (»Die Midaq-Gasse«, »Der Dieb und die Hunde«, »Miramar«), fast sein gesamtes Werk liegt in deutschen Taschenbuchausgaben vor. Machfus' Romane überzeugen durch sozialkritischen Realismus.

Vor Jahren ist der große ägyptische Schriftsteller ins Visier militanter religiöser Eiferer geraten, die seine Werke in die Nähe von Salman Rushdies »Satanische Verse« rückten. Machfus, der nie einen Hehl aus seiner Abneigung gegen die Fundamentalisten gemacht hat, wurde als »Gotteslästerer« beschimpft und sollte für seine »volksverderbenden Gedanken« Buße tun.

Vor allem in seinem 1959 erschienenen Roman »Aulad Haratina«, »Die Kinder unseres Viertels«, wird nach Meinung der Fundamentalisten der Islam besonders vehement attackiert. Ein Geistlicher der religiösen Azhar-Universität verlangte von Machfus, dass er sich öffentlich von seinem

Nicht alle Frauen in Ägypten kleiden sich traditionell

Werk distanziere, »damit die Leute sich nicht mehr damit befassen«. Andere religiöse Fanatiker forderten gar ein Verbot sämtlicher Schriften des Nobelpreisträgers. Beschimpfungen und auch Morddrohungen gingen bei Machfus ein, doch der gab sich gelassen: »Diese Unbelehrbaren werden das Rad der Entwicklung nicht aufhalten.« 1994 wurde ein Attentat auf Machfus verübt, das der Schriftsteller jedoch überlebte.

Weitere bekannte Autoren sind **Taha Hussein** (»Kindheitstage in Ägypten«), einst Kultusminister des Landes, **Fatih Ghanem, Yussuf Sharuni** und **Tayib Salih**. Von letzterem, einem in Ägpyten lebenden Sudanesen, sind auf Deutsch »Zeit der Nordwanderung« und »Eine Hand voll Datteln – Geschichten aus dem Sudan« erschienen. Werke der anderer Autoren liegen in englischen Taschenbuchausgaben vor, die man in Kairo im Buchladen der American University am Midan at Tahrir (Eingang Sharia Qasr al Aini) bekommt.

Medien

Während des Bürgerkriegs im Libanon siedelten fast alle Verlagshäuser von Beirut, bis dahin ›geistige Metropole‹ des Nahen Osten, nach Kairo um, das damit an kultureller Bedeutung gewann. Auch alle international tätigen Presseagenturen sowie die Auslandskorrespondenten großer Tageszeitungen, des Fernsehens und des Hörfunks unterhalten in Kairo Büros und berichten von hier aus über die Ereignisse in der Region.

Kein anderes arabisches Land bietet eine solche Fülle von täglich und wöchentlich erscheinenden **Zeitungen** wie Ägypten. Wie die weite Verbreitung des Oppositionsblatts »Al Wafd« beweist, greift keine staatliche Zensur ein. Mehrere große Verlags- und Vertriebshäuser bringen in Übereinstimmung mit dem Press Reformation Law von 1960 die teilweise auch bei uns bekannten Tageszeitungen »Al Ahram«, »Al Akhbar«, »Al Gumhurriyya« sowie die englischsprachige »Egyptian Gazette« und die französischsprachige »Le Progrès Egyptienne« heraus. »Al Ahram« kommt auch täglich in einer englischsprachigen Ausgabe auf den Markt, ebenfalls in englischer Sprache erscheint die Tageszeitung »Cairo Post«. Für die ausländische Kolonie in Kairo wird allmonatlich die Hochglanzillustrierte »Cairo Today« publiziert.

Traditions- und erfolgreich ist die **ägyptische Filmindustrie;** in den Kairoer Studios werden die weitaus meisten Filme im arabischen Raum gedreht. Abendliche Kinobesuche zählen zu den beliebtesten Vergnügungen der Ägypter. Alljährlich im Dezember findet ein internationales Filmfestival in Kairo großes Interesse bei den Bewohnern der Hauptstadt.

Die **populäre Musik** wird immer noch von zwei Namen bestimmt: Die Sängerin Umm Kulthum und der Interpret und Schauspieler Abd al Khalim sind – obwohl beide schon verstorben – nach wie vor Massenidole. Noch immer werden Kassetten mit ihren Liedern verkauft und wenn im Fernsehen ein alter Spielfilm mit Abd al Khalim wiederholt wird, in dem er von Liebe und Schmerz singt, treten vielen Zuschauerern die Tränen in die Augen.

Ausländische Besucher interessieren sich freilich mehr für den **Bauchtanz** – und entsprechend finden in jedem großen Kairoer Hotel fast täglich Vorstellungen für Touristen statt. Aber auch innerhalb der ›Volkskultur der armen Leute‹ gehört der Bauchtanz zu jedem wichtigen Fest. Bei einer Hochzeit beispielsweise legen die Nachbarn Geld zusammen, um eine Tänzerin zu engagieren; bei solchen Feierlichkeiten – ›wie es sich gehört‹, streng nach Geschlechtern getrennt – binden sich auch die Männer schon einmal den Schal um die Hüften und tanzen unter dem anfeuernden Applaus der Teilnehmer. Die militanten Fanatiker des Islam haben auch den Bauchtanz im Visier und drangsalieren die Tänzerinnen. Auch alte, in der Fellachen-Tradition begründete Stocktänze werden zuweilen noch spontan aufgeführt.

Kleidung

In den Wohngebieten der Städte tragen die Bewohner ebenso wie die Fellachen auf dem Lande im Alltag die traditionelle Kleidung. Männer ziehen ihre *gallabiyya* an, das lange ›nachthemdartige‹ Gewand. Frauen verstecken ihre bunten Kleider unter dem schwarzen Umhang, der *milliyya.*

An Feiertagen holt man jedoch westliche Kleidung aus dem Schrank, zu der viele Frauen einen *higab,* eine Art Häubchen, als Schleierersatz tragen – ein Zugeständnis an die wachsende Macht der islamischen Fundamentalisten. Offiziell ist in Ägypten seit Nassers Zeiten die Verschleierung zwar verboten, doch nachdem die militanten Eiferer des Islam fast alle gesellschaftlichen Schichten durchdrungen haben, sieht man im Straßenbild immer öfter tief verschleierte Frauen.

ESSEN UND TRINKEN

Traditionelle Speisen

Ägyptens landwirtschaftliche Nutzfläche ist klein; so werden denn in erster Linie Grundnahrungsmittel angebaut. Die landesüblichen Gerichte verarbeiten Hammelfleisch, Geflügel und Gemüse, Reis und Kartoffeln, dazu Olivenöl und frische Kräuter, Fladenbrot *(aish)* und *tahina* werden als Beilage gereicht. *Tahina* ist eine sämige, mit Kräutern, Öl, Knoblauch gewürzte und mit Zitrone abgeschmeckte Soße, in die man das Brot tunkt. Die Verfeinerung der *tahina,* die mit einem Auberginenbrei vermengt wird, heißt *baba ghanug*. Vor allem an der Mittelmeer- und der Rotmeerküste kommen frische Fische und Meeresfrüchte auf die Teller.

Das traditionelle ägyptische Gericht ist *ful,* ›das Fleisch des kleinen Mannes‹, auch heute noch Hauptnahrungsmittel der Bevölkerung. Braune Ackerbohnen werden in birnenförmigen Kupfer- oder Aluminiumkesseln stundenlang auf kleiner Flamme gekocht, kurz vor der Mahlzeit dann mit Öl und Zitronensaft verfeinert. *Ful* wird auch mit Salat und *tahina* in Fladenbrote gefüllt.

Bei einer anderen Variante dreht man die Bohnen durch den Fleischwolf, aus dem Brei formt man dann kleine ›Frikadellen‹, die in heißem Öl gebraten werden. Diese *ta'amiyya* – an der Mittelmeerküste *felafel* – genannten vegetarischen Frikadellen schmecken besonders dann ausgezeichnet, wenn sie noch heiß aus der Fritteuse kommen.

Anstatt das Hotelfrühstück zu essen, sollten Besucher einen *Ta'amiyya*-Stand suchen – im Umkreis von 100 m findet man immer einen – und sich die vegetarischen Frikadellen mit Salat in einem Fladenbrot servieren lassen. Gegen einen geringen Aufpreis kommt noch ein gekochtes Ei mit hinein. Eine solche morgendliche Mahlzeit, die bis nach Mittag satt hält, kostet umgerechnet etwa 0,15 €.

Bilf furn bezeichnet Aufläufe aller Art, etwa mit *batatis* (Kartoffeln) oder *makaruna* (Nudeln). *Haman mahshi* ist eine mit Reis und Hackfleisch gestopfte Taube. *Shish kebab* nennt man am Spieß gegrillte Hammel-, Rindfleisch- und Leberstücke, die auf Reis serviert werden. *Kufta* sind ebenfalls am Spieß gegrillte, länglich geformte Hackfleischbällchen, auch sie werden auf Reis angeboten. *Kushari* besteht aus Spaghetti, Reis, Kichererbsen und gerösteten Zwiebeln in Tomatensauce. Dieses Gericht wird in der Regel am Straßenrand von fliegenden Händlern verkauft, ist über Mittag sehr beliebt und kostet weniger als 0,30 €.

Muluchiyya ist ein klein gehacktes, spinatähnliches Gemüse, das in einer Fleischbrühe gekocht und mit viel Knoblauch gewürzt wird. Wegen ihrer schleimigen Konsistenz schmeckt die Suppe Besuchern meist befremdlich.

Kibda nennt man gut gewürzte gebratene Leberstücke, zu denen Brot und *tahina* oder *baba ghanug* gereicht werden. *Samak* ist jede Art von Fisch, der in aller Regel gegrillt auf den Tisch kommt. *Mahshi kosa* ist eine mit Reis und Fleisch gefüllte Zucchini. *Warra ainab* heißen mit Reis gefüllte Weinblätter, die gern als Vorspeise oder als kleine Zwischenmahlzeit gegessen werden und besonders gut schmecken, wenn man Limonensaft darüber träufelt. Zum Nachtisch schlemmen die Ägypter *mahallabiyya*, einen süßen Milchreis mit Rosinen, Nüssen, Rahm und Kokosflocken.

Tee, Kaffee und Limonensaft

In allen Lebenslagen trinken die Bewohner des Nil-Landes *shai*, schwarzen Tee, oft mit viel Zucker gesüßt; wer es nicht so süß mag, verlange *shai masbut*, wer Minztee möchte, *shai bi nana*. *Ahwa* heißt der türkische Mokka, der vor den Augen der Café-Besucher aus einer winzigen kupfernen Kanne in die kleine Tasse geschüttet wird (*ahwa siyyada* – extrem gesüßt, *ahwa masbut* – normal gesüßt, *ahwa fransawi* – Milchkaffee).

Karkade ist ein Hibiskusblütentee, der je nach Wunsch kalt oder heiß serviert wird. Mit Vitamin C versorgt *asir lemun*, der frisch gepresste Limonensaft. *Moos* ist eine erfrischende Bananenmilch, *burtu'an* frischer Orangensaft und *gawafa* heißt der vitamin- und nährstofffreiche Guavensaft. In den Städten findet man überall kleine Stände, die frisch gepresste Säfte verkaufen.

Tee, das Nationalgetränk der Ägypter, wird immer und überall getrunken

Seit 1896 wird *bira*, Bier, in Ägypten gebraut und seit dieser Zeit ist die Marke Stella äußerst beliebt. Unterschieden wird zwischen Local Stella (preiswert) und Export (teuer). Mittlerweile gibt es auch eine Premium-Marke von Stella (sehr teuer). Erst seit einigen Jahren auf dem Markt ist die Marke Sakkara (sehr teuer). Auch alkoholfreies Bier ist erhältlich. Überall angeboten und billig ist das stille Mineralwasser von Baraka, das es in 1,5 l Plastikflaschen gibt, unangemessen teuer dagegen die erst kürzlich eingeführte Variante mit Kohlensäure.

Wein heißt *nabid*, weit verbreitet sind die Marken Cru de Ptolemée und Obélisque (Weißwein) sowie Omar Khayyam (Rotwein, benannt nach dem berühmten persischen Dichter).

Reisende, die mit dem Zug, dem Überlandbus oder dem Sammeltaxi unterwegs sind, müssen für ihren Proviant keine Sorge tragen; an allen Haltestellen gibt es Händler, die für wenig Geld schmackhafte lokale Gerichte verkaufen.

Tipps für Ihren Urlaub

Ein ›Muss‹ für alle Ägypten-Besucher – eine Feluken-Fahrt auf dem Nil

DAS LAND AM NIL ALS REISEZIEL

Routenempfehlung

Besuchern, die ihre Reise selbst zusammenstellen möchten, sei folgende Route empfohlen. Nach einer ausgiebigen Besichtigung von Kairo sowie der Pyramiden von Giza und Saqqara kann man mit stündlich verkehrenden Bussen einen Tagesausflug nach Alexandria unternehmen. Danach bringt einen die Eisenbahn sehr preisgünstig – auch in der ersten Klasse – nach Luxor. Die zehnstündige Fahrt führt auf der gesamten Strecke durch das von den Fellachen bewirtschaftete Agrarland immer nahe am Nil entlang.

Wie in einem Film erleben Reisende das Alltagsleben der ägyptischen Bauern: Ein Fellache gräbt mit seinem Ochsenpflug eine Parzelle um, Kinder winken vom Feld, Bauern ernten mit der Handsichel, graben einen kleinen Bewässerungskanal mit der *fa'as,* der Hacke, reiten auf einem voll beladenen Esel daher oder sitzen über Mittag, im Schatten einer Palme schwatzend, beim Mahl zusammen.

Nach der Besichtigung der vielen Attraktionen in der einstigen Pharaonenstadt Luxor geht es mit dem Zug (drei Stunden) dann weiter nach Assuan. Wer die verglichen mit dem europäischen Preisniveau geringen Kosten nicht scheut, mietet – entweder allein oder mit anderen Reisenden – ein Taxi (Preis je nach Verhandlungsgeschick) für die Strecke und hält dann bei den Tempeln von Esna, Edfu und Kom Ombo zur Besichtigung an.

Noch preiswerter ist es, wenn man die tagsüber zumeist stündlich verkehrenden Busse von Luxor nach Assuan nimmt (Dauer etwa vier Stunden), in Esna, Edfu und Kom Ombo jeweils aussteigt, das Gepäck beim Busbahnhofsmeister gegen ein kleines Bakschisch sicher unterstellt, sich mit einer *kalesh* (Pferdekutsche als Taxi-Ersatz) zu den Sehenswürdigkeiten bringen lässt und danach zum nächsten Ort mit dem Bus weiterfährt.

Nach der Besichtigung der Attraktionen von Assuan darf man einen Tagesausflug nach Abu Simbel, ebenfalls mit dem Bus (etwa sechs bis sieben Stunden Hin- und Rückfahrt, etwa 20 L.E.), nicht versäumen.

Von Assuan geht es wieder per Bus über Luxor und Qena nach Hurghada (acht Stunden, etwa 50 L.E.), wo im Roten Meer geschwommen, geschnorchelt und getaucht werden kann. Zum Schluss bringt der Bus Reisende von Hurghada an der Küste des Roten Meers entlang zurück nach Kairo (etwa sechs Stunden, etwa 40 L.E.).

Strandleben und Wassersport

Hurghada, Ägyptens bekanntester Badeort (vgl. S. 201), liegt am Roten Meer gegenüber der Südspitze des Sinai. Hotels und Feriendörfer ziehen sich über eine Strecke von rund 20 km die Küste entlang. Wer nicht nur am Strand liegen möchte, kann Jet Ski fahren oder sich am Fallschirm von einem Boot ziehen lassen (Parasailing).

Glasbodenboote gleiten langsam über Korallenriffe hinweg und wer trocken in die blauen Tiefen abtauchen möchte, besteigt das U-Boot »Sindbad«. Dank des stetigen, vom Meer her wehenden Windes sind die Surfbedingungen ganzjährig ausgezeichnet, Bretter und Neopren-Anzüge verleihen Hotels und Feriendörfer. Einige Hotels bieten Tauchlehrgänge mit zertifiziertem Abschluss an.

Deutsche Reiseveranstalter haben für Pauschalurlauber der Hotels und Feriendörfer gegen Aufpreis eine Tagestour nach Luxor zu den bedeutendsten Sehenswürdigkeiten im Programm sowie eine zweitägige Stippvisite nach Kairo und zu den Pyramiden von Giza.

Alle Strände von Hurghada sind auch für Kleinkinder geeignet, die Wellen plätschern nur sehr seicht daher und man muss schon weit hinausgehen, bis der Boden unter den Füßen verschwindet.

Sport

Außer den vielfältigen Wassersportangeboten an der Küste des Roten Meeres hat Ägypten in dieser Hinsicht nicht sehr viel zu bieten. Nur in Luxor und vereinzelt in Hurghada kann man Fahrräder mieten. Von Luxor kann man mit der Personenfähre nach Theben-West übersetzen und dort eine etwa 35 bis 40 km lange, im Sommer allerdings sehr anstrengende Fahrradtour unternehmen und die Totentempel und Grabstätten der Alten Ägypter besuchen.

Wer sein Jogging-Programm auch im Urlaub in Ägypten nicht missen möchte, wird heute nicht mehr, wie noch vor einigen Jahren, von Hunden und der Polizei verfolgt. Zwar herrscht bei der Mehrzahl der Ägypter völliges Unverständnis vor, wenn sie ausländische Besucher mit hochrotem Kopf die Nilpromenade entlanglaufen sehen, aber an den Anblick haben sie sich – wenngleich kopfschüttelnd – mittlerweile gewöhnt.

Für Tauchexkursionen vor Hurghada stehen kleine Motorboote bereit

HISTORISCHE ÄGYPTEN-REISEN

Die ersten ausführlichen Berichte über Ägypten hinterließen die antiken Geschichtsschreiber Herodot (um 484 bis um 425 v. Chr.), Strabon (um 64 v. Chr. bis 23 n. Chr.) und Diodor (1. Jh. v. Chr.).

Als 1581 in England die Levante Company und 19 Jahre später die East India Company gegründet wurden, öffneten englische Konsulate und Handelsniederlassungen ihre Pforten auch im Osmanischen Reich. Damit wurde in Ägypten, das bereits seit 1517 unter türkischer Herrschaft stand, das Reisen zwar nicht bequemer, aber immerhin sicherer. Die Handelsniederlassungen konnten Schutzbriefe offerieren, Dolmetscher bereitstellen und Expeditionen ausrüsten. Einer der ersten, der diese Annehmlichkeiten nutzte, war der Engländer George Sandys.

Mit Beginn der Aufklärung Ende des 17., Anfang des 18. Jh., als das Interesse an einer exakten wissenschaftlichen Deutung der Welt zunahm, rüsteten europäische Herrscher erste Forschungsexpeditionen aus, um einen günstigen Startplatz beim nun beginnenden ›kolonialen Wettrennen‹ zu erlangen. Aber auch zahlreiche begüterte junge Männer entdeckten das Reisen – die so genannte ›Kavalierstour‹ – als standesgemäßes Vergnügen. Einer von ihnen war der Engländer Richard Peacock (1704–65), der Ägypten 1737 bereiste und mit Akribie aufzeichnete, was ihm unter die Augen kam. Vom Entdeckerdrang getrieben, suchte er im Tal der Könige (vgl. S. 173) nach bislang unbekannten Gräbern und es gelang ihm tatsächlich, 14 weitere Grabstätten aufzufinden.

Im selben Jahr wie Peacock brach der Däne Frederick Norden, der später zu den Gründungsmitgliedern der Egyptian Society in London gehörte, zu einer Orientreise auf. Mit detailgetreuen Zeichnungen und Stichen faszinierte er die Leser seines Berichts »Reisen in Ägypten und Nubien«. Für den deutschen Geometer Carsten Niebuhr (1733–1815), der in Diensten des dänischen Königs stand und 1761 zu seiner Forschungsreise ins ›glückliche Arabien‹ aufbrach, war Ägypten zwar nur eine Durchgangsstation auf dem Weg in den Jemen, doch berichtete er über die Sitten und Gebräuche im Land, den »Zeitvertreib der Morgenländer«, und beschrieb Kairo, Alexandria und die Denkmäler, die er auf seiner Reiseroute passierte.

Wohl eher Abenteuerlust als wissenschaftliche Neugier trieb den Schotten James Bruce (1730–94) nach einer ausgedehnten Mittelmeerreise auf den ›Schwarzen Kontinent‹. Reich genug, sich jeden Luxus leisten zu können, und angeödet von den sterilen Lebensformen der englischen High Society, sehnte er sich nach »dem einsamen Vergnügen des Reisens«, verfolgte aber auch das durchaus handfeste Ziel, die Nil-Quellen aufzuspüren. Neben einer Vielzahl astronomischer Geräte, die ihm die Suche erleichtern sollten, gehörte auch eine selbst entworfene Camera obscura zu seinem Reisegepäck. Im Jahre 1768 erreichte Bruce die Hauptstadt Ägyptens, segelte von dort den Nil aufwärts bis zum ersten Katarakt und erreichte nach drei mühseligen Wanderjahren Äthiopien. 1772 traf er völlig erschöpft, dem Tode näher als dem Leben, wieder in Assuan ein.

Mit 38 000 Soldaten, 300 Schiffen, mit Gewehren und Kanonen, aber auch mit 167 Wissenschaftlern tauchte Ende des 18. Jh. Napoleon vor der Küste Ägyptens auf. Verantwortlicher Zeichner des französischen Expeditionskorps war Dominique Vivant Denon (1747–1825). Im Jahre 1822 gelang es Jean François Champollion (1790–1832), die kryptischen Hieroglyphen zu entschlüsseln (vgl. S. 148).

Zwischen 1815 und 1819 bereiste ein weiterer Abenteurer das Nil-Land. Giovanni Battista Belzoni (1778–1823), den einige als »größten aller Sammler« bezeichneten, andere hingegen den »größten aller Plünderer« nannten, raffte an pharaonischen Altertümern zusammen, was ihm in die Finger geriet. Darüber hinaus betätigte der Italiener sich als unermüdlicher Entdecker, drang in bis dahin unbekannte Gräber und Tempel ein und ebnete durch seine spektakulären Funde der noch jungen Archäologie den Weg. Im Ramesseum von Theben-West (vgl. S. 172) kann man heute noch die Graffiti sehen, die Belzoni an einer Säule hinterließ, um seinen Aufenthalt vor Ort der Nachwelt zu dokumentieren.

Der englische Gelehrte John Gardiner Wilkinson (1797–1857) folgte den Fußstapfen Belzonis; über zwölf Jahre forschte und reiste er in Ägypten. Da er die Hieroglyphen zu lesen vermochte, war Wilkinson der erste Wissenschaftler, der sich detailliert über die Kultur der Pharaonenzeit äußern konnte.

Zwischen 1842 und 1845 führte der Deutsche Karl Richard Lepsius (1810–84), einer der Begründer der modernen Ägyptologie, archäologische Untersuchungen durch, vermaß Hunderte von Pyramiden, Tempeln und Mastabas und fertigte eine Vielzahl von Grundrissen und Zeichnungen an. Lepsius trug über 15 000 Objekte zusammen und bestückte mit diesen Exponaten das neu gegründete Ägyptische Museum in Berlin.

Sir Flinders Petrie (1854–1942), der »Messer und Deuter« (Ceram), revolutionierte die archäologischen Grabungstechniken; statt mit Sprengstoff die Denkmäler freizulegen – wie es der Engländer Howard Vyse getan hatte –, ließ Petrie mit Pinseln und Sieben arbeiten. Über 40 Jahre lang forschte Petrie in Ägypten und publizierte mehr als 90 wissenschaftliche Texte.

Den endgültigen Schritt in Richtung Massentourismus tat Thomas Cook. Im Jahre 1869 führte er erstmalig eine kleine englische Reisegruppe durch Ägypten. Gut 20 Jahre später war das Cooksche Unternehmen dann in der Lage, das Besuchsprogramm für über 1000 Reisende gleichzeitig zu organisieren. Ein britisches Magazin bemerkte dazu: »Cook's Agent ist der erste, dem man in Ägypten begegnet. Er führt einen ein, er führt einen hindurch, er führt einen hinaus. Man sieht von hinten einen Turban, lang wallendes blaues Gewand, roten Gürtel, nackte braune Beine: ›Wie echt orientalisch!‹ ruft man aus. Dann dreht sich der echte Orientale um, und über seine Brust läuft die Aufschrift ›Cook's Porter‹. ›Reisen Sie mit Cook, Sir‹, grinst er, ›dann klappt's‹. Und es klappt.«

Natur und Erholung

Ägypten besteht zum allergrößten Teil aus Wüste. Wüstensafaris mit geländegängigen Jeeps werden allerdings kaum angeboten (Ausnahme: der Sinai). Wenn man lange genug sucht, wird man in der Innenstadt von Kairo einige wenige Reisebüros finden, die Wüstensafaris anbieten.

An den Pyramiden von Giza kann man Kamele samt Führer mieten und von dort eine Ganztagestour auf dem Wüstenschiff durch die sandige Einöde nach Saqqara unternehmen. Der Preis ist Verhandlungssache und wird umso billiger, je länger man handelt.

Wer sich erholen möchte, der ist am Roten Meer am richtigen Ort. Ansonsten ist Ägypten aufgrund seiner

vielen herausragenden Kulturdenkmäler aus pharaonischer Zeit eher ein Land, in dem die Besichtigung von Tempeln, Gräbern und anderen Zeugnissen der einstigen Hochkultur auf dem Programm steht. Sehr empfehlenswert und geruhsam nach ausgedehnten Besichtigungstouren sind Nilfahrten mit einer Feluke (vgl. dazu S. 189).

Parkplatz der Droschkenfahrer

Fremdenführer und Bakschisch

Selbst ernannten Fremdenführern, Hotelschleppern, Taxifahrern, *Kalesh*-Chauffeuren, fliegenden Händlern mit ›garantiert echten pharaonischen Funden‹, Pferde- und Kamelvermietern sowie den vielen anderen dienstbaren Geistern, die im Tourismus auf ihr Auskommen hoffen, kann man nicht entkommen. Sie warten in großer Zahl an den Bahnhöfen und Busstationen von Kairo, Luxor, Assuan und Hurghada auf die vermeintlich ›reichen‹ Touristen.

Wer von den hartnäckigen, aber völlig ungefährlichen Gesellen nichts wissen will, sollte immer wieder *la, shukran* (Nein, danke) wiederholen; wird das Angebot lästig, ist man nach dem Satz *ana mesh ᶜawes/ihna mesh ᶜawesîn haga*, »Ich will/wir wollen absolut gar nichts« vor weiteren ›Angriffen‹ geschützt.

Doch sollte man einige der gebotenen Dienste ruhig annehmen. Nach einer Besichtigungstour sind die Schuhe staubig vom Wüstensand, also winkt man einen Schuhputzer heran. Ägypter legen sehr großen Wert auf Reinlichkeit und ordentliche Kleidung und dass ein vermeintlich reicher westlicher Tourist mit schmuddeligem T-Shirt, einer angerissenen Jeans und staubigen Schuhen, aber mit einer teuren Kamera daherkommt, löst Unverständnis aus und senkt den Respekt.

Achten Sie darauf, dass Sie immer genügend Kleingeld (*fakka*) für kleine

Einkäufe und Bakschisch zur Hand haben. Beim Wechseln größerer Summen wird bei der Bank das Geld häufig in 50 oder 100-Pfund Banknoten ausgezahlt, die sollte man sogleich in handliche 10 oder 20-Pfund-Noten stückeln. Kein Busschaffner, Straßenhändler, Taxifahrer oder Schuhputzer kann große Geldscheine wechseln.

Raucher werden vielleicht einmal aus einer *shisha,* einer Wasserpfeife, ›trinken‹ wollen (im Arabischen raucht man nicht, sondern trinkt den Rauch). In traditionellen Cafés werden die Mundstücke in der Regel nicht ordentlich desinfiziert, daher sollte man sie mit einem Erfrischungstuch abreiben. In einem Fünf-Sterne-Hotel sind derartige Vorsichtsmaßnahmen nicht nötig. Wer zu einem privaten Fest eingeladen wurde und die *shisha* gereicht bekommt, sollte wissen, dass eine ordentliche Portion Haschisch dabei sein könnte und Drogenkonsum unter hohen Strafandrohungen verboten ist.

Vom Taxifahrer bis zum Schuhputzer, vom Kamelvermieter bis zum Feluken-Kapitän, vom Teppichhändler bis zum Papyrusverkäufer, überall muss man feilschen. Ausgenommen im Basar sind dabei Goldprodukte, da der Preis des Edelmetalls staatlich fixiert ist. Und denken Sie immer daran, dass auch für den kleinsten Service ein Bakschisch fällig wird.

Nachtleben

Das Nachtleben ist in Ägypten recht begrenzt. In Kairo bieten vor allem die großen Hotels mit ihren bis tief in die Nacht geöffneten Diskotheken Abwechslung. Auch in Hurghada geht in den Touristendörfern nach dem Abendessen die Post ab. Mit einem nächtlichen Spaßangebot wie etwa auf Mallorca darf man allerdings nicht rechnen.

Klima und Kleidung

Die beste Reisezeit liegt zwischen September und April, ideal ist ein Besuch über Weihnachten und Neujahr. Der kälteste Monat ist der Februar, die Temperaturen liegen in Kairo dann nachmittags an einem schönen Tag zwischen 20 und 23° Celsius.

Im Januar und Februar regnet es an der Mittelmeerküste, in Kairo aber ist ein Schauer schon wesentlich seltener. Es kann aber auch vorkommen, dass in der Metropole ein Hagelschauer niedergeht. In Oberägypten und an der Küste des Roten Meeres regnet es oft jahrelang überhaupt nicht. Auch in den Wintermonaten kann man im Roten Meer baden. In Oberägypten und am Roten Meer steigen dann die Temperaturen am frühen Nachmittag auf teilweise knapp über 30° Celsius. Der Sommer ist oft mit weit über 40° Celsius sehr heiß, doch aufgrund der geringen Luftfeuchtigkeit ist die trockene Hitze erträglich.

Am Roten Meer weht stets ein kühlender Wind. Oft nehmen Besucher die heiße Sonneneinstrahlung nicht wahr und cremen sich zu spät mit Sonnenmilch ein. Diese sollte einen möglichst hohen Lichtschutzfaktor aufweisen.

Auf dem Wüstenschiff unterwegs zu den Pyramiden

Wer in den Wintermonaten im Nil-Land unterwegs ist, benötigt für die Morgen- und Abendstunden – aber auch für die oft sehr kalt eingestellten Klima-Anlagen in Bussen und Zügen – einen warmen Pullover. Ansonsten ist leichte Kleidung aus Baumwolle oder Leinen empfehlenswert. Enge Jeans scheuern die Haut wund, wenn man in der Hitze schwitzt, besser sind weite Bundfaltenhosen. Kurze Beinkleider gelten bei Männern und noch mehr bei Frauen als anstößig.

Besonders Frauen und Mädchen sollten die strengen islamischen Bekleidungsvorschriften beachten und lange Röcke oder Hosen, hochgeschlossene Blusen mit Ärmeln sowie einen BH tragen. Respekt erwirbt sich eine ausländische Besucherin bei Einheimischen, wenn sie bei Moschee-Besuchen einen leichten weißen Schal hervorzieht und als Kopfbedeckung trägt.

Für die oft ausgedehnten Besichtigungen ist gutes Schuhwerk unerlässlich, am besten sind leichte, halb hohe Wanderschuhe. Ansonsten sollte man auch Sommerschuhe oder Sandalen, Badesandalen aus Plastik zum Schutz gegen Seeigel oder spitze Steine und einen Sonnenhut dabei haben. Wichtig ist eine gute, die schädlichen UV-Strahlen filternde Sonnenbrille. Der helle Wüstenboden wirft das gleißende Licht zurück und wer die Augen nicht schützt, bekommt schnell starke Kopfschmerzen. Eine kleine Taschenlampe (für den Besuch von Gräbern und Tempeln) sowie ein Schweizer Offiziersmesser dürfen ebenfalls nicht fehlen. Ein kleiner Rucksack (Day Pack) nimmt alle Utensilien auf, die man für eine Tagestour benötigt.

UNTERWEGS IN ÄGYPTEN

Ein Leitfaden für die Reise und viele Tipps für unterwegs.

Genaue Beschreibungen von Städten und Dörfern, Sehenswürdigkeiten, Stränden, Ausflugszielen und Reiserouten.

Ägypten erleben: Ausgesuchte Hotels und Restaurants, Tipps für Fahrten auf dem Nil mit einer Feluke.

Unterägypten

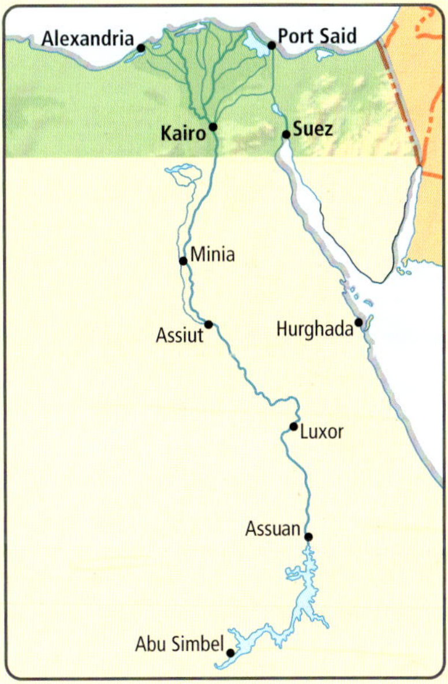

Reiseatlas: S. 232/33

Die Sphinx
von Giza

Reiseatlas: S. 232

ALEXANDRIA – EINE LEVANTINISCHE METROPOLE

Vor über 2000 Jahren befahl Alexander der Große am Nil-Delta den Bau einer Stadt. Rasch gedieh die Neugründung zu einer prachtvollen Metropole, berühmt vor allem wegen ihrer Bibliothek. Heute ist Alexandria eine moderne Großstadt mit 5 Mio. Einwohnern und wichtiger Exporthafen.

Reiseatlas: S. 232, A/B 1

Von der einstigen Schönheit der ›Perle am Mittelmeer‹, vor einem halben Jahrhundert noch eine internationale Metropole, die Lawrence Durrell zu seinem berühmten »Alexandria-Quartett« inspirierte, erahnen Besucher etwas, wenn sie entlang der Corniche, über den Midan at Tahrir oder den Ramla-Platz flanieren.

Kolonialarchitektur, breite Straßen, weiträumige, einst begrünte Plätze mit großen Denkmälern bestimmen das Bild an der Uferfront, doch ist der schleichende Verfall der Bausubstanz nicht zu übersehen. Und fast hat man den Eindruck, als würde sich die Metropole den Erkundungsabsichten der Besucher machtvoll widersetzen, denn Alexandria ist nicht besonders fußgängerfreundlich.

Eingeklemmt zwischen dem Mittelmeer im Norden und dem Mareotis-See ein Stückchen weiter südlich, erstreckt sich die Stadt wie ein enger Schlauch viele Kilometer scheinbar endlos in West-Ost-Richtung. Das ›moderne‹ Zentrum liegt im Westen der Metropole rund um den Tahrir- und den Ramla-Platz sowie in den dahinter verlaufenden Straßen und Gassen, ägyptisch-volkstümlich dagegen geht das Leben der kleinen Leute in Anfushi zu, dem ältesten Teil der Stadt.

Alexandria hat heute mit den gleichen Problemen zu kämpfen wie Kairo oder andere Großstädte der Dritten Welt. Im Jahre 1948 lag die Einwohnerzahl noch knapp unter 1 Mio., derzeit leben 5 Mio. Menschen in der Metropole. Entlang der Nasser Avenue und verborgen hinter den riesigen Reklametafeln der staatlichen Luftverkehrsgesellschaft hausen tausende in armseligen Bretterverschlägen. Und unvermindert dauert der Zustrom von landlosen Bauern, Tagelöhnern und Kleinpächtern an, die auf der Suche nach einer besseren Zukunft in die Stadt drängen.

Wie in Kairo hält die Infrastruktur mit dem Bevölkerungszuwachs auch in Alexandria schon lange nicht mehr Schritt. Etwa 40 % der ägyptischen Industrie-Anlagen konzentrieren sich in und um Alexandria, stoßen ihre Rauchschwaden ungefiltert in die Luft und lassen giftige Abwässer in den Mareotis-See im Süden der Metropole abfließen. Derzeit weiß niemand, wie man das Bevölkerungswachstum, die Landflucht sowie die Luft- und Wasserverschmutzung stoppen kann.

Geschichte

Alexander der Große gründete Anfang 331 v. Chr. die Stadt im Zusammenhang seiner Bestrebungen, auch die letzten persischen Stützpunkte im Mittelmeerraum zu erobern und sich damit den Rücken freizuhalten für den geplanten großen Asien-Feldzug. Gleichzeitig lockte es ihn, die eigenartige Welt Ägyptens, die den Griechen seit Herodot (vgl. S. 69) geradezu als Wunderland galt, mit eigenen Augen zu sehen – und auch in dieser ›exotischen Sphäre‹ hellenische Kultur durchzusetzen. Übrigens fand Alexander einige Jahre nach seinem Tod in Babylon (323 v. Chr.) irgendwo in Alexandria seine letzte Ruhestatt. Bis heute hat man diese ›heilige Gruft‹, zu der Augustus und spätere römische Kaiser pilgerten, nicht gefunden.

Unter den Ptolemäern, dem neuen griechischen Herrscherhaus in Ägypten, entstanden seit dem 4. Jh. v. Chr. Paläste und rechwinklig verlaufende Straßenzüge. Ptolemaios I. gründete, wohl auf den Rat seines Beraters Demetrios von Phaleron hin, die Bibliothek, die im 1. Jh. v. Chr. an die 900 000 Schriftrollen in ihrem Bestand

Das Fort Qait Bey in Alexandria

hatte. Auf einer Insel vor der Stadt erhob sich seit 279 v. Chr. der berühmte Leuchtturm (eingestürzt erst 1326 n. Chr.. s. S. 85f.), zudem rühmte sich Alexandria des ersten zoologischen Gartens der Antike.

Als Cäsar die Stadt – Goldene Stadt oder Stadt des Erdkreises nannte man sie – im Jahre 48 v. Chr. belagerte, ging die Bibliothek in Flammen auf. Marc Anton schenkte daraufhin Kleopatra die Bestände der Bibliothek von Pergamon. Bald löste Alexandria das alte Memphis als Hauptstadt Ägyptens ab. Während der Regierungszeit des Kaisers Trajan (98–117) wurde das

Judenviertel zerstört, Aurelian (270 bis 275) ließ das Museion, ein bedeutendes Studienzentrum der Antike, vernichten, im Jahre 295 kam es unter Diokletian zu einem Massaker an den Christen der Stadt, und 389 n. Chr. brannte die Bibliothek ein zweites Mal, wurde dabei auch geplündert.

Ohne auf größeren Widerstand zu stoßen, nahm 641 das Invasionsheer von Amr Ibn al As die damals byzantinische Metropole ein. Der Feldherr meldete seinem Kalifen: »Ich habe eine Stadt erobert, die 4000 Paläste, 4000 Bäder, 400 Theater, 1200 Gemüsehändler und 40 000 Juden zählt.«

Sehenswürdigkeiten

1 Ras at Tin-Palast
2 Felsgräber von Anfushi
3 Fort Qait Bey
4 Bibliotheca Alexandrina
5 Abu al Abbas al Mursi-Moschee
6 Moschee des Terbana
7 Midan at Tahir
8 Museum griechisch-römischer Altertümer
9 Römisches Amphitheater
10 Museum der Schönen Künste
11 Pompeius-Säule (Serapaion)
12 Kom ash Shukafa

Übernachten

13 Helnan Palestine Hotel
14 Montaza Sheraton
15 Al Salamlek Palace Hotel
16 Cecil Hotel
17 Windsor Palace Hotel
18 Metropole Hotel
19 Hotel Crillon
20 Nile Excelsior
21 Hyde Park Hotel
22 Hotel Union

Essen & Trinken

23 Seagull
24 Au Privé Restaurant
25 Elite

WANDERARBEIT – DAS TARAHIL-SYSTEM

Wer abends durch Alexandria oder Kairo geht und an Großbaustellen vorbeikommt, wird inmitten von Zementsäcken, Gerüsten, Betonmaschinen und Kränen Männer vor Zelten oder notdürftig gezimmerten Hütten sehen: *'umal at tarahil,* Wanderarbeiter, die Kontrakteure in den Dörfern des Landes für die Baustellen der großen Metropolen rekrutiert haben. Als landlose Bauern, abhängig von jeder sich bietenden Verdienstmöglichkeit, werden sie 40 Tage lang *(tarahila)* in ein Vertragsnetz eingespannt und zur Fronarbeit gezwungen. Während der Vertragsdauer leben sie unter erbärmlichen Bedingungen auf der Baustelle und verpflegen sich mit eigenen Vorräten – eine Kosten sparende Lösung für den Bauherrn.

Das System der Wanderarbeit, das eine lange Tradition in Ägypten hat, kam in großem Umfang erstmals während der Bau-Arbeiten am Suez-Kanal zum Tragen. Der Vertrag, den der damalige ägyptische Herrscher Ismail mit den ausländischen Firmen und Konzessionären abschloss, sah unter anderem auch die Bereitstellung tausender billiger Arbeitskräfte vor. Im Jahre 1860 schufteten 40 000 zwangsrekrutierte Fellachen aus dem gesamten Land am Kanal. Zunächst geködert durch einen Tagesverdienst von 6 bis 8 Piastern, wurden den Bauern dann aber nicht einmal 10 % dieser versprochenen Summe als Tageslohn gezahlt. Seit jener Zeit hat sich das System der *tarahil* immer weiter ausgedehnt und alle größeren Bauvorhaben in Ägypten werden mit Hilfe von Wanderarbeitern realisiert.

Jedes Dorf kennt seine Arbeitskontrakteure für das *Tarahil*-System. Während bis zum Ende des 19. Jh. der Bürgermeister die Zwangsrekrutierung von Arbeitern vornahm, werben heute so genannte *muqawil anfar* (Agenten), moderne Sklavenhändler, landlose Fellachen für Bauarbeiten aller Art an. Die *muqawil* sind Agenten großer Bauunternehmer. Wenn sie über Verwandtschaftsbeziehungen in einer dörflichen Region verfügen, kontraktieren sie die Bauern selbst, andernfalls versichern sie sich der Hilfe von lokalen Agenten, etwa kleinen Händlern oder Teehausbesitzern, die sich durch diese Vermittlung einen Nebenverdienst verschaffen. Meist werden die Fellachen jedoch durch die *khawali,* die Vorarbeiter einer Baustelle, angeworben. Sie sind erfahrene *Tarahil*-Arbeiter, die ihr Leben lang in einem (fast) festen Arbeitsverhältnis zu einem bestimmten Bauunternehmer stehen und einen beträchtlichen Teil ihrer Einkünfte durch die Kontraktierung beziehen.

Benötigt eine Firma für ein Bauprojekt 150 Arbeiter, so informiert die Firmenleitung ihren Großkontrakteur, der für die vorgesehene Zahl von Arbeitern bereits deren vollen Lohn bekommt, dazu eine Vermittlungsgebühr, die 15 % der Gesamtlohnsumme beträgt. Einen Teil dieser Gebühren gibt er an seine Agenten weiter. Der *muqawil* lässt dann diese Kontrakteure in die Dörfer ausschwärmen.

Sie alle kennen den Beschäftigungsmarkt, die finanzielle Situation der Dorfbewohner und wissen, wer als Arbeiter in Frage kommt. Im Dorf stellen sie eine Gruppe von interessierten Bauern zusammen, die dann aus ihrer Mitte einen Sprecher *(rayyis)* bestimmen.

Unmittelbar nach der Kontraktierung wird jedem *Tarahil*-Arbeiter der volle Lohn für die 40-tägige Periode ausgezahlt. Erkrankt er oder verletzt er sich während der Zeit der *tarahila* oder verweigert er eine gefährliche Arbeit, wird er entlassen, muss den Lohn zurückerstatten und erhält nie wieder die Chance, unter diesen Bedingungen Geld zu verdienen.

Während auch der Sprecher der Arbeitergruppe kein höheres Gehalt bekommt, verdient der Vorabeiter etwa ein Drittel mehr als seine Arbeiter. Allerdings erhalten beide, Vorarbeiter und *rayyis,* vom Kontrakteur ein Warenpaket, zumeist in Form von Zigaretten und Tee. Neben dem spärlichen Lohn stehen jedem Arbeiter nach Ankunft auf der Baustelle einige Packungen Zigaretten und Tee sowie ein Taschengeld von wenigen Pfund zu. Am festgesetzten Datum fährt der Lastwagen des Unternehmers im Dorf vor und nimmt die Arbeiter auf. Alle haben einen riesigen Korb *(quffa)* dabei, da während der *tarahila* jeder Arbeiter selbst für die Verpflegung sorgen muss. Nach 20 Tagen werden die Körbe per Lastwagen in die Heimatdörfer zurückgeschickt und von den Frauen aufs Neue mit Lebensmitteln gefüllt.

Auf der Baustelle wohnen die *'umal* (Arbeiter) zum Teil in großen Gemeinschaftszelten, die von der Firma gestellt werden. Die Arbeiter haften für den unversehrten Zustand dieser Unterkünfte und müssen bei Beschädigungen Ersatz leisten. Manchmal zimmern sich die *'umal at tarahil* nach Feierabend aus alten Brettern primitive Hütten – oder aber sie schlafen in den schon fertig gestellten Etagen eines Hauses.

Nicht immer ist die Arbeitszeit festgelegt. Offiziell dauert sie von 8 bis 16 Uhr, doch wird auch häufig vom frühen Morgen kurz nach Sonnenaufgang bis zum Einbruch der Dunkelheit auf der Baustelle gearbeitet. Modernes Gerät wird nur sehr begrenzt eingesetzt. Was sich mit Handarbeit erledigen lässt, spart dem Unternehmer Kosten für teure Maschinen. Erdaushebungen bewerkstelligen die Arbeiter-Fellachen mit Schaufeln und Hacken. Mit ›Körben‹, die aus aufgeschnittenen alten Autoreifen hergestellt sind, tragen sie den Aushub dann auf die Halde. Selbst der Beton wird nicht in großen Mischmaschinen, sondern mit der Hand angerührt.

Die Abende verbringen die *'umal* vor ihren Zelten auf der Baustelle. Gemeinsam kochen sie dort ihr Essen, trinken Tee, rauchen. Sehr selten nur finden Ausflüge ins fremde Großstadtleben statt; es ist nicht die Welt der Dörfler. Sie bleiben lieber unter sich in ihrer Gruppe. Hier kennt jeder jeden, man erzählt sich Geschichten oder träumt von besseren Zeiten. Von ihrem spärlichen Lohn haben die Arbeiter nur wenig dabei, das meiste ist im Dorf geblieben und ernährt die Familien.

Die Corniche, Alexandrias Flaniermeile

Mit der Gründung von Kairo begann der Niedergang von Alexandria. Im 18. Jh. zählte die Stadt, die im 12. Jh. noch 47 790 Häuser besessen hatte, nurmehr wenige Tausend Einwohner. Muhammad Ali begann Anfang des 19. Jh. mit der Modernisierung der Metropole, Alexandria wurde zum Zentrum des Baumwollexports ausgebaut und entwickelte sich rasch zu einem bedeutenden Umschlaghafen. Allerdings bezeugen nur noch wenige Denkmäler und Gebäude die einstige kulturelle Bedeutung der Stadt.

Im Osthafen sowie vor dem einstigen Standort des Leuchtturms Pharos machten Wissenschaftler Ende des 20. Jh. bedeutende Entdeckungen. Unterwasser-Archäologen lokalisierten Hunderte von Fundstücken in den Fluten, darunter Statuen, Granitsäulen, Sphingen, mit Hieroglyphen beschriftete Steinquader und Reste des einstigen Weltwunders Pharos.

Kurze Tauchgänge durften Forscher bereits in den 60er Jahren des 20 Jh. machen, doch eine systematische Untersuchung ließen die Militärs nicht zu. Der stellvertretende Oberkommandierende der ägyptischen Marine wehrte alle Versuche mit dem Satz ab, dass »Feinde, unter dem Vorwand, an Unterwasser-Archäologie interessiert zu sein, Spionage oder gar Schlimmeres betreiben könnten«. Doch dann durfte der Franzose Jean-Yves Empereur, der in Alexandria ein Forschungsinstitut leitet, das Areal erforschen und 1995 zogen die Wissenschaftler eine erste Steinfigur aus dem Hafen.

»Verschwenderisch, luxuriös und voller Farben« seien die Reste auf dem

Grund des Osthafens, die einmal den königlichen Bezirk des antiken Alexandria bildeten. Aufgrund tektonischer Senkungen war dieser Teil der Metropole in den letzten 2000 Jahren überflutet worden. Die Archäologen maßen ein Areal von 20 Fußballfeldern.

Besichtigung

Die Sehenswürdigkeiten Alexandrias sind täglich von 9–16, Fr von 9–11.30 Uhr und von 13–16 Uhr geöffnet.

Palast Ras at Tin

Der **Ras at Tin-Palast** 1 liegt im Norden der Metropole auf dem Gebiet der einstigen Insel Pharos. In der Antike war das Eiland durch einen 1,2 km langen Damm (den so genannten Heptastadion) mit dem Festland verbunden; westlich und östlich schlossen sich Hafenanlagen an. Heute ist die Insel in das Stadtgebiet mit einbezogen.

Muhammad Ali ließ den Palast Anfang des 19. Jh. errichten, 1925 nahmen italienische Kunsthandwerker umfangreiche Restaurierungen vor. Wann immer Ägyptens letzter König Faruk in Alexandria weilte, hielt er hier Hof. Im Sommer 1952, bevor er ins Exil ging, unterzeichnete er in dem Palais seine Abdankungsurkunde. Heute wird das große Gebäude unter anderem als Gästehaus der Regierung genutzt und kann nicht besichtigt werden.

Felsgräber von Anfushi

Gegenüber dem Palast neben der Straßenbahnhaltestelle zeigen die aus dem 2. Jh. v. Chr. stammenden **Felsgräber von Anfushi** 2 den hellenistisch-ägyptischen Mischstil ptolemäischer Zeit; von den einstigen Wandmalereien sind allerdings nur Spuren erhalten. Mythologische Darstellungen sind mit griechischen Inschriften versehen, die altägyptischen Götter Osiris, Horus, Anubis und Isis umgeben die Totenbahre mit dem Verstorbenen.

Fort Qait Bey

Vom **Fort Qait Bey** 3 an der Nordspitze der einstigen Insel Pharos bietet sich ein weiter Blick auf den Osthafen und die Skyline von Alexandria. Einst stand an dieser Stelle der berühmte

Alexandria-Quartett

Wer sich literarisch auf die Besichtigung von Alexandria einstimmen möchten, dem sei die Lektüre des »Alexandria-Quartett« (»Justine«, »Balthasar«, »Mont-olive«, »Clea«) von Lawrence Durrel empfohlen, in dem eine Liebesgeschichte aus dem Blick von vier verschiedenen Personen erzählt wird. Genau diesem literarischen Ansatz folgt auch der ägyptische Nobelpreisträger Nagib Machfus in seinem alexandrinischen Roman »Miramar«.

Leuchtturm von Alexandria, eines der Sieben Weltwunder, das zwischen 299 und 279 v. Chr. errichtet wurde. Fast 100 Seemeilen weit soll dessen Holzfeuer geleuchtet und den Schiffen den sicheren Weg in die beiden Häfen Alexandrias gewiesen haben. Manche Forscher vertreten die Ansicht, der Leuchtturm habe die Entwicklung des islamischen Minaretts inspiriert.

Die Ende des 15. Jh. von den Mamluken erbaute Festungsanlage fügte sich als wichtiges Element in die Verteidigungskette der Stadt. Zu besichtigen sind die militärischen Einrichtungen und die Kasematten sowie ein kleines **Marinemuseum**. Unterhalb der Festung gibt ein Aquarium (nicht in bestem Zustand) einen Einblick in die Fischbestände von Mittelmeer und Rotem Meer.

Der Stadtteil Anfushi, in dem der Palast, die Felsgräber und das Fort besichtigt werden können, ist das einstige osmanische Viertel, heute der älteste Teil der Metropole und nicht gerade Wohnort der Begüterten. Als Muhammad Ali im 19. Jh. die Modernisierung von Alexandria einleitete, übersahen seine Baumeister Anfushi einfach und begannen südöstlich um den Midan Ramla und den Midan at Tahrir mit der Neugestaltung im europäischen Stil.

Bibliotheca Alexandrina

Vom Fort Qait Bey hat man einen guten Blick auf das gegenüberliegende Ende des Osthafens. Dort ragt der Neubau der **Bibliotheca Alexandrina** 4 auf. 1991 beschloss die ägyptische Regierung, eine neue, alle Aspekte des Lebens und der Wissenschaften umfassende Bibliothek zu gründen, um damit dem Ruf des Landes als ›Wiege der Zivilisation‹ alle Ehre zu machen.

Die Neugründung soll an die antike Bücherei erinnern, die 48 v. Chr. beim Einmarsch der Römer ein Raub der Flammen wurde. So wie damals das Wissen der Welt in Alexandria gesammelt war, so soll auch heute, mehr als 2000 Jahre nach der Brandkatastrophe, in der Stadt wieder eine Bibliothek entstehen, in der sich Wissenschaftler und Forscher über ihre Fachgebiete informieren können. Das Areal umfasst rund 40 000 m², die 13 Etagen haben eine Fläche von knapp 70 000 m². Wenn alle Pläne verwirklicht sind, hat die Bibliotheca Alexandrina etwa 8 Mio. Bände in ihrem Bestand, dazu 50 000 Karten, 100 000 Manuskripte, 20 000 CDs sowie 50 000 Bildplatten und Videos.

Abu al Abbas al Mursi-Moschee und Moschee des Terbana

Die **Abu al Abbas al Mursi-Moschee** 5 mit ihrem 73 m hohen, weithin sichtbaren Minarett, vier großen Kuppeln und prachtvollen kalligraphischen Verzierungen ist das größte und bedeutendste islamische Heiligtum der Stadt. Das Gotteshaus wurde Ende des 18. Jh. über dem Grab des im 13. Jh. verstorbenen und in Alexandria hoch verehrten muslimischen Heiligen Abu al Abbas errichtet. Etwas weiter südlich liegt die islamische **Gebetsstätte des Ibrahim Terbana**

Die Abu al Abbas al Mursi-Moschee wurde Ende des 18. Jh. gebaut

6, 1677 erbaut und mit griechisch-römischen Säulen und Kapitellen geschmückt.

Midan at Tahir

Zentrum der Stadt ist – wie in Kairo auch – der **Midan at Tahrir** 7, der Mittelpunkt des europäisch inspirierten Stadtensembles, den ein überlebensgroßes Reiterstandbild von Muhammad Ali beherrscht. Mit der Anlage des 450 x 100 m großen des Platzes begann der Herrscher im Zuge der Modernisierung von Alexandria Anfang des 19. Jh. Der Justizpalast und die Markuskirche liegen sich am Tahrir gegenüber. Die beiden wichtigsten Basarstraßen, Nokrashi und Faransa, verlaufen vom Midan at Tahrir auf den Stadtteil Anfushi zu, Richtung Osten erreicht man vom Tahrir über den Midan Orabi mit dem Denkmal des Unbekannten Soldaten die Corniche, offiziell 26th of July Street. Verwitterte Gebäude im Kolonialstil säumen die einstige, heute nicht mehr allzu prächtige Flaniermeile am Osthafen.

Museum griechisch-römischer Altertümer

Das **Museum griechisch-römischer Altertümer** 8 steht heute ungefähr an jener Stelle, an welcher sich im Altertum das Museion (vgl. S. 81) befand. In den 23 Sälen des Ausstellungsgebäudes sind annähernd 40 000 Exponate aus der hellenistisch-römischen Ära der Stadt zu besichtigen. In der Eingangshalle befindet sich ein Abdruck des Rosette-

Steins (Original im Britischen Museum in London), der Jean-François Champollion die Entzifferung der Hieroglyphen ermöglichte (vgl. S. 148).

Römisches Theater Kom ad Dik

Auf dem Grabungsgelände **Kom ad Dik** 9 legten Archäologen 1960 das einzige **römische Theater** auf ägyptischem Boden frei. Das im 3. Jh. errichtete Theater, das knapp 1000 Zuschauer fassen konnte, verfiel 500 Jahre später bei einem Erdbeben. Im 5. Jh. wurde das Theater von alexandrinischen Christen umgebaut und für religiöse Zwecke genutzt.

Museum der Schönen Künste

Im **Museum der Schönen Künste** 10 mit Werken alexandrinischer Künstler sowie Gemälden und Plastiken europäischer Meister finden regelmäßig Wechselausstellungen moderner ägyptischer Kunst statt .

Serapaion

An das **Serapaion** 11**,** eine der bedeutendsten Kultstätten Alexandrias und einst sogar zu den Sieben Weltwundern gezählt, erinnert heute nur noch die 27 m hohe Pompeius-Säule (so benannt, weil man hier fälschlicherweise das Grab des Pompeius vermutete). Das ehemalige Heiligtum war Serapis geweiht, einer von den Ptolemäern eingeführten Gottheit, in der man den zum Osiris erhobenen Stiergott Apis (vgl. S. 42) mit den göttlichen Attributen des Zeus und des Pluton vereinigte, um mit dem Kult die erwünschte religiöse Verbindung zwischen Griechen und Ägyptern herzustellen.

Das römische Theater Kom ad Dik konnte knapp 1000 Zuschauer fassen

Der römisch-byzantinische Kaiser Theodosios I. ließ den Tempel während der ›Heiden‹-Verfolgung im Jahre 391 zerstören und – wie die Legende berichtet – die Säule zum Gedenken an den Triumph des Christentums errichten. Eine Diokletian gewidmete Weiheinschrift am Sockel deutet jedoch eher darauf hin, dass das Monument zu Ehren dieses spätrömischen Kaisers entstand. Die Säule aus rotem Assuan-Granit weist an ihrem Fuß einen Durchmesser von 2,7 m auf. Auf dem weit ausladenden korinthischen Kapitell sollen anlässlich eines Festessens im Jahre 1832 22 Personen Platz gefunden haben.

Kom ash Shukafa

Kom ash Shukafa 12, Ägyptens bedeutendste römische Grabanlage aus dem 1./2. Jh. n. Chr. knüpft in der Verästelung von Gängen und Grablegen an die Tradition pharaonischer Ruhestätten an. Über eine Wendeltreppe gelangt man ins Innere (die Sargkammer neben der Treppe stammt aus einer späteren Epoche).

Aus römischer Zeit stammen die halbkreisförmigen Nischen mit Totenbänken und eine **überkuppelte Rotunde.** Rechter Hand öffnen sich zwei kleine Kammern mit Nischen und Sarkophagen sowie Grabstollen. In dem großen Raum links von der Rotunde mit in den Felsen gehauenen Bänken nahmen die Angehörigen der Verstorbenen das Begräbnismahl ein.

Über die von der Rotunde abwärts führende Treppe erreicht man eine **Vorhalle,** die altägyptische Merkmale wie Sonnenscheibe, Flügelsonne und Horusfalken aufweist, während die drei Scheinsarkophage in den Nischen der Grabkapelle griechischen Dekor mit Girlanden, Weintrauben und Medusenhäuptern zeigen. Reliefs mit altägyptischer Bildthematik schmücken die Wände; unverkennbar ist der schakalköpfige Gott Anubis (vgl. S. 42).

Von der Vorhalle gelangt man in **Korridore,** in denen sich **91 Grabstollen** befinden; jedes Schiebegrab konnte vier Verstorbene aufnehmen. Die Mittelachse endet in der Sarkophagkammer mit drei Sargnischen. Die vier seitwärtigen Räume mit Grabstollen und Sargnischen stammen aus einer späteren Periode. Da die tiefer gelegenen Gänge von Grundwasser überflutet sind, bewegt man sich bei der Besichtigung auf schwankenden Brettern.

Montaza-Park

Entlang der Corniche Richtung Osten und vorbei an vielen kleinen Strandbuchten erreicht man nach etwa 15 km den **Montaza-Park** mit blühenden Beeten, weiten Rasenflächen und altem Baumbestand, der zur einstigen, im Zuckerbäckerstil errichteten **Residenz König Faruks** gehörte und einen kleinen öffentlichen Strand besitzt.

Alexandrias Strände

Vom Stadtzentrum Richtung Westen gelangt man nach etwa 10 km zum **Strand von Agami.** Weitere Strände

mit schmalen, gebührenpflichtigen und im Sommer überfüllten Sandstränden reihen sich entlang der Corniche; allzu sauberes Wasser darf man allerdings nirgendwo erwarten. Ägyptische Frauen gehen in der Regel mit voller Bekleidung ins Wasser; europäische Sonnenanbeterinnen sollten keinen Bikini, sondern einen Badeanzug tragen.

Touristeninformation: Midan Saad Zaghloul.

Helnan Palestine Hotel ***** 13: Corniche, Montaza, im Montaza-Park 15 km außerhalb des Stadtzentrums, Tel. 03-547 4033, Fax 03-547 3378. 1964 für die arabischen Staatschefs erbaut, die hier ihre Konferenzen zur Lösung des Palästina-Konflikts abhielten, großes Tagungszentrum, mit sämtlichen Einrichtungen der gehobenen Preisklasse, 100-120 US-$.

Montaza Sheraton ***** 14: Corniche, Montaza, gegenüber vom Eingang zum Montaza-Park 15 km außerhalb des Stadtzentrums, Tel. 03-548 0550, Fax 03-540 1331. Hochhaus mit 300 Zimmern, mehreren Restaurants und Bars, Aquarius-Discotheque, Privatstrand, 100 bis 120 US-$.

Al Salamlek Palace Hotel ***** 15: Corniche, Montaza, im Montaza-Park 15 km außerhalb des Stadtzentrums, Tel. 03-547 7999, Fax 03-547 3585. Mondänes Haus in einem italienisch inspirierten Palast, den der Khedive Abbas II. um die Wende vom 19. zum 20. Jh. für seine österreichische Geliebte bauen ließ, Privatstrand, einziges Kasino in Alexandria, 100-120 US-$.

Cecil Hotel **** 16: Midan Saad Zaghloul, Tel. 03-487 7173, Fax 03-485 5655. Altes britisches Kolonialhotel im Zentrum mit Blick über die Corniche und den Osthafen, 100–120 US-$.

Windsor Palace Hotel **** 17: Corniche, Tel. 03-480 8123, Fax 03-480 9090. Mit Blick auf den Osthafen und aufs Mittelmeer, 100 Jahre altes Kolonialhotel, trotz umfassender Renovierung vor einigen Jahren ist der alte Charme erhalten geblieben, 80–100 US-$.

Metropole Hotel *** 18: 52 Saad Zaghloul St., Tel. 03-486 1467, Fax 03-486 2040. Am Midan Ramla mit Blick über den Midan Saad Zaghloul und den Osthafen, klassisch gediegenes Haus mit teilweise sehr schönen Zimmern, kürzlich renoviert, 75 US-$.

Hotel Crillon 19: 5 Sharia Adib Ishaq, Tel. 03-480 0330. Zwei Straßenblocks westlich vom Cecil gelegen, einige Zimmer mit Blick über den Osthafen, kleines Billighotel mit einem guten Preis-Leistungsverhältnis, 100 L.E.

Nile Excelsior 20: 16 Sharia al Bursa al Qadima, Tel. 03-480 799. Kleines Billig-

hotel im Zentrum mit lauten Klimaanlagen, Zimmer etwas verwohnt, aber sauber, Zimmer mit eigenem Bad 100 L.E.
Hyde Park Hotel 21: Am Midan Ramla, Haus 21 Amin Fikry, sechster Stock, Tel. 03-483 5666. Zimmer mit Bad 140 L.E., ohne Bad 60 L.E.
Hotel Union 22: 164 26th October St., einen Straßenblock hinter dem Cecil, Tel. 03-480 7312, Fax 03-480 7350. Saubere Zimmer, einige mit Balkonen und Seeblick, gutes Preis-Leistungs-Verhältnis, mit Bad 100 L.E., ohne Bad 70 L.E.

Seagull 23: Versteckt in einer Gasse östl. der Kreuzung Sharia an Nabi Daniel und Tariq al Hurriyya, preiswerteres Bar-Menü, teureres Restaurant-Menü, Geflügel, Fleisch und Meeresfrüchte, 26-40 L.E.
Au Privé 24: Al Agami Rd., Tel. 03-440 5575. Im westlichen Seebad-Vorort Agami gelegen, mit großer Terrasse am Meer, seit Jahren das beste Fischrestaurant von Alexandria, täglich fangfrisches Seafood mit Preisen zwischen 70 und 100 L.E.
Elite 25: 43 Safiyya Zaghloul St., nahe dem Kino Metro. Von Spaghetti Bolognese bis zu gebratenem Fleisch und gegrilltem Fisch, 6–30 L.E.

Richtung Nordwesten verlaufen vom Midan Tahrir die beiden Straßen Nokrashi und Faransa. Dort und in deren Verbindungsgassen befindet sich der Suq, der Markt von Alexandria. Obst, Gemüse, Fisch, Fleisch, Gewürze, Cafés, Backwaren, Kleidung, Schuhe, Wäsche, Haushaltsgegenstände und Werkzeug aller Art gibt es hier. Laut, orientalisch und sehr geschäftig geht es in diesem Teil von Alexandria zu.
Buchhandlungen: Al Ahram, 10 Hurriyya St.; Book Center of Alexandria, 49 Saad Zaghloul St.; Dar al Mostakbal, 32 Safia Zaghloul St..

Europäisch gefärbtes Nachtleben findet man in den großen Hotels; dort gibt es Diskotheken, offen auch für Nichtgäste sowie mehrgängige Dinner-Menüs mit orientalischer Musik und Bauchtanz.

Zentrale Straßenbahnstation: Am Midan Ramla; folgende Linien sind für Besucher interessant (gelbe Linie Richtung Westen, blaue Linie Richtung Osten): Nr. 1 und 2 etwa zwei Drittel des Weges Richtung Montaza; Nr. 5 und 8 Richtung San Stefano; Nr. 15 Moschee Abu al Abbas al Mursi, Fort Qait Bey, Ras at Tin. Nr. 16 Pompejus-Säule.
Stündl. Züge (nicht immer mit Waggons der ersten Klasse) von der Masr Station nach Kairo, etwa 3 Std.; stündl. Busse (Super Jet) vom 15th May Terminal hinter der Sidi Gaber Station nach Kairo etwa 3 Std.; mehrmals tägl. Flüge nach Kairo; Lufthansa fliegt zweimal wöchentl. von Alexandria nach Frankfurt.
Sammeltaxistand: Am Midan al Gumhurriyya.
Leihwagen: Avis, Cecil Hotel, Tel. 03-485 7400.

Passbüro und Touristenpolizei: 28 Talaat Harb St.
Geldwechsel: National Bank of Egypt, 26 Sharia Salah Salem; Banque Misr, 9 Talaat Harb St.; American Express, 26 Hurriyya St.; Wechselstuben auch in den Fünf-Sterne-Hotels, so etwa im Palestine Hotel, Cecil Hotel und im Montaza Sheraton.
Post und Telefon: Midan Ramla nahe der Straßenbahnhaltestelle.
Gesundheit: German Hospital, 65 Sharia Abdel Salam Aref Saba Basha, Tel. 03-585 7862.
Goethe-Institut: 10 Ptolemees St., Tel. 03-487 9870, Fax 03-487 4853, Mo-Do 9-12 Uhr.

KAIRO – MUTTER DER WELT

Kairo, Ägyptens Hauptstadt und eine der bevölkerungsreichsten Metropolen der Welt, fasziniert Besucher mit herausragenden Sehenswürdigkeiten aus pharaonischer und islamischer Zeit. Spaziergänge führen zum Ägyptischen Museum, zur Zitadelle, zu mittelalterlichen Moscheen, durch Suqs und zu Basaren.

Reiseatlas: S. 232, C 3
Kairo ist für Nordeuropäer eine gleichermaßen faszinierende wie gewöhnungsbedürftige Metropole. Nur für wenige Stunden reißt tief in der Nacht der Stop-and-Go-Verkehr einmal ab, ansonsten schieben sich die Fahrzeuge in dichtem Stau weitgehend ohne Beachtung von Verkehrsregeln durch die Straßen, die Bürgersteige sind voller Menschen, unentwegt herrscht Gedränge und Geschiebe. Dies alles ertragen Ägypter mit stoischer Geduld, schlängeln sich klaglos durch ein Stoßstangengewirr in den Straßen und geraten trotz des Lärms nur selten aus der Fassung.

Kairo, Ägyptens Hauptstadt und größte Metropole des afrikanischen Kontinents, zugleich kulturelles und wirtschaftliches Zentrum des Mittleren Ostens, ist mit geschätzten 13 Mio. Einwohnern eine Megalopolis. Täglich strömen zusätzlich zwischen 2,5 und 3 Mio. Pendler in die Kapitale. Deren Infrastruktur ist diesem Andrang schon seit Jahren nicht mehr gewachsen.

Trotz der 1987 in Betrieb genommenen U-Bahn, der damit verbundenen Modernisierung des Vorort-Zugnetzes und der Überbauung der wichtigsten Verkehrsadern mit Hochstraßen fließt der Verkehr in der Stadt mitnichten in geordneten Bahnen. Und obwohl in den letzten Jahren rund um Kairo Retortenstädte wie etwa Salam City und Tenth of Ramadan angelegt wurden, ist die Wohnungsnot, bedingt durch die Landflucht, außerordentlich groß; selbst auf Friedhöfen hausen Tausende von Familien (s. S. 122).

1989 beschlossen die Stadtväter, Kairo solle nicht mehr ungebremst weiterwachsen. Ein Ausschuss für soziale Dienste und soziale Entwicklung nahm seine Arbeit auf und entwickelte entsprechende Vorschriften. Danach dürfen sich in Kairo keine Industriebetriebe mehr ansiedeln, soll auch der Bau von Hochhäusern und großen Hotels gestoppt werden.

Die Strom- und Wasserversorgung sowie die Schmutzwasserdränage sind – vor allem in den alten Stadtvierteln – in einem katastrophalen Zustand. Der

Smog und die Zersiedelung historisch bedeutender Areale zerstören viele Kulturdenkmäler Kairos. Es fehlen Mittel und Möglichkeiten, die historischen Gebäude zu pflegen und zu erhalten.

Besucher werden diese Misere freilich allenfalls am Rande bemerken. Kairo ist und bleibt eine der bedeutendsten Kulturstätten, beeindruckt durch seine unverwechselbare Skyline von Minaretten ebenso wie durch seinen Reichtum an pharaonischen und islamischen Kulturdenkmälern.

Geschichte

Fustat

Als im Jahre 640 der muslimische Heerführer Amr Ibn al As mit seiner Beduinenarmee Ägypten für den Islam unterwarf, gründete er im Süden des heutigen Kairo die Garnisonsstadt Fustat und ließ die nach ihm benannte Amr-Moschee erbauen. Annähernd 100 Jahre später brannte Fustat ab und die über das islamische Großreich herrschende Abbassiden-Dynastie legte weiter nördlich das neue Stadtviertel Al Askar an. Wiederum ein gutes Jahrhundert später rief sich der Gouverneur Ahmad Ibn Tulun zum Herrscher über das Nil-Land aus und errichtete, noch etwas weiter nördlich, seine Moschee und die neue Lagerstadt Al Qata'i.

Al Qahira (Kairo)

969 brachten die Fatimiden, schiitische Muslime aus Nordafrika, Ägyp-

Blick vom Cairo Tower auf die größte Metropole Afrikas

AL ZABALIN
DIE MÜLLMÄNNER VON KAIRO

Bis vor wenigen Jahren sah man besonders im Morgengrauen sowie nach Einbruch der Dunkelheit in Kairos Straßen mit Müll beladene Eselskarren. Von den Karren ging ein penetranter Gestank aus. Auf den gärenden Abfallbergen saßen zwei oder drei Kinder, die schon während der Fahrt die oberen Schichten der Müllhaufen nach verwertbaren Gegenständen durchwühlten. Heute hat sich an diesem Bild lediglich die Art des Transports verändert, denn inzwischen werden Autos an Stelle der Esel eingesetzt.

Die private Müllentsorgung der Metropole wird von so genannten *zabalin* (von *zibala* – Müll) betrieben. Da etwa 95 % des Mülls ›recycelt‹ werden, bildet der Abfall die Lebensgrundlage einer großen Bevölkerungsgruppe. Bis zur Mitte des 19. Jh. war die Abfallbeseitigung in Kairo kein Problem. In den alten islamischen Stadtvierteln hielten die Haushalte fast ausnahmslos Ziegen, Schafe und Geflügel, an die die organischen Abfälle verfüttert wurden. Brennbaren Müll verfeuerte man in den eigenen Backöfen oder verkaufte ihn an Bäckereien. Auch die Badehäuser in den Vierteln nahmen die Abfälle an und beheizten damit das Badewasser. In den Brennkammern standen verschlossene Kupfergefäße, die mit dem ägyptischen Grundnahrungsmittel *ful* (Bohnen) gefüllt waren; die Bohnen wurden während einer Heizperiode gar gekocht und dann von Straßenhändlern verkauft. Erst als um 1870 die Europäisierung der Stadt mit dem Zuzug von Engländern und Franzosen begann, die diese Art der Entsorgungspolitik nicht praktizierten, wurde es notwendig, sich der Beseitigung des Hausmülls anzunehmen.

Zu jener Zeit wanderten aus den Oasen Dakhla und Kharga arme Fellachen – so genannte *wahis* – auf der Suche nach Arbeit in die Hauptstadt. Um 1890 begannen sie, die neuen europäischen Stadtviertel vom Müll zu entsorgen, indem sie die zumeist brennbaren Abfälle an Badehäuser und Bäckereien verkauften. Schon in dieser Anfangsphase achteten die *wahis* auf eine straffe Organisation; jede Familie war für eine oder auch für mehrere Routen zuständig, die turnusmäßig abgefahren wurden. Diese Gebiete blieben im Familienbesitz und wurden an die Kinder weitergegeben. Um neue Häuser oder gar ganze Stadtviertel wurde erbittert gefeilscht, bis auch diese Siedlungen aufgeteilt waren.

Um 1900 stieg die Zahl der in die Hauptstadt abgewanderten Fellachen rapide an. Enteignungen durch Großgrundbesitzer, schlechte Ernteerträge und Verschuldung bei den mit Wucherzinsen arbeitenden Geldverleihern schufen ein Heer von landlosen Bauern, die sich und ihre Familien nur noch mit den kargen Verdiensten der Wanderarbeit (*tarahil*; s. S. 82) am Leben halten konnten.

Für die vielen Kopten, Mitglieder einer christlichen Minderheit (s. S.104), die aus Oberägypten nach Kairo wanderten, ergaben sich zusätzliche Probleme. Eine

Integration in die islamische Bevölkerung war auf Grund der unterschiedlichen Glaubensrichtungen nicht möglich, und da die Kopten auch in der neuen Umgebung Schweinezucht betrieben, isolierten sie sich noch mehr von den islamischen Bevölkerungsgruppen. Das Futter für die Schweine bezogen die Kopten von den *wahis*, das Fleisch verkauften sie an die europäische Gemeinde. So entstanden an den Rändern der Metropole zahlreiche Zuchtbetriebe, die mehr und mehr organische Abfälle benötigten. Die *wahis*, mittlerweile zu Wohlstand gekommen und im städtischen Milieu verankert, vermieteten nach und nach ihre ertragreichen ›Müllrouten‹ an die Kopten; zwischen beiden Gruppen entwickelten sich geschäftliche Verbindungen, die bis heute bestehen.

Noch immer erwerben die *wahis* von den Hausbesitzern das Recht am anfallenden Müll. Solange das Gebäude existiert, bleibt diese Vereinbarung in Kraft. Die Höhe der Gebühren hängt von der Wohngegend, den Mieten und dem Status der Bewohner ab – je reicher die Mieter, um so qualitativ hochwertiger ist der Müll. Kontrolliert der *wahi* ein Viertel, so vermietet er das Recht der Müllentsorgung an einen koptischen *zabalin*. Auch hier richtet sich der Preis nach der Qualität der Wohngegend. Die Mieter der einzelnen Wohnungen werden wöchentlich vom *zabalin* für die Müllentsorgung zur Kasse gebeten. Dieses Geld muss der *zabalin* an den *wahi* abführen, behalten darf er lediglich die Abfälle. Der *wahi* ist also ein reiner ›Müllmakler‹; er verwaltet, organisiert und garantiert die Entsorgung. Jeder *wahi* unterhält Geschäftsbeziehungen zu mehreren *zabalin*.

Die Zusammensetzung des Mülls ist für die Lebensgrundlage einer *Zabalin*-Familie sehr wichtig, da sie ja kein Bargeld für ihre Dienstleistung erhält. Je hochwertiger die Abfälle, um so ertragreicher sind die wieder verwertbaren Materialien. Viertel mit niedrigem Lebensstandard haben nur wenig nutzbare Abfallreste. Daher werden Stadtteile, in denen die Masse der armen Bevölkerung lebt, von den *zabalin* nicht angefahren und auch nicht vom Müll entsorgt. Lediglich die Hälfte des Kairoer Stadtgebiets kommt in die Vergünstigung einer Abfallbeseitigung.

Die Haupteinnahmequelle der *zabalin* liegt in der Schweinezucht; Schweine sind ausgezeichnete Futterverwerter und werden mit organischen Abfällen gefüttert. Auch die wenigen Muslime, die unter den koptischen *zabalin* Fuß fassen konnten, betreiben die Schweinezucht.

Jeder *Zabalin*-Haushalt verfügt über ein Gehöft *(zeriba)* mit durchschnittlich 50 bis 80 Schweinen, einer Hand voll Ziegen, einer kleinen Schafherde und für kurze Transporte zwei oder drei Esel. Zweimal im Jahr werden die Schweine an die Kairoer Schlachthöfe geliefert, die Schafe werden eigenhändig geschlachtet, und der aus der Schafs- und Ziegenmilch gewonnene Käse wird von den Frauen auf den lokalen Märkten verkauft.

Eine bedeutende Einnahmequelle für die *zabalin* sind wieder verwertbare Materialien wie Glas, Plastik und Kunststoffe aller Art, Metalle, Schrott sowie Textilien. Diese Sachen werden eingeschmolzen oder unterschiedlich recycelt und dann zu neuen Produkten verarbeitet, die beispielsweise im Hausbau Verwendung finden.

Reiseatlas: S. 232

ten unter ihre Kontrolle und gründeten Al Qahira (die Siegreiche – Kairo). Mit dem Bau der Al Azhar-Moschee und der Al Azhar-Universität machten sie ihre neue Residenz von Anfang an zu einem Zentrum der islamischen Theologie. 1171 trieb Salah ad Din (Saladin) die Fatimiden aus dem Land, etablierte das Sultanat der Ayyubiden, führte das sunnitische Glaubensbekenntnis wieder ein und ließ die Zitadelle erbauen.

Die Mamluken

1250 übernahmen die Mamluken, die einstigen Söldner der Ayyubiden-Sultane, die Macht und regierten knapp 300 Jahre lang in der Metropole. Politische Morde – kaum ein Mamluken-Sultan starb eines natürlichen Todes –, Erbfolgestreitigkeiten, erpresserische Steuerforderungen sowie verheerende Pestepidemien ließen das kulturelle Leben der Stadt veröden. 1517 eroberten die Osmanen Kairo und hielten die Metropole bis zu Napoleons Ägypten-Abenteuer im Jahre 1798.

Muhammad Ali

1806 übernahm Muhammad Ali, ursprünglich ein albanischer Söldner in osmanischen Diensten, die Staatsgeschäfte und leitete die Modernisierung des Landes ein. In seiner 42-jährigen Regierungszeit forcierte Muhammad Ali die Stadtentwicklung, ließ neue Straßen, Plätze und Viertel anlegen, schickte die ersten Ägypter an europäische Universitäten und öffnete das Land dem Westen.

Das 20. Jh.

Mit Beginn des 20. Jh. erbaute die englische Kolonialmacht das heutige moderne Kairo, ließ repräsentative Gebäude errichten und schon bald begann die Metropole aus allen Nähten zu platzen. Landlose Bauern strömten zu Millionen in die Kapitale, deren Entwicklung bald nicht mehr gesteuert werden konnte.

Das moderne Kairo

Das Zentrum der Metropole, der Midan at Tahrir, Platz der Befreiung, ist schon lange kein Schmuckstück der Stadt mehr. Jahrzehntelang diente das Areal, bei dessen Überquerung man sich unerschrocken und geschickt durch das Verkehrsgewühl den Weg bahnen muss, als Busbahnhof. Seit Jahren umgibt ein Wellblechzaun den Bereich, doch Bauarbeiten sind nicht erkennbar.

Im Norden des Platzes steht das kuppelgekrönte Ägyptische Museum, im Westen die Gebäude der Arabischen Liga sowie das Nile Hilton Hotel. Im Süden ragt der halbkreisförmige Block der Mugamma auf, dem kafkaesken Verwaltungssitz, in dem Besucher nach stundenlangen Irrwegen über endlose Flure ihre Visa verlängern können. Unter dem Tahrir befindet sich die zentrale Metro-Station Sadat.

Das Ägyptische Museum

Die herausragende Attraktion von Kairo ist das 1857 von dem französi-

Schatztruhe der Welt – das Ägyptische Museum in Kairo

schen Ägyptologen Auguste Mariette gegründete **Ägyptische Museum** 1 (tägl. 9–16, Fr 12–14 Uhr geschl.). Die deutsche Buchhandlung Lehnert & Landrock betreibt eine Zweigstelle in der Eingangshalle (Hauptgeschäft: 44 Sharia Sherif). Man sollte am Kartenkiosk den preiswerten kleinen Museumsführer in englischer Sprache erstehen – oder den offiziellen Katalog (auf Deutsch teuer), um durch das Labyrinth des Ausstellungsgebäudes zu finden.

Von den 124 000 Exponaten können nur die wenigsten gezeigt werden, da das Haus viel zu klein ist. Nahe bei den Pyramiden wurde ein 300 000 m^2 großes Areal als Bauplatz bestimmt. Dort soll in den nächsten Jahren das neue Museum entstehen – so heißt es schon seit Jahren.

Rundgang durch das Museum

Erdgeschoss – die Ausstellungsstücke sind im Uhrzeigersinn chronologisch geordnet.

Raum 43: Exponate aus den ersten Dynastien, darunter die annähernd **lebensgroße Statue des Djoser,** dessen Baumeister Imhotep die Stufenpyramide von Saqqara (vgl. S. 133) errichten ließ. Die Plastik wurde 1924 gefunden, eine Kopie befindet sich heute in Saqqara. Die Djoser-Statue ist die älteste Plastik des Museums. Auf der Palette des Narmer, der um

Café Riche

Nach der Besichtigung des Ägyptischen Museums kann man sich bei einem Getränk im traditionsreichen **Café Riche** 22 entspannen. Der ehemalige Präsident Sadat ließ das Riche für einige Zeit schließen, denn hier trafen sich einst die Anhänger des Revolutionsführers und ersten Präsidenten Gamal Abd el Nasser, die aus ihrer Sympathie für dessen panarabischen Sozialismus keinen Hehl machten (17 Sharia Tala'at Harb, 12–2 Uhr).

3000 v. Chr. Ober- und Unterägypten vereinigte, befindet sich zum ersten Mal die über Jahrtausende beibehaltene Darstellung, wie der König einen knieenden Gegner am Schopf gepackt hat und weit ausholend mit der Keule auf ihn einschlägt.

Raum 6: Stele aus Rosengranit mit der Inschrift über die Wiedereinsetzung des alten Götterpantheons unter Tut-anch-Amun. Mit diesem wichtigen Edikt löste der noch im Knabenalter befindliche Pharao den ersten Monotheismus der Weltgeschichte wieder auf, den der ›Ketzerkönig‹ Echnaton eingeführt hatte.

Raum 3: Amarna-Saal, Exponate aus der Amarna-Zeit (1364–1347

v. Chr.), vier **Kolossalstatuen von Echnaton**. Sehr deutlich ist hier die völlige Loslösung von der über die Jahrhunderte beibehaltenen darstellenden Kunst zu erkennen. Der Pharao wird in geradezu erschreckend realistischer Weise gezeigt, nicht ist geschönt oder idealisiert. Auch lässt sich der Pharao mit seiner Familie in privater Atmosphäre abbilden, in den Augen der damaligen Bevölkerung ein Sakrileg, galt der Herrscher doch als Gott, der über den profanen Alltagshandlungen stand.

Raum 13: Hier ist die **Israel-Stele,** auf der erstmals der Stamm Israel erwähnt wird, ein herausragendes Ausstellungsstück.

Raum 4, 7–10, 15, 20, 25, 30, 35, 40, 45: der **Grabschatz des Tutanch-Amun**, darunter auch die goldene **Totenmaske** des jung verstorbenen Herrschers sowie der innerere, vollständig aus Gold bestehende Sarg in Mumienform, weitere kostbare Schmuckstücke aus Gold und Edelsteinen sowie viele Grabbeigaben.

Raum 52: Mumiensaal mit **Mumien bekannter Pharaonen,** darunter auch der von Ramses II.; Röntgenbilder informieren über den Erhaltunszustand der einbalsamierten Leichen. Sehr zu Recht achten die Museumswärter hier darauf, dass sich die Besucher pietätvoll vor den sterblichen Überresten verhalten.

Sehenswürdigkeiten

1 Ägyptisches Museum
2 Gezira Sporting Club
3 Oper
4 Museum of Modern Egyptian Art
5 Cairo Tower
6 Gezira Arts Centre
7 Mahmud Khalil-Museum

Übernachten

8 Nile Hilton
9 Ramses Hilton
10 Marriott Hotel
11 Mena House Oberoi
12 Cosmopolitan
13 Hotel Cleopatra
14 Longchamps
15 Victoria Hotel
16 Odeon Palace
17 New Hotel
18 Hussein Hotel
19 Pension Roma
20 Pensione Vienna, Pension Suisse, Hotel Dahab
21 Jugendherberge Heliopolis

Essen & Trinken

22 Café Riche, Fefella
23 Arabesque, Carrol
24 Da Mario
25 Groppi Café
26 Estoril
27 Alfy Bey Restaurant
28 Groppi Garden Café
29 L'Américaine
30 Peking

DAS GRAB DES TUT-ANCH-AMUN

Hätte ein gewisser Lord Carnavon um 1900 nicht einen schweren Verkehrsunfall gehabt, wer weiß, ob und wann das Grab des Tut-anch-Amun entdeckt worden wäre. Der Lord zog sich Blessuren zu, die zwar ausheilten, doch blieben Atembeschwerden zurück, und die feuchtkalten englischen Winter wurden ihm zur Qual.

Im Jahre 1903 brach Lord Carnavon zum ersten Mal in das Nil-Land auf, um im milden oberägyptischen Klima Genesung zu finden. Er besichtigte die Grabungsfelder archäologischer Expeditionen und war fasziniert von der Suche nach pharaonischen Altertümern. Im Jahre 1906 nahm Carnavon eigene Grabungen auf, musste allerdings schon nach wenigen Monaten feststellen, dass seine archäologischen Kenntnisse nicht ausreichten. So bat er Gaston Maspero, den Ägyptologen und Direktor des Ägyptischen Museums in Kairo, um Rat. Der empfahl ihm Howard Carter als Grabungsleiter.

1914 erwarb Lord Carnavon von dem Amerikaner Theodor Davis die Konzession für Untersuchungen im Tal der Könige; drei Jahre später nahm er die Arbeiten auf. Die Fachwelt lächelte darüber, denn das Tal galt archäologisch als erschöpft. Bereits 1817 hatte der Ägypten-Pionier Giovanni Belzoni die Gräber von Ramses I., Sethos I., von Eje und Mentu-her-chopeschef geplündert und ein Resümee gezogen: »Ich bin der festen Überzeugung, dass es im Tal von Biban al Muluk keine anderen Gräber als die durch meine kürzlichen Entdeckungen bekannten gibt . . .« 1844 vermaß eine preußische Expedition das Tal und kam zu ähnlichen Ergebnissen. Doch Carter ließ sich nicht beirren: »Auf die Gefahr hin, eines nachträglichen Besserwissens beschuldigt zu werden, will ich feststellen, daß wir entschieden Hoffnung hatten, das Grab eines bestimmten Königs zu finden, und dieser König war Tut-anch-Amun«. (Howard Carter, zitiert nach C. W. Ceram, Götter, Gräber und Gelehrte – Roman der Archäologie, Hamburg 1967).

Carter steckte im Tal der Könige ein Areal ab. Binnen eines einzigen Winters wurden Schutthalden beiseite geräumt, welche die Gräber umschlossen, und das Team legte den Fuß des geöffneten Grabes von Ramses IV. frei. »Hier stießen wir auf eine Reihe von Arbeiterhütten, die über großen Feuersteinknollen errichtet waren, wie sie im Tal immer ein Zeichen für die Nähe eines Grabes sind.« Am 3.11.1922 ließ Carter die Arbeiterhütten entfernen und entdeckte eine Steinstufe, zwei Tage später stand er vor einer versiegelten Tür eines unversehrten Grabes. Am 6.11. ging ein Telegramm nach England, wo sich Lord Carnavon kurzzeitig aufhielt: »Habe endlich wunderbare Entdeckung im Tal gemacht; ein großartiges Grab mit unbeschädigten Siegeln; bis zu Ihrer Ankunft alles wieder zugedeckt. Gratuliere!« Am 23.11. erreichte Lord Carnavon Luxor und einen Tag später fand das Team ein Siegel mit dem Namen Tut-anch-Amun.

Die Tür wurde geöffnet, der dahinter liegende Gang war mit Geröll gefüllt. Das Team arbeitete sich den Schacht entlang und stand wenige Tage später vor einer

zweiten versiegelten Tür. Nachdem die Tür geöffnet war und man Lampen installiert hatte, zeigten sich goldene Bahren, Thronsessel, Alabasterstatuen, silberne Schreine – in all diesem Prunk lag auf der Schwelle ein verdorrtes Blumengebinde als letzter Gruß. Nach Stunden, als die Begeisterung des Teams wissenschaftlicher Neugier wich, erhob sich die Frage nach dem Sarkophag und der Mumie. Da entdeckte Carter eine dritte versiegelte Tür.

Zunächst wurde das Grab wieder verschlossen. Den beiden Forschern war klar, dass nur eine zeitaufwendige Arbeit die gewünschten Erfolge bringen konnte. So galt es, die exakte Lage aller Gegenstände im Grab festzuhalten und jedes Fundstück zu inventarisieren. Einige Fundstücke mussten sofort konserviert werden.

Kaum war die sensationelle Entdeckung bekannt geworden, erhielt das Team aus aller Welt Unterstützung. Nach einem halben Jahr war die Vorkammer geräumt und alle sahen mit Spannung dem Öffnen der nächsten versiegelten Tür entgegen. Vorsichtig trug Carter die oberen Steinlagen ab und stieß auf eine Wand aus purem Gold. Erst als weitere Teile der Tür freigelegt waren, erkannte er, dass die ›goldene Wand‹ das Vorderteil eines ungewöhnlich großen Totenschreins war. Eine weitere Tür erschloss einen mit Beigaben gefüllten Raum.

Im Winter 1926/27 – Lord Carnavon war inzwischen verstorben – wurde der goldene Schrein geöffnet; er enthielt einen zweiten Schrein, in dem wiederum ein dritter stand, in dem dritten ein vierter. Darin stieß das Team auf den Quarzitsarg, aus einem einzigen Block geschlagen und von einer Granitplatte bedeckt. Nachdem der mehr als 12 Zentner schwere Verschluss abgehoben war, erblickten die Archäologen nur einen Haufen aus Leinentüchern. Als man sie beiseite schob, strahlte ihnen ein goldenes Abbild des jugendlichen Herrschers entgegen. Es stellte sich heraus, dass der Quarzitsarg drei menschengestaltige Särge barg. Der zweite Sarg gab den Pharao in der Gestalt des Osiris wieder. Beim dritten Sarg fiel das unerklärlich große Gewicht auf und als Carter ihn untersuchte, stellte er fest, dass dieser 1,85 m lange Sarg aus purem Gold bestand. Der Deckel wurde entfernt und das Team blickte auf die Mumie von Tut-anch-Amun.

Die Nil-Insel Gezira

Die Tahrir-Brücke führt auf die Nil-Insel Gezira hinüber. Gezira bedeutet Insel und der Stadtteil auf der Insel heißt Zamalek. Der weitaus größte Teil des Eilands wird vom exklusiven **Gezira Sporting Club** 2 eingenommen. Viele ausländische Botschaften, darunter auch die deutsche Vertretung, konzentrieren sich in diesem Viertel.

Nahe der Südspitze liegt das **Opernhaus** 3 mit dem Museum für Moderne Kunst, der Hanagar Art Gallery, einem Planetarium sowie verschiedenen Aufführungssälen (tägl. außer Mo 10–13, 17–21.30 Uhr). Den 30 Mio. US-$ teuren Komplex im islamischen Stil bauten und finanzierten die Japaner, 1988 wurde die Oper eingeweiht. In der Hanagar Art Gallery werden Wechselausstellungen gezeigt. Das **Museum of Modern Egyptian Art** 4 beherbergt eine kleine permanente Ausstellung mit Arbeiten von ägyptischen Künstlern des 20. Jh., so etwa die Gemälde von Abdel Hadi al Gazzar oder die Porträtstudien des alexandriner Künstlers Mahmud Said. Weiterhin Skulpturen von Mahmud Muchtar, Bilder von Muhammad Nagui, der das traditionelle und kulturelle Erbe Ägyptens darstellt, und von Yussuf Kamil, dessen impressionistische Arbeiten vor allem die Landschaft und das quirlige Leben der Märkte zeigen.

Unübersehbar ragt der 185 m hohe **Cairo Tower** 5 in Form eines Lotusstengels mit Blüte auf (tägl. 9 Uhr bis Mitternacht). Von oben hat man einen weiten Blick über die Metropole bis zu den Pyramiden.

Einen kurzen Besuch lohnt das **Gezira Arts Centre** 6 mit dem Islamic Ceramics Museum an der Sharia Gezira/Sharia Sheikh al Marsafy nördlich vom Gezira Tower (in der kurzen Straße hat die Deutsche Lufthansa ihr Stadtbüro). Hier wird man mit zeitgenössischer ägyptischer Kunst und orientalischer Keramik vertraut gemacht (Sa–Do 9–14 Uhr). Der reiche Baumwollhändler und Kunstmäzen Mahmud Khalil ließ das kuppelgekrönte, im orientalischen Stil gehaltene Gebäude – ein gutes Beispiel für ein klassisch ägyptisches Haus des 20. Jh. – um 1900 als Altersruhesitz *(istirakha)* errichten.

Felukenfahrt

Nostalgiker finden an der Corniche unterhalb des Nile Hilton sowie zwischen dem Fernsehgebäude und dem Shepherd's Hotel am Nil-Ufer Feluken, auf denen man den Nil auf- oder abwärts segeln kann. Der vergleichsweise hohe Preis ist Verhandlungssache.

Mahmud Khalil Museum

In der **ehemaligen Villa von Mahmud Khalil** 7 wird die Sammlung des Förderers der Künste ausgestellt: Bilder von Degas, Gauguin, van Gogh, Renoir, Monet, Manet, Toulouse-Lautrec sowie Skulpturen von Rodin (tägl. außer Mo 9.30–18 Uhr).

Das koptische Kairo

Das koptische Kairo

Schnell und bequem ist das auch Masr al Qadima (Alt-Kairo) genannte Viertel – ausnahmslos von christlichen Kopten besiedelt – mit der Metro zu erreichen (Helwan-Linie). Der Zielbahnhof Mari Girgis liegt vor den Türmen der Festung Babylon (vgl. S. 107).

Zur Besichtigung des Stadtteils wendet man sich am Bahnhof nach links und erreicht nach etwa 100 m eine abwärts führende Treppe, die in einer Gasse endet. Schon nach wenigen Schritten liegt linker Hand der Konvent des hl. Georg, bewohnt von etwa 30 Nonnen. Der älteste Teil des Gebäudes, eine schmale, hohe Halle, datiert aus dem 10. Jh.

St.-Barbara-Kirche

Die Kirche der hl. Barbara (Sitt Barbara) war einmal eine der größten und schönsten in Ägypten. Das ursprünglich im 4. Jh. errichtete koptische Gotteshaus wurde den Märtyrern Cyrus und Johannes geweiht. Die beiden Kämpfer für den christlichen Glauben hatten versucht, den Provinzgouverneur zum Christentum zu bekehren. Das Unterfangen scheiterte jedoch und der Statthalter verurteilte beide zum Tode durch das Schwert. Bei drei Hinrichtungsversuchen hielt Gott – so will es die Legende – seine schützende Hand über die Standhaften, ehe das Urteil vollstreckt werden konnte. Einige Gläubige erbauten über dem

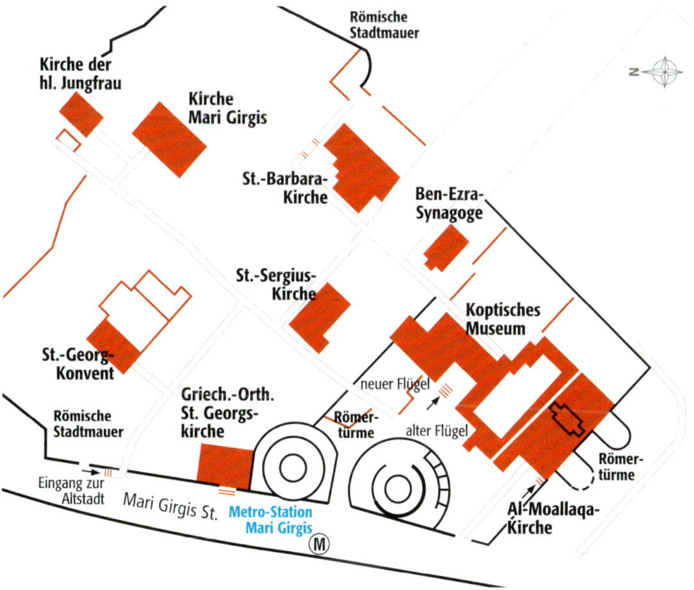

DIE KOPTEN - DIE CHRISTLICHE MINDERHEIT ÄGYPTENS

Gins farauni, von den Pharaonen abstammend, so nennen die Muslime die ägyptischen Christen, die sich selbst als *gyptios* bezeichnen – was auf die griechische Namensgebung *aigyptioi* zurückgeht und einst die Bezeichnung für alle Ägypter war. Die Kopten sind stolz darauf, direkte Nachfahren der Alten Ägypter zu sein; darüber hinaus fühlen sie sich als die kulturellen Erben der ältesten christlichen Gemeinde außerhalb von Palästina.

Der Überlieferung nach soll der Evangelist Markus das Christentum in das Land am Nil gebracht haben. Zusammen mit Paulus missionierte Markus auf Zypern, überwarf sich aber dort mit seinem Glaubensbruder und erreichte 42 n. Chr. Alexandria. Seine Predigten vor der großen jüdischen Gemeinde fanden Anklang und viele Alexandriner traten in den folgenden Jahren zum Christentum über. Der Legende zufolge wurde Markus erster Bischof der Hafenstadt und fand hier den Märtyrertod.

Die christliche Gemeinde erstarkte in den folgenden Jahrhunderten deutlich. Neben Rom, Byzanz und Antiochia entwickelte sich Alexandria zu einem Zentrum des neuen Glaubens. Im 5. Jh. erschütterten dann heftige theologische Dispute die Einheit der Kirche. Der Streit entzündete sich an der Person Jesu: Die ägyptischen Monophysiten lehrten, dass in Christus eine göttliche und eine menschliche Natur zusammenkommen, die menschliche Natur allerdings der göttlichen untergeordnet sei. Die byzantinischen Dyophysiten dagegen propagierten die Einheit der göttlichen und menschlichen Natur; unteilbar sei sie im Sohn Gottes vorhanden.

Was vordergründig wie ein bloßer Glaubensdisput aussah, hatte auch politische Motive. Die koptischen Christen lehnten sich gegen die Vorherrschaft von Byzanz auf. Ägypten war die Kornkammer des Oströmischen Reiches und ernährte die Menschen in den europäischen Mittelmeerländern. Byzanz brauchte das Nil-Land, betrachtete und behandelte seine Bewohner jedoch als ›Bürger zweiter Klasse‹.

Um die Streitigkeiten beizulegen, rief Kaiser Markianos 451 das Vierte Ökumenische Konzil von Chalkedon am Bosporus zusammen. Hier beschlossen die Kirchenväter, dass die beiden Naturen Christi als unvermischt und ungetrennt in einer Person und Substanz (Hypostase) zu betrachten seien. Die unterlegenen ägyptischen Monophysiten verließen daraufhin die Reichskirche; etwa 200 Jahre später begrüßten sie die islamischen Eroberer als Befreier vom byzantinischen Joch. Doch auch die neuen Herren beuteten das Land aus. Wer nicht zum Islam konvertierte, hatte eine Sondersteuer zu zahlen, die so genannte *djiza*, wurde durch Kleidervorschriften diffamiert und war in Erb- und Rechtsangelegenheiten benachteiligt. Klöster wurden geschlossen, neue Kirchen durften nicht mehr errichtet werden, die koptische Sprache war nur noch während der Liturgie erlaubt.

Einen weiteren Schlag gegen das Selbstbewusstsein der religiösen Minderheit führten im 9. Jh. die Venezianer, als sie die Gebeine des hl. Markus, des Schutzpatrons der Lagunenstadt, nach Venedig entführten. Wie die Überlieferung berichtet, versteckten sie die Reliquien in einem Trog mit Schweinefleisch – und hielten die muslimischen Zöllner dadurch von einer genaueren Kontrolle der Fracht ab.

Erst unter den Osmanen (1517–1798) wurden die Kopten als Glaubensgemeinschaft wieder zugelassen und durften neue religiöse wie auch soziale Einrichtungen gründen. Muhammad Ali, der Pionier des modernen Ägypten (1806–48), baute mit Hilfe der Kopten eine funktionstüchtige Administration auf. Die ägyptischen Christen gelangten somit zu Einfluss und Wohlstand. Ihr hohes Bildungsniveau sicherte ihnen bis in die erste Hälfte des 20. Jh. weitere Aufstiegsmöglichkeiten in der Verwaltung. Nach der Revolution von 1952 sah man in den Kopten deswegen die Repräsentanten des alten Regimes.

Das heutige Leben der rund 5 Mio. ägyptischen Christen (kirchlichen Angaben zufolge sollen es über 12 Mio. sein) ist wieder von Unterdrückung geprägt. Artikel 1 der ägyptischen Verfassung bestimmt, dass »der Islam die Religion des Staates ist«, und im Artikel 2 heißt es, dass die Gleichheit aller Bürger garantiert werden müsse, allerdings in »Übereinstimmung mit den Vorschriften der islamischen Gesetzgebung«.

Verständlich, dass sich die Kopten durch diese Bestimmungen herabgesetzt und in ihrer persönlichen Freiheit beeinträchtigt fühlen. Kopten haben keinen Zugang mehr zu öffentlichen Ämtern, dürfen nicht missionieren, keine Mischehen eingehen und neue Kirchen nur mit staatlicher Erlaubnis errichten. Unter derlei Bedingungen resignieren viele ägyptische Christen und emigrieren nach Europa oder in die USA. Andererseits stärkt der äußere Druck den inneren Zusammenhalt der Gemeinde: Die koptische Sprache wird intensiver als früher gepflegt, und noch nie gab es so viele Bewerber für ein theologisches Studium an der Kairoer Akademie.

In dem Maße, wie in Ägypten die islamischen Fundamentalisten erstarken, gewinnen auch die Christen des Landes an Einheit und kultureller Identität. Dies haben die Kopten vor allem in den letzten Jahren bitter nötig gehabt, denn die Übergriffe der militanten Religionseiferer nahmen immer mehr zu. Mit Beginn der 90er Jahre des 20. Jh. wurden die ägyptischen Christen zunehmend von Muslim-Brüdern *(ichwan al muslimin),* vor allem aber von den Terroristen der *gama'a islamiyya*, der islamischen Vereinigung, schikaniert und bedroht. Seitdem wurden weit über 100 Kopten vor allem in kleinen Dörfern in Mittel- und Oberägypten ermordet. Zwar geht der Staat mit aller Härte gegen die fanatischen Terroristen vor, doch können sich die Kopten noch immer nicht sicher fühlen. Die Gemeinden schließen sich eng zusammen und versuchen, so wenig wie möglich im öffentlichen Leben aufzufallen.

Grab des hl. Cyrus eine Kirche, die ein reicher Schreiber 684 neu errichten ließ; aber schon 66 Jahre später fiel die Gedenkstätte beim großen Brand von Fustat in Schutt und Asche.

Im 11. Jh. wurde die Kirche wieder aufgebaut, wenig später überführte man die sterblichen Überreste der hl. Barbara – die von ihrem Vater getötet wurde, als sie ihn zum christlichen Glauben bekehren wollte – an diesen Ort. Das Gotteshaus hat einen basilikalen Grundriss, die drei östlichen Kapellen werden von einer Ikonostasis aus dem 13. Jh. mit Elfenbeinintarsien abgeschlossen. Links vom Chor befinden sich zwei weitere Kapellen, die den Märtyrern geweiht sind, sowie das Baptisterium.

Ben-Ezra-Synagoge

In der von außen unscheinbar wirkenden **Ben-Ezra-Synagoge** wurde um 1900 eine bedeutende archäologische Entdeckung gemacht. Bei Restaurierungsarbeiten fand man die sog. Geniza-Dokumente, zahlreiche mittelalterliche Schriftstücke (Geburts-, Heirats- und Todesanzeigen, Geschäftsbriefe, Geldforderungen und Rechnungen), die den Alltag der jüdischen Gemeinde in Kairo und ihre auswärtigen Beziehungen dokumentierten. In seinem Roman »In einem alten Land« weiß Amitav Gosh viel über die Handelsbeziehungen der jüdischen Kaufleute Kairos zu berichten.

Die Synagoge ist die älteste jüdische Gebetsstätte Ägyptens und soll – der Überlieferung nach – seit den Zeiten Mosis bestehen. Die ältesten Gebäudeteile aus dem 8. Jh. gehörten einst zur Kirche des hl. Michael. Im Chor befinden sich, durch Glas geschützt, alte Schriftrollen in verzierten silbernen Dosen. Nachdem die Synagoge im 12. Jh. zerstört wurde, ordnete der damalige Rabbi von Jerusalem, Ben Ezra, ihren Wiederaufbau an.

St.-Sergius-Kirche

Die Kirche des hl. Sergius (Abu Serga) ist den beiden römischen Märtyrern Sergius und Bacchus geweiht, die in Syrien für den christlichen Glauben in den Tod gingen. Der älteste Teil des Gebäudes aus dem 5. Jh. wurde über der Höhle errichtet, in der sich angeblich die hl. Familie nach ihrer Flucht gen Ägypten versteckt hielt. Im 8. Jh. brannte das Gotteshaus nieder, wurde sogleich restauriert und etwa 200 Jahre später teilweise umgebaut. Da sich in dem vergangenen Jahrtausend das Bodenniveau erhöht hat, sieht es so aus, als sei das Gotteshaus in die Erde eingesunken.

Alljährlich am 1.6. hält die koptische Gemeinde in der Sergius-Kirche einen Gottesdienst zum Gedenken an die biblische Flucht nach Ägypten ab. Vor dem Mittelschiff befindet sich ein Bassin, das einst am Epiphanias-Tag für die Fußwaschungen diente. Das Hauptschiff ist durch fünf antike Säulen auf jeder Seite von den Seitenschiffen abgetrennt, dort sowie auf der Empore nahmen früher die Frauen am Gottesdienst teil; in der Apsis befindet sich ein Baptisterium. Eine Treppe führt in eine Krypta hinunter, dem mutmaßlichen Zufluchtsort der hl. Familie.

Koptisches Museum

Marcos Smaika, ein reicher Kopte, gründete 1910 das **Koptische Museum** und trug eine Vielzahl von Exponaten zusammen. Das Museum zeigt koptische Stein- und Metallarbeiten, alte Manuskripte, Holz-, Ton- und Glasexponate (tägl. 9–17 Uhr).

Die Festung Babylon

Ein schattiger Park vor dem Haupteingang lädt zum Verweilen ein (hier auch ein Café) und gibt den Blick frei auf die beiden römischen Türme der **Festung Babylon,** die unter den Kaisern Trajan (98–117 n. Chr.) und Hadrian (117–138 n. Chr.) erbaut wurden. Auf dem rechten römischen Turm wurde die St. Georgs-Kirche errichtet (s. u.). Ausgrabungen bei den beiden Festungstürmen ergaben, dass sich etwa 6 m unter dem derzeitigen Niveau einst ein Nil-Hafen befand, heute fließt der Strom rund 400 m weiter westlich.

Die Kirchen al Moallaqa und St. Georg

Die **Kirche al Moallaqa,** die auch als ›die Hängende‹ bezeichnet wird, da sie auf den Resten der südwestlichen römischen Bastionen errichtet wurde, war bereits im 7. Jh. Bischofskirche der Kopten. 200 Jahre später zerstört und im 11. Jh. wieder aufgebaut, galt sie seit jener Zeit als Gotteshaus des koptischen Patriarchats. Eine breite hohe Treppe führt auf die barock gestaltete Eingangsfassade zu. Antike Säulen mit spitzbogigen Arkaden glie-

Vor der koptischen al Moallaqa-Kirche

dern die Schiffe. Die drei östlichen Kapellen – dem hl. Georg, Christus und Johannes dem Täufer geweiht – sind durch eine Ikonostasis mit Elfenbeinintarsien in Ebenholz unten und Heiligenbildern auf Goldgrund oben abgetrennt.

Von der Mari Girgis-Street führt eine breite Treppe zur **Kirche Mari Girgis St. Georg** hoch, einem an sich wenig sehenswerten Gotteshaus, dessen Außenmauer jedoch mit einem markanten Relief des Drachentöters geschmückt ist. Im Innern links hinter dem Eingang befindet sich unter einem Baldachin ein großes silbernes Relief des hl. Georg umgeben von weiteren christlichen Motiven.

Fustat und die Amr Ibn al As-Moschee

Etwa 1,5 km nördlich des koptischen Kairo liegen die Ruinen von **Fustat**. Hier befand sich im 8. Jh. das Heerlager des muslimischen Eroberers Amr Ibn al As, der auch die nach ihm benannte **Moschee** errichten ließ. Die islamische Gebetsstätte – die älteste von ganz Afrika – ist nicht mehr im Originalzustand erhalten, sie wurde über die Jahrhunderte immer wieder zerstört, neu aufgebaut und restauriert.

Ein Großteil der heutigen Bausubstanz datiert aus dem 15. Jh. Die Moschee hat einen Grundriss von 110 x 120 m, mehrschiffige Arkadenhallen begrenzen auf allen vier Seiten den zentralen Innenhof, in dessen Mitte das Brunnenhaus steht. Rund 150 Säulen aus antiken römischen und koptischen Spolien tragen das Dach, die Architrave sind mit reichen Schnitzereien verziert.

Südlich der Amr-Moschee erstreckt sich ein Töpferviertel, in dessen etwa 60 Brennöfen *qulla* genannte Wassergefäße hergestellt werden, die in den alten Stadtvierteln Kairos noch immer Verwendung finden. Durch die porösen Außenwände der unglasierten Tonkrüge verdunstet nach und nach ein (kleiner) Teil der Flüssigkeit – ein physikalischer Vorgang, der das Wasser angenehm kühl hält.

Das islamische Kairo

Für den folgenden Rundgang sollte man sich mindestens einen Tag Zeit nehmen, denn er führt zu einigen herausragenden islamischen Monumenten und ermöglicht Einblicke in das Alltagsleben in den ältesten Vierteln der Stadt zu.

Achtung: Jedes alte Viertel Kairos (vgl. S. 37) gliedert sich in eine Straße *(shari'a)* und in viele Gassen *(hara)*. Besucher sollten es vermeiden, in die häusliche Atmosphäre der Gassen einzudringen, die eine Domäne der ägyptischen Frauen sind. Die Einladung eines Ägypters, mit ihm zusammen durch die Gassen zu streifen oder sogar sein Haus zu besuchen, kann man selbstverständlich annehmen.

Ibn Tulun-Moschee

Mit einem Taxi erreicht man vom Midan at Tahrir die **Ibn Tulun-Moschee** [1], gut erkennbar an ihrem schne-

Die Ibn Tulun-Moschee aus dem 9. Jh.

ckenförmigen Minarett. Ahmad Ibn Tulun, der von der Zentralregierung in Bagdad 868 als Gouverneur von Fustat eingesetzt wurde, erklärte sich zwei Jahre später für unabhängig und rief die Dynastie der Tuluniden aus, die bis 905 an der Macht blieb. Der Statthalter gründete rund um die neue Moschee die Stadt Al Qata'i an einem damals sagenumwobenen Ort: Überlieferungen zufolge strandete hier Noahs Arche, sollte Abraham hier seinen Sohn opfern, demütigte Moses hier mit Gottes Hilfe die Magier des Pharao.

Die zwischen 876 und 879 unter Leitung eines christlichen Architekten erbaute Ibn Tulun-Moschee ist nach der Amr-Moschee (vgl. S. 108) die älteste islamische Gebetsstätte Kairos. Einer Legende zufolge soll Ibn Tulun die ungewöhnliche Minarettform selbst entwickelt haben: Der Herrscher sei eines Tages von einem seiner Höflinge dabei überrascht worden, wie er gedankenverloren ein Blatt Papier um seine Finger wickelte. Auf dessen despektierliche Bemerkung über die Mußestunde des Regenten antwortete dieser, er habe soeben die Form des Minaretts entwickelt. In Wirklichkeit dürfte der eigenartige Minarettypus auf das Vorbild der abbassidischen Großen Moschee in Samarra (Mesopotamien, heute Irak) zurückgehen.

Das quadratische Areal ist von einer äußeren Mauer mit 162 m Seitenlänge und einer inneren mit 92 m Seitenlänge umgeben, der dazwischenliegende Umgang diente als eine Art ›Reinigungsschleuse‹, in der die Gläubigen die ›profane Aura‹ der Außenwelt sym-

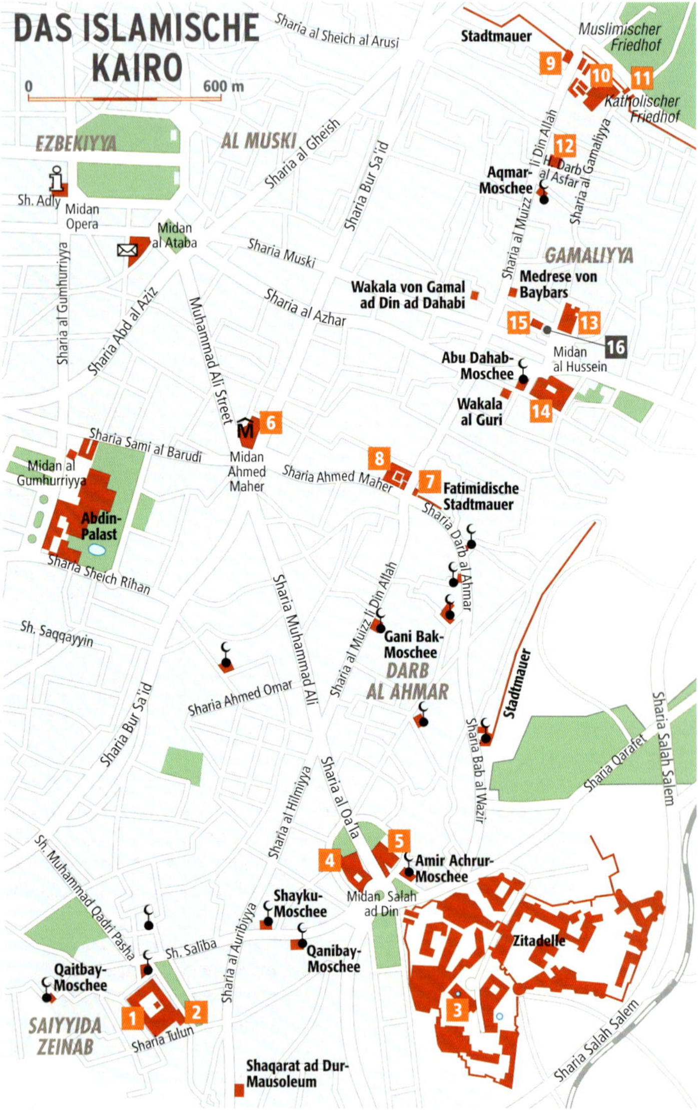
DAS ISLAMISCHE KAIRO
0
600 m
EZBEKIYYA
AL MUSKI
GAMALIYYA
DARB AL AHMAR
SAIYYIDA ZEINAB
Sharia al Sheich al Arusi
Stadtmauer
Muslimischer Friedhof
Katholischer Friedhof
9
10
11
12
H. Darb al Asfar
Sharia al Gamaliyya
Sharia al Muizz li Din Allah
Aqmar-Moschee
Sharia al Gheish
Sharia Bur Sa'id
Sh. Adly
Midan Opera
Midan al Ataba
Sharia Muski
Sharia al Gumhurriyya
Sharia Abd al Aziz
Muhammad Ali Street
Sharia al Azhar
Wakala von Gamal ad Din ad Dahabi
Medrese von Baybars
15
13
16
Midan al Hussein
Abu Dahab-Moschee
Wakala al Guri
14
6
Sharia Sami al Barudi
Midan al Gumhurriyya
Midan Ahmed Maher
Sharia Ahmed Maher
8
7
Fatimidische Stadtmauer
Abdin-Palast
Sharia Sheich Rihan
Sharia Darb al Ahmar
Sh. Saqqayyin
Sharia Muhammad Ali
Sharia al Muizz li Din Allah
Gani Bak-Moschee
Stadtmauer
Sharia Ahmed Omar
Sharia Bur Sa'id
Sharia Bab al Wazir
Sharia Salah Salem
Sharia Qarafet
Sharia al Hilmiyya
Sharia al Qal'a
5
4
Amir Achrur-Moschee
Midan Salah ad Din
Sh. Muhammad Qadri Pasha
Shayku-Moschee
Qanibay-Moschee
Zitadelle
Sh. Saliba
Sharia al Auribiyya
Qaitbay-Moschee
1
2
3
Sharia Tulun
Sharia Salah Salem
Shaqarat ad Dur-Mausoleum

bolisch abstreifen konnten. Von hier ist auch das **Minarett** erreichbar, 170 Stufen führen auf die Plattform, von der man einen guten Blick auf das Treiben in den umliegenden Gassen und auf die Zitadelle mit der Muhammad Ali-Moschee hat.

Beim Abstieg gelangt man auf das Flachdach der Säulenhallen, kann darauf entlangspazieren und in den großen Innenhof mit dem zentralen Brunnenhaus blicken. Die Ostseite des großen Hofes begrenzt das von Säulen gegliederte fünfschiffige Heiligtum mit der Gebetsnische, der Freitagskanzel und dem Podest für den Vorbeter. Die drei weiteren Seiten des Hofes sind von zweischiffigen Seitenflügeln umgeben. In der Mitte des großen Hofareals steht das *hanafiyya,* das Brunnenhaus.

Sehenswürdigkeiten

1 Ibn Tulun-Moschee
2 Gayer Anderson-Museum
3 Muhammad Ali-Moschee
4 Sultan Hassan-Moschee
5 Rifa'i-Moschee
6 Islamisches Museum
7 Bab az Zuweila
8 Muayyad-Moschee
9 Bab al Futuh
10 Hakim-Moschee
11 Bab an Nasr
12 Beit as Suheimi
13 Hussein-Moschee
14 Al-Azhar-Moschee und Al-Azhar-Universität
15 Khan al Khalili

Essen & Trinken

16 Café Fishawi

Gayer Anderson-Museum

Auf keinen Fall sollte man einen Besuch des **Gayer Anderson-Museums** 2 versäumen (vom inneren Umgang der Ibn Tulun-Moschee zu erreichen, tgl. Sa–Do 9–16, Fr 9–11, 13.30 bis 15.30 Uhr). Hier bietet sich die Möglichkeit, zwei miteinander verbundene, vollständig möblierte Patrizierhäuser des 16. und 17. Jh. mit all ihren architektonischen Geheimnissen kennen zu lernen: verwinkelte Gänge und Treppenhäuser, mit Mashrabiyya-Gittern geschützten Terrassen, um den zentralen Saal herumlaufenden Galerien und mit Marmor verzierten Springbrunnen. Auch auf dem Innenhof, zu dem sich eine Loggia öffnet, steht zur Kühlung ein Brunnen, Holzgitter unterteilen einen Dachgarten.

Die Zitadelle

Von der Ibn Tulun-Moschee erreicht man nach etwa 15 Minuten Fußweg den Midan Salah ad Din, den Midan Saladin, an dem die mächtige Zitadelle aufragt (tgl. 9–17 Uhr). Am Fuße der Festung wendet man sich nach rechts und erreicht über den Besucherparkplatz den Eingang zu Burg.

Mit dem Bau der Zitadelle begann Saladin im Jahre 1176. Strategisch günstig zwischen Fustat und dem von den Fatimiden gegründeten Al Qahira gelegen, beherrschte die Festung bei-

DAS ORIENTALISCHE HAUS

Die Gesellschaftsordnung des Islam, die Besonderheiten der islamischen Stadt (s. S. 37f.) und das heiße Klima haben die Bauweise der mittelalterlichen orientalischen Häuser geprägt. Die Gebäude standen eng beieinander, um sich selbst und der Gasse Schatten zu spenden. Jedes Haus war als ›Wohnburg‹ konzipiert, um den privaten Lebensbereich von der Öffentlichkeit abzuschirmen. Die Außenfassaden zeigten keinerlei Schmuck, bis zur ersten Etage bestanden die Mauern aus großen Steinquadern, weiter oben waren sie aus Ziegeln errichtet. Ein schweres, eisenbeschlagenes Tor versperrte den Eingang, darüber lag ein Fenster, hoch genug platziert, damit es auch von einem Kamelreiter nicht eingesehen werden konnte.

Hinter dem wuchtigen Holztor öffnete sich ein zumeist zweimal im rechten Winkel geknickter und überdachter Eingangsbereich, der das Innere des Hauses vor Einblick schützte und zugleich als Kühlzone diente. Ihn durchschreitend, gelangte man in einen begrünten Hof, ringsum von prachtvollen Innenfassaden umgeben, in dessen Mitte ein Springbrunnen für zusätzliche Kühlung sorgte.

Von Bedeutung war die Einteilung der Wohnanlage in die Bereiche des *salamlik* und *haramlik*. Ausgehend von den religiösen Bestimmungen des Islam, wurden männliche Freunde und Besucher nur im *salamlik* empfangen. Der *haramlik* galt als das private ›Heiligtum‹ der Familie.

Die einzelnen Räume markierten immer wieder Grenzen, die ein Gast nur mit dem Hausherrn passieren durfte. Niemals gelangte ein Besucher bis in den Harem *(harim* – das Heilige, das Verbotene), weit entfernt vom Eingangsbereich und im oberen Stockwerk des Wohnkomplexes gelegen.

Der Eingangskorridor *(dirka'a)* war nicht nur rechtwinklig angelegt, sondern auch mit einer Steinbank für den Torwächter versehen. In der Mitte des Hofes *(hosh)*, der vom Eingangstor zugänglich war, befand sich ein Marmorbrunnen. Im Sommer wurde der Hof ständig mit Wasser besprengt, um die Luft möglichst kühl zu halten. Alle Haupträume orientierten sich zum Hof, von dem mehrere Eingänge ins Haus führten.

Im *taktabosh,* einem quadratischen, nur spärlich mit einigen Holzbänken möblierten Zimmer im Erdgeschoss, warteten fremde Besucher, bis sich der Hausherr ihrer Wünsche annahm. Eine zum Hof hin offene Loggia *(makad)* diente als Empfangsraum für die Freunde des Hausherrn.

Der Wohn- und Arbeitsbereich des Mannes *(mandara)* befand sich in der ersten Etage. Der lange Saal hatte eine beträchtliche Höhe; in der Mitte war in der Decke eine große Glaskuppel eingelassen, von der eine Laterne herabhing. Jeder *mandara* bestand aus drei Teilen: Der Boden des mittleren Abschnitts *(durka'a)* war mit einem Marmormosaik ausgelegt, unter Kuppel und Laterne sprudelte ein Springbrunnen. Auch die Wände der *durka'a* waren mit Marmormosaiken geschmückt.

An den beiden Stirnseiten des Mittelsaals schlossen sich, um eine Stufe erhöht, Liwane (Flügel) an; der breitere Liwan bezeichnete die Ehrenseite des Gebäudes. Die Wände der Liwane waren getäfelt, ab einer Höhe von 2 m dann verputzt. Vom Harem erlaubten unauffällige, mit Holzgittern *(mashrabiyya)* geschützte Fenster den Frauen, ohne dass sie selbst gesehen werden konnten, einen Blick in die *mandara* und auf die Freunde und Geschäftspartner, die den Herren des Hauses besuchten. Gelegentlich war in die östliche *Durka'a*-Wand eine Gebetsnische eingetieft, zumeist aber besaßen die Häuser einen eigenen kleinen Sakralbezirk.

Fasha war ein Raum, der keine einzige Außenwand hatte und von den Sonnenstrahlen nicht erreicht werden konnte. Frische Luft strömte durch den *malkaf* ein, einen turmartig aufragenden Windfang, an dessen Nordseite eine breite Öffnung den kühlen Luftzug aufnahm und in den *fasha* leitete. Während der Sommermonate wurde dieses Zimmer als Schlafraum genutzt.

Aber auch alle anderen Zimmer sollten trotz zwölfstündiger Sonneneinstrahlung möglichst kühl bleiben. Dafür sorgte der Innenhof. Nachts, wenn sich die Hofwände aufheizten, die Lufttemperatur aber auf ein Minimum abgesunken war, zog sogartig kühlere Luft in den Hof. Es dauerte lange, bis die Tagessonne diese Kaltluftzone wieder erwärmt hatte. Offene Gänge und Treppenhäuser, aber auch offene Fenster sorgten im gesamten Haus schon bei schwachem Wind für Durchzug und leiteten kühle Luft in die Zimmerfluchten.

Die Muhammad Ali-Moschee, die auch Alabaster-Moschee genannt wird

de Ansiedlungen. In den folgenden Jahrhunderten wurde die Anlage immer wieder erweitert und umgebaut. Erst 1984 räumte das Militär das Areal und die renovierten Gebäude wurden der Öffentlichkeit zugänglich gemacht.

Innerhalb der Festungsmauern befinden sich die **Muhammad Ali-,** die **Sultan an Nasir-** und die **Suleiman Pasha-Moschee,** der so genannte **Josefsbrunnen**, der **Harim- und Gawhary-Palast** sowie ein **Militär- und Polizeimuseum.** Von den Burgmauern hat man einen prächtigen Blick auf den Midan Saladin mit der Sultan Hassan-Moschee und der Rifa'i-Moschee.

Muhammad Ali-Moschee

Sieht man einmal von den eindrucksvollen Wallmauern und Bastionen ab, ist die **Muhammad Ali-Moschee** 3, wegen ihrer Wandverkleidung auch Alabastermoschee genannt, die herausragende Sehenswürdigkeit auf der Zitadelle. Muhammad Ali, ein Albaner im Dienst der Osmanen, übernahm 1805 die Macht im Nil-Land und wurde 1806 vom Sultan als Statthalter anerkannt. Fünf Jahre später ließ er in der Zitadelle 400 Mamluken-Führer liquidieren. Nachdem er auf diese Weise seine Oberhoheit gesichert hatte, leitete er die Modernisierung des Landes ein. 1824 begannen die 24 Jahre dauernden Arbeiten an der Moschee, für die dem griechischen Architekten Yussuf Bushnaq die Sultan Ahmed-Moschee in Istanbul – besser bekannt als Blaue Moschee – zum Vorbild diente.

Der von Arkadengängen gesäumte, 52 x 54 m messende **Innenhof** wird im Zentrum von einem Reinigungsbrunnen geschmückt. An der Westseite des Hofes erhebt sich ein **Uhrturm.** Der Chronometer war ein Geschenk des französischen Königs Louis Philippe an Muhammad Ali, nachdem dieser den Franzosen den Obelisken übereignet hatte, der sich noch heute auf der Place de la Concorde in Paris erhebt. Die beiden ›Bleistift-Minarette‹ der Moschee sind 82 m hoch.

Der Marmorsarg des Stifters steht rechts vom Eingang, ein vergoldetes Bronzegitter hält Besucher auf Abstand. Im Innern ist die Moschee mit Teppichen ausgelegt und lädt zu einer Rast ein, die Wände sind mit Alabaster verkleidet. Zahlreiche Leuchten und Ampeln hängen von der Decke und spenden gedämpftes Licht. Eine mächtige, 52 m hohe und 21 m im Durchmesser zählende, reich verzierte Zentralkuppel ist von vier Halbkuppeln und vier weiteren kleineren Kuppeln umgeben. Eine weitere kleine Kuppel krönt den Mihrab, der die Gebetsrichtung gen Mekka anzeigt, daneben steht der Minbar, die Freitagskanzel.

Sultan Hassan-Moschee

Die zwischen 1356 und 1363 errichtete **Sultan Hassan-Moschee** [4], eine der eindrucksvollsten Gebetsstätten Kairos, wurde aus den Hinterlassenschaften der Opfer der Pestepidemie von 1348 finanziert. Sultan Hassan erlebte die Fertigstellung nicht mehr, bereits 1361 fiel er einem Mordanschlag zum Opfer. So liegt er auch nicht in seiner Moschee begraben, vielmehr enthält der Sarkophag die sterblichen Überreste seiner beiden Söhne.

Nach Durchschreiten des Hauptportals, das mit einer Stalaktitenwölbung verziert ist, gelangt man durch eine Vorhalle, ein Vestibül und einen Korridor in den hellen, lichtdurchfluteten *sahn,* den 35 x 32 m großen Innenhof, in dessen Mitte der Reinigungsbrunnen steht. Vier Seitenflügel umgeben den Innenhof. Der südöstliche ist mit Marmor verkleidet, der weiße Gipsfries ist mit kalligraphischen Lettern in Kufi-Schrift verziert. Eine Gebetstribüne, der Minbar, die Freitagskanzel, und die Gebetsnische gen Osten, der Mihrab, vervollständigen die Einrichtung. Zwei Türen führen in das quadratische, 21 x 21 breite und 28 m hohe Mausoleum des Stifters mit dem Sarkophag. Durch in großes vergittertes Fenster hat man einen schönen Blick auf die Zitadelle.

Rifa'i-Moschee

Die **Rifa'i-Moschee** [5] wurde um 1912 von dem Khedive Ismail als Grablege für die ägyptischen Könige über der letzten Ruhestätte des Scheichs Ali ar Rifa'i errichtet. Hier ruhen in prachtvoll verzierten Sarkophagen neben den Familienmitgliedern Ismails der 1936 verstorbene Herrscher Fuad und der 1965 verstorbene König

Faruk. Die Moschee beherbergt auch das **Grab von Reza Pahlavi,** des letzten iranischen Schah, der nach seinem Sturz durch Ayatollah Khomeini 1979 ins ägyptische Exil ging und am 27. Juli 1980 in Kairo starb.

Islamisches Museum

Der Rundgang führt weiter Richtung Norden, die Sharia Al Qala'a entlang. Nach etwa 300 m geht es rechts in die erste größere Gasse. Wer der Straße weiter geradeaus folgt, erreicht nach wenigen Minuten das **Islamische Museum** 6, Sharia Port Said/Bab al Khalk (Sa–Do 9–16, Fr 9–11 Uhr). Zu den rund 80 000 Exponaten zählen archäologische Fundstücke vor allem aus Fustat, alte Koranhandschriften, Keramik, Wappen, Wandteppiche, Schwerter einstiger Sultane, Steinmetz- und Holzarbeiten, Bücher und Folianten.

Bab az Zuweila

Wer sich in der Basar-Gasse, die rechts und links mit Lebensmittelständen aller Art gesäumt ist, seinen Weg durch das Gewühl der zumeist weiblichen Käufer bahnt, erreicht nach zehn Minuten das **Bab az Zuweila** 7, das südliche Stadttor des einstigen Al Qahira. 1092 errichteten die Fatimiden den Durchgang mit den beiden weithin sichtbaren Minaretten. 1517 erhängten die osmanische Eroberer den letzten Mamluken-Sultan im Torbogen – offenbar eine qualvolle Prozedur, denn die Überlieferung berichtet, dass das Seil zweimal riss, bevor der Mamluke starb.

Die Sultan Hassan-Moschee und die Rifa'i-Moschee

Muayyad-Moschee

Die beiden Minarette sind nicht Teil der Torarchitektur, sondern gehören zur **Muayyad-Moschee** 8 (Eingang links hinter dem Tor), die der gleichnamige Sultan 1415 erbauen ließ. Vor seiner Regierungszeit (1412–21) war Muayyad dort inhaftiert gewesen. Sollte er je zu Macht und Ansehen gelangen, so hatte er geschworen, werde er an gleicher Stelle eine Gebetsstätte stiften.

Der Moschee wurde eine Koranschule *(madressa)* angegliedert, beide Stätten entwickelten sich zu Zentren des religiösen Lebens. Unmittelbar hinter dem Eingang (wer die Minarette nicht auf Socken besteigen will, sollte seine Schuhe mitnehmen), liegt das Mausoleum des Herrschers. Es schließen sich die überdachte, mit Teppichen ausgelegte Moscheehalle und ein großer Innenhof an. Am Ende des überdachten Bezirks führt eine Tür aus dem Sakralbereich hinaus (hier kann man die Schuhe wieder anziehen). Über eine Treppe erreicht man die Torplattform, von wo die Minarette bestiegen werden können. Von oben hat man einen weiten Blick über das Marktviertel.

Achtung: Der Aufgang liegt stellenweise im tiefen Dunkel, feiner Sand bedeckt die ausgeschlagenen Stufen der engen Wendeltreppe; besonders der Abstieg erfordert hohe Aufmerksamkeit.

LEBEN UND ARBEITEN IN EINEM KAIROER ALTSTADTVIERTEL

Seit etwa 25 Jahren werden im Viertel Al Gamaliyya (s. S. 120) Haushaltsgegenstände aus Aluminium hergestellt. Kleine, manchmal nur 6 m^2 große Werkstätten *(warsha)* versorgen in arbeitsteiliger Produktion und durch ein ›Fließbandsystem‹ von Esels- und Pferdekarren – seit einigen Jahren auch zunehmend durch Kleintransporter – Ägypten mit billigen Töpfen, Tellern und Pfannen. Die kleinen Handwerksbetriebe liegen rechts und links der Hauptstraße des Viertels, der Shari'a al Gamaliyya.

Soweit die Kleinbetriebe über eine Lizenz verfügen, haben sie ein Anrecht auf eine bestimmte Menge an hochwertigem Aluminium, das bei einer staatlichen Verteilungsagentur erstanden werden kann. Eine solche Lizenz zu erlangen, ist allerdings so einfach nicht. Der Bewerber muss den ›langen Marsch‹ durch eine korrupte Bürokratie antreten: Anträge sind an das Industrieministerium zu richten, das pro Jahr nur eine beschränkte Anzahl an Lizenzen ausstellt. Hat ein Kleinbetrieb sich an die Spitze einer Liste ›hochgewartet‹, so überprüft eine Kommission, ob überhaupt die Voraussetzungen für eine Lizenz gegeben sind. Anhand der Anzahl der Maschinen und der eingestellten Arbeiter, für die eine Sozialversicherung *(diman igtima'i)* vom Besitzer zu entrichten ist, werden die monatlichen Aluminiumkontingente von der Kommission geschätzt; gleichzeitig wird die jährliche Steuer festgelegt.

Ein *warsha* ist jedoch nicht nur eine Produktionsstätte, sondern auch ein sozialer Treffpunkt. Eine solche Werkstatt dient als öffentliche Wasserstelle, ist ein Rastplatz für erschöpfte Passanten oder müde Kinder, fungiert als Werkzeugverleih und Reparaturunternehmen bei kleinen Schäden. Ein *warsha* ist immer offen zur Straße und für jedermann frei zugänglich. Zwischen *warsha* und Straße gibt es einen Austausch von gegenseitiger Hilfeleistung: Kinder werden um Botengänge gebeten, Passanten von der Straße gerufen, um schwere Gegenstände zu bewegen, ebenso wie umgekehrt jedermann die technischen Möglichkeiten einer solchen Werkstatt nutzt. Jeder *Warsha*-Besitzer ist moralisch berechtigt, das Straßengeschehen vor seiner Werkstatt bei Konflikten zu regeln. Sei es ein Verkehrsstau oder der Streit zwischen zwei Passanten, der *Warsha*-Besitzer gilt als erster ordnender und schlichtender Ansprechpartner.

Die nebeneinander liegenden Werkstätten unterhalten enge Beziehungen. Beim Ausfall oder der Reparatur einer Maschine produziert man nach Feierabend an der Maschine des Nachbarn weiter. Die Arbeiter leihen sich untereinander Hämmer, Schraubenzieher und Zangen aus, so dass niemand einen kompletten Werkzeugsatz besitzen muss. Verkaufsverhandlungen werden für kurzfristig abwesende Nachbarn übernommen; keiner versucht, persönliche Vorteile aus solchen Situationen zu ziehen; es gilt als *aib* (Schande), derartige Gelegenheiten auszunutzen. Werkstattbesitzer trinken ihren Tee zusammen, hören gemeinsam Radio oder sehen fern und leihen sich ihre Motorroller aus. Gemeinsame Aktivitäten gehen bis in die Freizeit hinein, führen etwa zu einem Kinobesuch oder zu einer Haschisch-Sitzung *(a'ada)* in einer Wohnung. Vor allem die jüngeren Werkstattbesitzer bilden Freundschaftsgruppen *(shila, rifa'a, dufa)* und halten tägliche Treffen ab – sei es an einer Straßenecke, in einem Café oder in einem *warsha*.

Bei der Neueröffnung oder Vergrößerung eines *warsha* werden Freunde, Kunden und Nachbarn eingeladen. Eine bunte Lichterkette schmückt die Hausfront, große Plastikblumen umgeben die Werkstatt, die Gäste sitzen drinnen und draußen, bestaunen die neuen Maschinen und werden mit Tee, Kaffee und Wasserpfeifen bewirtet. Als Schutz vor bösen Geistern verbreiten duftende Kräuter auf glühenden Kohlen einen aromatischen Geruch.

Die Straße vor der Werkstatt ist zum Schutz vor Neid, Missgunst und dem ›bösen Blick‹ *(hassad)* mit farbigen Sägespänen bestreut. Gegen den ›bösen Blick‹ helfen auch Handabdrücke an den Wänden, kalligraphisch ausgeführte Koransprüche oder Bilder der heiligen Orte in Mekka an den Wänden einer Werkstatt.

Töpferei in einem Kairoer Altstadtviertel

Bab al Futuh und Hakim-Moschee

Nach etwa 20 Minuten Fußweg Richtung Norden, entlang vieler Marktstände und durch dichtes Fußgängergewühl, vorbei an kleineren Moscheen oder einstigen öffentlichen Brunnen *(sabil)* mit angeschlossener Koranschule – die viel befahrene Al-Azhar-Straße kreuzt man auf einer Fußgängerbrücke – erreicht man die mächtigen Wälle der alten Stadtmauer mit dem **Bab al Futuh** 10, dem Tor der Eroberungen. Rechts vom Tor erhebt sich die renovierte Hakim-Moschee.

Den für diesen Mauerabschnitt verantwortlichen Schlüsselwärter findet man entweder im Tor oder am Eingang der **Hakim-Moschee** 9. Unter seiner Führung kann man zur Plattform des Tores aufsteigen und auf der Krone der Ringmauer einen Spaziergang zum Bab an Nasr (Tor des Siegers) unternehmen. Der Rückweg führt durch die Kasematten der Stadtmauer und gewährt Einblicke in die militärischen Verteidigungsanlagen des 11. Jh.

Von der Höhe der **Stadtmauer** schaut man weit über die Dächer des **Gamaliyya-Viertels,** das zu den ältesten der Metropole zählt. Seinen Namen erhielt der Bezirk nach dem Wesir Badr al Gamali, der vor 900 Jahren den Bau der Mauer vorantrieb. Zu Gamalis Zeit war der Befestigungsgürtel noch etwa 4 m höher als heute.

Von der Mauerkrone ist auch das Areal der zwischen 990 und 1013 errichteten Hakim-Moschee gut einzusehen. Während der Kreuzfahrerzeit hielt Saladin hier Christen gefangen,

Auf Kairos berühmtem Basar Khan al Khalili

danach nutzte man das Gebäude als Stall, unter Napoleon fungierte es als Warenmagazin, Nasser ließ hier eine Knabenschule unterbringen. Wie Ibn Tulun auch ist diese Gebetsstätte eine Hof-Hallenmoschee, deren zentraler Hof an allen vier Seiten von Arkadengängen umgeben ist und der in der Mitte von einem Reinigungsbrunnen geschmückt wird.

Das Bab al Futuh durchschreitend, gelangt man, rechter Hand der Mauer folgend, durch das **Bab an Nasr** 11 wieder in das Gamaliyya-Viertel. Das Gelände jenseits des Nasr-Tores nimmt der gleichnamige Friedhof ein, auf dem einst Badr al Gamali bestattet wurde. In den alten Holzmausoleen dieses Friedhofs wohnen heute etwa 400 Familien.

Nach der Passage des Bab an Nasr führt die zweite, rechts abzweigende Gasse Haret Darb al Asfar (Straßenschild beachten) zum **Bet as Suheimi** 12 (Suheimi-Haus). Wie das Gayer Anderson-Museum (vgl. S. 111) bietet auch dieses alte orientalische Gebäude Gelegenheit, den Wohn- und Lebensstil der vermögenden Oberschicht zu studieren.

Hussein-Moschee, Al-Azhar-Moschee und Basar Khan al Khalili

Die Hauptstraße des Viertels mündet auf den Midan al Hussein, mit der 1154 errichteten **Hussein-Moschee** 13, deren Betreten Nicht-Muslimen untersagt ist. Unter der großen Kuppel befindet sich in einem heiligen Schrein eine Reliquie, angeblich der Schädel des dritten Imam Hussein Ibn Ali, der 680 in der Schlacht von Kerbela (Mesopotamien) den Tod fand.

Westlich der Moschee breitet sich das Labyrinth des berühmten Khan al Khalili-Basars aus, im Süden das Areal der **Al-Azhar-Moschee** 14 und der 970 gegründeten **Al-Azhar-Universität.** Studenten aus der gesamten islamischen Welt lassen sich hier theologisch ausbilden. Sie verdienen sich ein kleines Zubrot, in dem sie Besucher durch die Moschee und auf die Minarette führen.

Seinen Abschluss findet der Besichtigungsrundgang durch das islamische Kairo bei einem Einkaufsbum-

Café Fishawi

An der Südseite des Midan Hussein, nahe dem Haupteingang der Hussein-Moschee, findet man in den Arkadengängen kleine Cafés und einfache Restaurants. Von dort kann man das quirlige Leben auf dem Platz beobachten. Eine Passage führt von den Arkadengängen in das schmale und lange **Fishawi** 16, ein traditionsreiches Café im heiligen Bezirk, das 24 Stunden am Tag geöffnet ist.

Über der Durchgangspassage zum Fishawi erhebt sich das Hussein Hotel. Das Restaurant auf der verglasten Dachterrasse bietet ägyptische Speisen an; beim Essen hat man von hoch oben einen guten Ausblick auf den geschäftigen Midan al Hussein.

LEBEN AUF DEM FRIEDHOF

Auf dem Bab an Nasr-Friedhof lebt Leila mit ihren drei Kindern. Sie betreibt dort in einem hölzernen Mausoleum ein kleines Café. Auf einem alten, verrosteten Eisentisch hat sie Gläser, Kaffee-, Tee- und Zuckerbehältnisse, ein Kochgeschirr aus Aluminium, eine Wasserpfeife, Essbestecke und einen Petroleumkocher *(babur)* aufgestellt.

Vor dem Tisch, durch Steine erhöht, stehen zwei große Aluminiumtonnen mit Trinkwasser. Den gestampften Boden schmücken gefegte, aber schon arg zerfranste Bastmatten. Hölzerne Bänke und Schemel reihen sich an den Wänden. Zwei Hähne und mehrere Hühner laufen durch das Café.

Erkundet man von Leilas Café das Labyrinth des Friedhofs, so sieht man nur wenige Menschen. Fast alle Bewohner haben ihre Anwesen mit mannshohen Sichtwällen aus Holzbrettern oder lose aufgeschichteten Steinen gegen neugierige Blicke gesichert. Ab und an fällt der Blick im ›Wald‹ der Grabsteine auf einen beladenen Handkarren, ein altes Moped, einen dösenden Esel, man hört Stimmen. Misstrauische Blicke verfolgen die Besucher. Es dauert nicht lange, bis man auf einem solchen Rundgang unwirsch angehalten und ausgefragt wird.

Denn der Friedhof hat einen Aufseher. Nur dieser Mann kennt alle Grabsteine, nur er weiß, welche Familien seit Generationen an welchem Ort ihre Grabstätten haben, welche Gräber so alt sind, dass sie neu genutzt werden können, und wo es noch freie Plätze gibt. Die Bewohner nennen ihn respektvoll *mu'allim* – Wissender, Meister, Lehrer. Im alltäglichen Sprachgebrauch bezeichnet das Wort jedoch einen Experten besonderer Art: Ein *mu'allim* ist jemand, der aus seinem Wissen Macht und vor allem Geld zieht – dies ohne eigentliche Dienstleistung.

Auch der Friedhofsaufseher nutzt sein Wissen und seine Vormachtstellung aus. Er vermietet die Grabgebäude und kassiert monatlich eine nach der Größe der einzelnen Gebäude bemessene Miete. Er ist der Herrscher der Grabsiedlung. In Leilas Café trinkt er seinen Tee umsonst. Auch er wohnt zwischen den Gräbern; seine Gegenwart ist notwendig, um die Stellung als ›Vermieter‹ zu wahren. Nur seine Anwesenheit sichert ihm Respekt und Herrschaft; würde er, seinem Reichtum entsprechend, in einem der angrenzenden Viertel wohnen, verlöre er bald Respekt und Einnahmen.

Auch Yussuf wohnt mit seiner Frau und vier Kindern zwischen den alten Gräbern, in zwei winzigen Steinhütten, die eine Bretterüberdachung und eine rückwärtige Steinmauer miteinander verbinden. In dem einen Häuschen schlafen die Eltern, im anderen die Kinder, tagsüber halten sich alle unter dem Zwischendach auf. Bastmatten bedecken dort den Boden, in einer Ecke steht ein Tisch mit dem Petroleumkocher und den Küchenutensilien. Eine aus losen Steinen aufgeschichtete Mauer, in die eine Tür eingelassen ist, umschließt einen Vorhof, auf einem Grabstein steht ein großer Wasserbehälter *(bistilla)*.

mel im über 1000 Jahre alten **Basar Khan al Khalili** 15. Der Suq ist heute ganz auf Touristen eingerichtet. Die vielen kleinen Läden sind nicht nur Verkaufsräume, sondern auch Werkstätten, in denen die Kunsthandwerker arbeiten. Holzschnitzer arbeiten Intarsien aus Elfenbein und Perlmutt ein, Gold- und Silberschmiede fertigen Schmuck, Metallhandwerker bearbeiten Kupfertabletts, Schneider nähen festlich verzierte *gallabiyyas* und Parfümeure mischen Essenzen zu wohlriechenden Düften.

Touristeninformation: 5 Sharia Adly, Tel. 02-391 3454. Hier auch das Stadtbüro der Touristenpolizei.

Nile Hilton ***** 8: Midan at Tahrir, Tel. 02-578 0444, Fax 02-578 0475, www.hilton.com. Keine Reisegruppen, 24-Stunden geöffnete Bank, Reinigung, American Express-Büro und Reiseagentur, Avis-Autovermietung, Internet-Café, Fotogeschäft, Bars und Restaurants, Shopping Mall, Tennisplätze, Swimmingpool, Spielkasino, 100–120 US-$.
Ramses Hilton ***** 9: 1115 Corniche al Nil, Tel. 02-577 7444, Fax 02-575 2942, www.hilton.com. Großer Wolkenkratzer mit Blick über den Nil und die Metropole, 100–120 US-$.
Marriott ***** 10: Sharia al Gezira, auf der Nil-Insel Zamalek, Tel. 02-735 8888, Fax 02-735 6667, www.marriott.com. Sehr großes Haus mit allen Annehmlichkeiten in einem schattigen Park, etwa 20 Min. Fußweg zum zentralen Midan at Tahrir, 100–120 US-$.
Mena House Oberoi ***** 11: Sharia Pyramid, Tel. 02-383 3444, Fax 02-383 7777, www.oberoihotels.com. Prachtvolles Hotel in einem ehemaligen Sultanspalast in Sichtweite der Pyramiden, seit über 100 Jahren die Unterkunft der Reichen und Großen dieser Welt, 12 km vom Zentrum, sehr lange Anfahrtszeit über die immer verstopfte Sharia Pyramid in die Innenstadt, 120–140 US-$.
Cosmopolitan *** 12: 1 Sharia Ibn Taalab, Seitenstraße der Sharia Qasr al Nil, Tel. 02-392 3845, Fax 02-393 3531. Ruhiges, empfehlenswertes Haus in einem Art-déco-Gebäude nahe dem Midan at Tahrir, 75 US-$.
Hotel Cleopatra *** 13: Midan at Tahrir, gegenüber vom Nile Hilton, Tel. 02-575 9900, Fax 02-575 9807. Großes Hotel im Zentrum der Metropole mit gutem Preis-Leistungsverhältnis, 55 US-$.
Hotel Longchamps *** 14: 21 Sharia Ismail Muhammad, Tel. 02-735 2311, Fax 02-735 9644, www.hotellongchamps.com. Auf der Nilinsel Gezira, ruhige Lage, ansprechende Zimmer, sehr gutes Preis-Leistungs-Verhältnis, unter deutscher Leitung, 50 US-$.

Einkaufstipp

In einem der vielen Goldschmiedegeschäfte im Basar Khan al Khalili kann man so genannte **Kartuschen** in Gold mit dem Namen seiner Wahl in Hieroglyphen gießen lassen und dann als Anhänger an einer Kette tragen. Beim Kauf von Kartuschen muss ausnahmsweise einmal nicht gehandelt werden, denn der Goldpreis ist vom Staat festgelegt. In eine Kartusche, ein länglich ovales Schnursiegel, schrieben die Alten Ägypter einst den Namen ihrer Pharaonen (vgl. S. 149)

Victoria Hotel *** 15: 66 Sharia Gumhurriya, nahe dem Ramses-Hauptbahnhof (U-Bahn: Mubarak), Tel. 02-589 2290, Fax 02-591 3008. Ordentliches Haus in einem alten Stadtpalast mit der Patina vergangener Tage, hier wohnte in den 30er Jahren des 20. Jh. schon George Bernard Shaw, 50 US-$.
Odeon Palace *** 16: 6 Sharia Dr. Abd El Hamid Said, Seitenstraße der Sharia Tala'at Harb neben dem Odeon-Kino, nahe dem Midan at Tahrir, Tel. 02-576 7971, Fax 02-576 7971. Schon etwas verwohnte, aber saubere Zimmer, relativ ruhig, Dachterrasse mit Bar, hier treffen sich gern unverheiratete ägyptische Liebespaare zum Tee, 42 US-$.
New Hotel 17: 21 Sharia Adly, Tel. 02-392 7065, Fax 392 9555. Offiziell kategorisiert als Zwei-Sterne-Hotel, saubere aber schon verwohnte Zimmer, 140 L. E.
Hussein Hotel 18: Midan Hussein, Tel. 02-591 8089. Im heiligen Bezirk der Stadt neben der Hussein-Moschee sowie in Sichtweite der Al-Azhar-Moschee und der Al-Azhar-Unviersität, verglastes Restaurant auf dem Flachdach mit mäßiger Küche, aber gutem Blick auf den geschäftigen Midan Hussein, einfache, ordentliche Zimmer, einige mit Klima-Anlage und Bad, 100 L.E., andere nur mit Ventilatoren ohne Bad, 70 L.E.
Pension Roma 19: 169 Sharia Muhammad Farid, Eingang im Nebenhof der Straße, dritter Stock über dem Gattegno-Kaufhaus, Tel. 02-391 1088, Fax 02-579 6243. 10 Min. Fußweg bis zum Midan at Tahrir, beste preiswerte Unterkunft Kairos mit dem Charme vergangener orientalischer Pracht, seit Jahrzehnten im Besitz der italienischen Crassati-Familie, 80 L.E.
Im Haus Nr. 26 Sharia Mahmoud Bassiouni, wenige Meter vom Midan Tala'at Harb entfernt, drei preiswerte Unterkünfte:
Pensione Vienna 20: 26 Sharia Mahmoud Bassiouni, dritter Stock, Tel. 02-579 9307. Optisch ansprechendste und ordentlichste Unterkunft im Haus, 50 L.E.
Pension Suisse 20: 26 Sharia Mahmoud Bassiouni, fünfter Stock, Tel. 02-574 6639. Etwas heruntergekommen, aber halbwegs reinliche Zimmer ohne großen Komfort, 50 L.E.
Hotel Dahab 20: 26 Sharia Mahmoud Bassiouni, sechster Stock, Tel. 02-579 9104. Einfaches Sinai-Hüttencamp auf dem Flachdach, 30–40 L.E.
Jugendherberge 21**:** Manial Youth Hostel, 135 Abdel Aziz al Saud, Tel. 02-364 0729, Fax 02-368 4107. Auf der Nilinsel Roda am westlichen Ufer unterhalb der Al Gama'a-Brücke gelegen. Drei-, Vier- und Sechsbettzimmer, insgesamt 225, rechtzeitige Vorbuchung notwendig, keine Zimmer für Paare oder Familien; vom zentralen Busbahnhof hinter dem Ägyptischen Museum mit Minibus Nr. 82 bis zu Gama'a Brücke, von dort kurzer Fußweg die Straße abwärts, Übernachtung 16 L.E.

In allen großen internationalen Hotels findet man gute Restaurants mit internationalen und ägyptischen Gerichten, wobei die Preise sich auf mitteleuropäischen Niveau bewegen.
Café Riche 22: Café, Restaurant, Bar, 17 Sharia Tala'at Harb (vgl. Tipp S. 98), 7–30 L.E.
Felfela 22: 15 Sharia Hoda Sharawi/ Sharia Tala'at Harb. Traditionelle ägyptische Speisen, 5–30 L.E., Schnellimbiss um die Ecke in der Sharia Tala'at Harb.
Arabesque 23: 6 Sharia Qasr al Nil. Mit Galerie zeitgenössischer einheimischer Künstler, ägyptisch-internationale Gerichte, 30–80 L.E.
Caroll 23: 12 Sharia Qasr al Nil. Ägyptisch-internationale Gerichte, 30–70 L.E.
Da Mario 24: Midan at Tahrir im Nile Hilton an der rückwärtigen Gartenterrasse. Pizza, Pasta und italienische Fleisch- und Fischgerichte, 20–60 L.E.

Groppi Café 25: Midan Tala'at Harb. Kuchen, Kaffee, Tee und Croissants, viele Jahre las hier einmal wöchentlich der Nobelpreisträger Nagib Machfus, 2–10 L.E.
Estoril 26: 12 Sharia Tala'at Harb, in einer Gasse neben dem American Express-Büro. Einfaches Lokal, mit einfachen ägyptischen Speisen, 5–15 L.E.
Alfy Bey Restaurant 27: 3 Sharia Alfy. Seit 1938 im Dienst am hungrigen Kunden, kürzlich renoviert, einfaches ägyptisches Essen, 5–20 L.E.
Groppi Garden 28: 2 Abdel Khalek Sarwat, gegenüber der Tourist Information. Gartencafé mit Speiseeis, Kuchen, Croissants, Pralinen, 3–15 L.E.
L'Américaine 29: Sharia Tala'at Harb/ Sharia 26th July. Einfache, preiswerte Gerichte, wie etwa Nudelaufläufe, sehr spartanisches Ambiente, 5–10 L.E.
Peking 30: 14 Syray al Ezbekiah, hinter dem Diana-Kino. Chinesisch-kantonesische Speisen, 8–25 L.E.
Internet Cafés: Im Untergeschoss der Shopping Mall vom Nile Hilton, s. o.; in 25 Sharia Ismail Muhammad, Zamalek, nahe dem Hotel Longchamps s. o.

Der Basar Khan al Khalili bietet von *gallabiyyas* über Leder-, Holz- und Metallwaren, Gold- und Silberprodukte bis hin zu Teppichen, pharaonischen Statuen und bemaltem Papyrus sowie Gewürzen und Spezereien alles, was das Touristenherz höher schlagen lässt.
Buchläden: Deutsche Buchhandlung Lehnert & Landrock, 44 Sharia Sherif, besitzt auch eine Filiale im Ägyptischen Museum; Book Shop der American University, alter Campus, Midan at Tahrir, Eingang Sharia Qasr al Aini, beste Buchhandlung im Zentrum der Metropole, Anglo-Egyptian Bookshop, Sharia Mohammad Farid, Al Ahram Bookshop, Nile Hilton Hotel.

Das Nachtleben spielt sich vor allem in den großen Hotels ab, zu denen Restaurants und Diskos gehören: So Castle Disco, Helnan Shepheard Hotel, Corniche al Nil, Garden City; Le Cameleon, Safir Hotel, El Messaha Square, Doki; Le Disco, El Gezira Sheraton Hotel, Sharia El Orman, Giza; Le Mirage Discothéque, Hotel Sofitel Le Sphinx, Alexandria Desert Road, Giza; Saddle, Mena House Oberoi, Pyramids Road, Giza.

Auf dem Campus der amerikanischen Universität von Kairo

Feste: Alljährlich findet im Dezember ein großes internationales Filmfestival statt, zu dem auch bekannte Regisseure und Filmschauspieler anreisen.

Aktivitäten: Felukenfahrt den Nil abwärts; s. Tipp S.102

Am **Cairo Airport** starten und landen alle ausländischen Fluggesellschaften an Terminal 2, von Terminal 1, das 2 km entfernt liegt, starten und landen die in- und ausländischen Flüge von Egypt Air. An Terminal 1 befindet sich die Haltestelle für die Busse 356 und 400 ins Zentrum neben dem Ankunftsgebäude, bei Terminal 2 muss man die Straße und den tiefer gelegenen Parkplatz überqueren und an der Straße gegenüber warten. Limousine Misr sowie weitere Firmen (Schalter in der Ankunftshalle hinter der Passkontrolle) fahren von beiden Terminals zu staatlich kontrollierten Festpreisen bis vor das gewünschte Hotel. Unabhängige Taxifahrer verlangen teilweise exorbitante Preise.

Metro: Die Metro verbindet den aus Süden kommenden Vorortzug von Helwan mit der nach Norden führenden Al Marq-Linie. Von Süden führt die Strecke kurz vor der Station Saad Zaghloul (nahe Sharia al Aini/Parlament) unter die Erde. Die folgende Station Sadat liegt unter dem Midan at Tahrir; weiter geht es zur Station Gamal Abd el Nasser an der Sharia 26th July/Sharia Ramses und zur Station Ahmed Orabi an der Sharia Orabi/Sharia Ramses, dann folgt die Station Mubarak unter dem Hauptbahnhof.

Runde Schilder mit einem achteckigen Stern und einem ›M‹ weisen auf die Stationen hin. Für Besucher sind die Routen von Sadat nach Mar(i) Girgis (Alt-Kairo) sowie von Sadat nach Mubarak (Ramses-Bahnhof) am interessantesten. Die Bahnen fahren im Minutentakt, während der Rush hour zwischen 8 und 10 bzw. 15 und 16.30 Uhr sind die Züge überfüllt. Rauchen ist auf den Bahnsteigen und in den Zügen verboten. Der erste Waggon der U-Bahn ist für Frauen reserviert. Wie auch in den Bussen kostet eine Fahrt zwischen 0,50 L.E. und 1,50 L.E. (0,07 €–0,21 €). Tickets gibt es an den Schaltern der U-Bahn-Stationen. Um auf den Bahnsteig und wieder hinaus zu gelangen, steckt man den Fahrschein in die Drehkreuzbarriere, entnimmt ihn wieder jenseits des Drehkreuzes und durchschreitet die Sperre.

Busse: Der zentrale Busbahnhof am Midan Abdel Moniem Riad für den innerstädtischen Verkehr liegt hinter dem Ägyptischen Museum unter den Brücken der Hochstraßen. Vom Bürgersteig hinter dem Museum sorgt eine Unterführung für sicheren Zugang. Die Beschriftung der Busstationen sowie die Bussnummern sind nur in Arabisch (arabische Ziffern s. S. 227). Fragen Sie Passanten nach dem Bus zu ihrem Ziel, vergessen Sie nicht, für die Hilfe ein Bakschisch zu geben.

Von hier fahren der Flughafenbus Nr. 356 (mit Klima-Anlage) sowie der lokale Bus Nr. 400 zu beiden Airport-Terminals und warten dort auf den jeweiligen Parkplätzen auf Passagiere. Mit Bus Nr. 357 (mit Klima-Anlage) kommt man zu den Pyramiden von Giza. Außerdem befahren vom Busbahnhof diese Route mehrere Minibusse, deren Abfahrtsstandpunkt man bei Passanten erfragen muss.

Achtung: Die Busse sind ein beliebter ›Arbeitsplatz‹ von Taschendieben.

Minibusse: Auf festen Routen und auf den Strecken, die von Bussen befahren werden, pendeln Kleinbusse; die Preise sind unwesentlich höher als bei den Bussen. Angehalten wird auf Handzeichen oder wenn jemand aussteigen möchte.

Taxis: Im Vergleich zum deutschen Preisniveau sind die Tarife in Kairo niedrig, doch werden Ausländer von den Fahrern oft übervorteilt. Den Preis vorher aushandeln! Man unterscheidet zwei Arten von Taxis (beide sind in der Regel schwarz-weiß lackiert): kleine Mittelklassewagen (preiswerter) oder Peugeot-Limousinen. Peugeots kann man auch für längere Fahrten mieten; der Preis sollte unbedingt vorher ausgehandelt werden.

Das zuverlässige staatliche Unternehmen Limousine Misr fährt zu Festpreisen an verschiedene Ziele, Buchungen übernehmen die Mitarbeiter der Hotelrezeptionen.

Eisenbahn: Der Fahrplan »Egyptian Railways Time Table« ist, wenn nicht gerade wie so oft vergriffen, am Ramses-Bahnhof in Kairo (U-Bahn: Mubarak) erhältlich, Informationsschalter Nr. 8, tgl. mehrere Züge nach Alexandria und nach Oberägypten (Luxor 10 Std., Assuan 13 Std.), nicht immer mit Waggons der ersten Klasse. Der **Buchungsschalter** befindet sich hinter Bahnsteig 11, nicht in der zentralen Halle. Unbedingt die Fahrkarten einige Tage im Voraus besorgen. Für längere Fahrten Trinkwasser und Toilettenpapier nicht vergessen. Ratsam ist es, einen Pullover mitzuführen, da die Klima-Anlage oft sehr kalt eingestellt ist.

Busse: Busse in das Nil-Delta, nach Oberägypten und Hurghada verkehren von der Turguman Bus Station an der Sharia al Turguman etwas abseits der Sharia Gala'a auf Höhe der Orabi-Metro-Station unweit des Ramses-Hauptbahnhofs. Es bleibt kaum etwas anderes übrig, als dorthin mit dem Taxi zu fahren. Gleiches gilt für den Sinai Bus Terminal in Abbassiya, von dem Busse alle wichtigen Orte auf dem Sinai bedienen.

Sammeltaxis: Zentraler Standplatz ist der Midan Ahmed Helmi hinter dem Ramses-Bahnhof. Von dort fahren Mietwagen nach Alexandria, in die Region des Suez-Kanals und nach Oberägypten. Taxis nach Alexandria (über die Wüstenstraße) und ins Fayum am Midan Giza (dorthin mit der Metro).

Flugzeug: Die nationale Fluglinie Egypt Air hat zahlreiche Niederlassungen in der Innenstadt, so etwa im Nile Hilton, in der Sharia Adly gegenüber der Touristeninformation und in der Sharia Tala'at Harb. Mehrmals tgl. werden von Kairo aus Alexandria, Assuan, Luxor und Hurghada angeflogen. Den Sinai bedient Sinai Air (Niederlassung im Nile Hilton). Mehrmals wöchentl. Flüge nach Sharm al Sheikh und zum Katharinenkloster. Die Lufthansa fliegt täglich von Kairo nach Deutschland, das Lufthansabüro befindet sich in 6 Sharia Sheikh Al Marsafi, auf der Nil-Insel Gezira, Stadtteil Zamalek. Die kleine, schwer zu findende Straße zweigt von der Hauptdurchgangsstraße Sharia Gezira etwa 150 m hinter dem Marriott Hotel rechts ab, Tel. 02-340 7981, Flughafenbüro Tel. 02-417 6419.

Passbüro: Visaverlängerungen und Sichtvermerke für eine mehrmalige Wiedereinreise nach Ägypten bekommt man im Mugamma-Gebäude, Midan at Tahrir.

Geldwechsel: Am günstigsten im Nile Hilton, 24 Std.-Service; American Express, im Nile Hilton und 15 Sharia Qasr al Nil; Deutsche Bank, 23 Sharia Qasr al Nil; Dresdner Bank, 33 Sharia Qasr al Nil.

Hauptpost: Am Midan Ataba neben der Feuerwache, 24 Std.-Service; Poste Restante-Service in der Nebenstraße Sharia al Bedak unter dem Schild ›Correspondence Delivery‹.

Gesundheit: Anglo American Hospital, Sharia Hadayak al Zuhriyya, Zamalek, am Cairo Tower, Tel. 02-735 6162/3; As Salam International Hospital, Corniche al Nil, Richtung Maadi, Tel. 02-524 0250/0077.

Goethe-Institut: 5 Sharia Bustan, beim Midan at Tahrir, Tel. 02-575 9877.

DIE PYRAMIDEN UND DIE SPHINX

Mit unergründlichem Gesichtsausdruck wacht die Sphinx seit Jahrtausenden vor den drei großen Pyramiden von Giza – den einzigen noch vorhandenen der Sieben Weltwunder der Antike. Auch im 21. Jahrhundert bewahren diese ältesten monumentalen Steinbauten der Menschheitsgeschichte ihr Geheimnis.

Giza

Reiseatlas: S. 232, C 3
Die Pyramiden von Giza, die schon zu den Sieben Weltwundern der Antike gehörten, sind Kairos bedeutendste Sehenswürdigkeit. So warten denn auch Scharen von Kamel- und Pferdevermietern sowie Souvenirverkäufer auf die Besucher. Wer das weitläufige Plateau per Kamel oder Pferd besichtigen will, sollte sich am Eingang bei der Touristenpolizei nach den derzeitigen Preisen erkundigen, ob ein Führer diesen Preis allerdings akzeptiert, ist mehr als fraglich.

Der Zugang zum Areal kostet Eintritt, zusätzliche Tickets werden nötig für die Besichtigung der Innenkammern der Cheops-, Chephren- und Mykerinos-Pyramide (die Besucherzahl pro Tag ist staatlich begrenzt) sowie für das Museum mit der Sonnenbarke. Nach Einbruch der Dunkelheit finden im Abstand von einer Stunde drei Sound & Light Shows statt, die ebenfalls ein gesondertes Ticket erfordern.

Alle drei Großpyramiden von Giza entstanden als pharaonische Grabstätten. Bestattet wurden hier die Herrscher Cheops, Chephren und Mykerinos. Die Grabbauten datieren aus der Zeit der 4. Dynastie (ca. 2575–2465 v. Chr.).

Cheops-Pyramide

Die Cheops-Pyramide, die größte der drei Anlagen, umschließt bei einer Seitenlänge von 227,5 m und einer Höhe von 137,5 m annähernd 2,3 Mio. m³ umbauten Raum. Durch einen Schacht, den einst Grabräuber ins Innere des gewaltigen Bauwerks trieben, kann man die Hohlräume der Pyramide besichtigen. Hierfür ist eine besondere Eintrittskarte notwendig. Personen, die unter Herz- und Kreislaufbeschwerden, Platzangst oder Atemnot leiden, sollten wegen der Enge des Tunnels sowie der stickigen Luft von einem Besuch absehen.

Ein 1,20 m hoher und 1 m breiter Gang führt zunächst gut 20 m abwärts, dann steigt der Tunnel an, bis man nach 40 m in stark gebückter Haltung die 47 m lange und 8,5 m hohe Große Halle erreicht hat. Ein ebener Gang führt zuvor geradeaus weiter zur Königinnenkammer. Von der Großen Halle gelangt man in die 10,5 x 5,2 m große Grabkammer, in der sich noch ein Steinsarkophag ohne Deckel befindet. Die Decke wird von neun gewaltigen Granitriegeln gestützt, über denen sich fünf Entlastungskammern befinden.

Östlich der Cheops-Pyramide gibt es einige kleinere, den Angehörigen des Pharao bestimmten Pyramiden, südlich schließen sich mehrere Mastabas (vgl. S. 47) an, in denen einst staatliche Würdenträger zur letzten Ruhe gebettet wurden. Bei archäologischen Untersuchungen entdeckte man 1954 eine in über tausend Teile zerlegte Sonnenbarke, die heute, wieder zusammengesetzt, in einem kleinen Museum zu besichtigen ist (Eintritt).

Chephren-Pyramide

Die Pyramide des Chephren ragt etwa 150 m südwestlich des Museums auf. Mit einer Höhe von 135,5 m, einer Kantenlänge von 210,5 m und 1,65 Mio. m³ umbauten Raums erscheint sie, da ihre Basis höher liegt, größer als die Cheops-Pyramide. An der Spitze ist noch ein Teil der ehemaligen Verkleidung aus geschliffenen Kalksteinplatten zu erkennen. Ein enger Gang führt zunächst schräg abwärts und dann geradeaus in die Grabkammer mit dem Steinsarkophag.

Mykerinos-Pyramide

200 m weiter Richtung Südwestem erhebt sich die 62 m hohe und 106 m Seitenlänge messende Mykerinos-Py-

Auf einen Blick – Mykerinos-, Chephren- und Cheops-Pyramide von Giza

ramide, umgeben von einigen unvollendeten kleineren Pyramiden, die für die Angehörigen der königlichen Familie vorgesehen waren.

1995/96 führten Archäologen Grabungen an den Pyramiden durch und fanden das ehemalige Lager der pharaonischen Bauleute. Rund 36 000 Arbeiter errichteten einst die Pyramiden. Auch der Friedhof wurde gefunden, die Skelette zeigen Knochenauswüchse, wie sie sich bei langer Schwerstarbeit bilden. Nur einen Steinwurf weiter südlich der Pyramide des Mykerinos brachten die Ausgrabungen eine 3,5 t schwere, unvollendete Statue aus der Zeit Ramses' II. zutage. Es wird vermutet, dass der große Pharao während der Steinmetzarbeiten verstarb und seine Skulptur daraufhin nicht mehr fertig gestellt wurde.

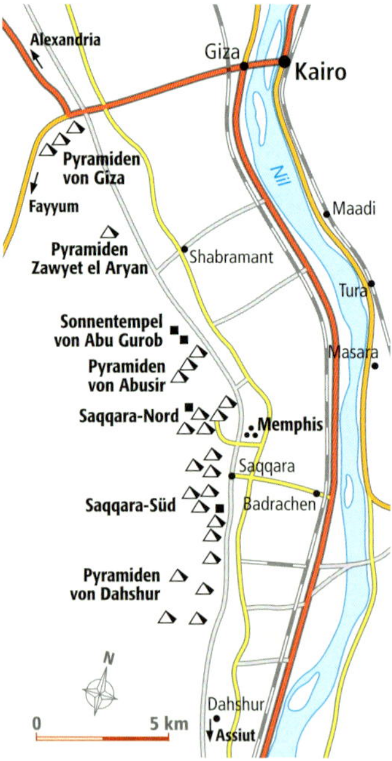

Giza, Memphis und Saqqara

Hinweis: Bis vor einigen Jahren konnte man, begleitet von autorisierten Führern, die Giza-Bauwerke erklimmen. Heute ist dies aus gutem Grund verboten. In den vergangenen 200 Jahren kamen über 1000 Menschen bei einem Aufstiegsversuch ums Leben, etwa 50 Personen stürzten allein in den letzten 50 Jahren zu Tode. Zwar bieten sich noch immer Helfer für eine ›Erstürmung‹ der Pyramiden an, doch wer von der Polizei ertappt wird, zahlt eine hohe Geldstrafe. Im Übrigen ist vor allem der Abstieg über die Pyramidenflanke lebensgefährlich; die etwa 1 m hohen Blöcke sind mit feinem Sand bedeckt. Wer hier ins Rutschen gerät, findet keinen Halt mehr.

Die Sphinx

Östlich unterhalb der Chephren-Pyramide zieht die 57 m lange Sphinx, eine aus dem anstehenden Fels gemeißelte Löwengestalt mit dem Kopf eines Pharao, die Aufmerksamkeit auf sich.

Sandstürme, mutwillige Zerstörungen (unter türkischer Herrschaft nutzten die Kanoniere die Sphinx als Ziel für Artillerieübungen und schossen ihr die Nase ab) und in jüngster Zeit die Erschütterungen durch den Straßenverkehr haben der kolossalen Mensch-Tier-Skulptur arg zugesetzt. Auch der

Smog über Kairo sorgt für rapiden Verfall.

Im Jahre 1987 löste sich ein 300 kg schweres Steinstück aus der Schulter der Sphinx, seitdem diskutiert man Möglichkeiten der Restaurierung. Eine Expertenkommission fahndete nach Baustoffen, mit denen man die berühmte Figur dauerhaft konservieren kann. Der Kalkstein, den die einstigen Handwerker bearbeiteten, ist von schlechter Qualität, überall zeigen sich Risse und Sprünge. Auch das Gestein im Innern der Sphinx ist völlig zersplittert. Alle Versuche, die Risse und Sprünge mit Gestein auszubessern oder auch mit Beton auszugießen sind bisher fehlgeschlagen.

Freilichtmuseum

Zurzeit erarbeitet man Pläne, ein 12 km² großes Freilicht-Museumsareal rund um die Pyramiden und die Sphinx zu errichten. In sicherer Entfernung von den pharaonischen Monumenten soll eine Ringstraße die Touristenbusse aufnehmen; innerhalb der Freilichtanlage müssen Besucher zu Fuß gehen.

In diesen Plänen liegt allerdings auch sozialer Sprengstoff. Die Siedlung Nazlet al Seman unterhalb der Sphinx, in der die selbst ernannten Fremdenführer, Kamel- und Pferdetreiber, Softdrink- und Souvenir-Verkäufer mit ihren Familien leben, soll dem Pyramiden-Park weichen. Außerdem vermuten Archäologen unter dem Dorf den Taltempel des Cheops sowie eine pharaonische Siedlung. In 5 km Entfernung vom Museumsareal wollen die staatlichen Planer die 70 000 Bewohner von Nazlet al Seman in neue Wohnblocks einquartieren. Die weigern sich vehement gegen die Umzugspläne, fürchten sie doch um ihre Verdienste aus dem Geschäft mit den Touristen.

Dass der Boden rund um die Pyramiden und die Sphinx noch immer Geheimnisse birgt, zeigte sich wieder vor einigen Jahren. Eine amerikanische Touristin brach mit ihrem Pferd in ein bisher unbekanntes Grab ein. Archäologen fanden in der letzten Ruhestätte eines Arbeitsaufsehers eine 4400 Jahre alte, gut erhaltene kleine Statue. Auch entdeckten sie zahlreiche weitere Gräber.

Im Jahr 2000 machten Wissenschaftler eine unvermutete Entdeckung. Am Aufweg von der Sphinx zur Chephren-Pyramide fanden sie einen Einstieg, der in eine Vorhalle und in eine Kammer mit zwei ungeschmückten, leeren Sarkophagen führte. Die Archäologen datierten die Särge auf etwa 500 v. Chr. Offensichtlich waren die Verstorbenen begüterte Leute, die Wert darauf legten, sich in der sakralen Umgebung des Pyramidenplateaus begraben zu lassen. Doch die unterirdische Anlage ist viel älter. In einer winzigen Nische fanden die Forscher ein weiteres Loch im Boden und dieses führte in eine weitere Grabkammer, die mit Grundwasser voll gelaufen war. Nachdem Pumpen den Schlamm abgesaugt hatten, konnten sich die Wissenschaftler in die 29 m unter der Erdoberfläche liegende Gruft abseilen, entdeckten einen weiteren leeren Sarkophag, zerschlagene Vasen und Knochen. Die Rekonstruktion ergab, dass der Totenschrein einst auf einem kleinen Plateau stand, das flach von Wasser umspült wurde.

Diese Grabkammer datierten die Wissenschaftler auf 1550 v. Chr. Der griechische Historiker Herodot (490 bis 425 v. Chr.) berichtet, dass Pharao Chephren auf einer künstlichen Insel, umgeben von einem See, zur letzten Ruhe gebettet wurde. Lag in dieser Grabkammer also einmal der Leichnam des Königs? Eigentlich kann das nicht sein, denn Chephren verstarb um 2528 v. Chr. Die Kammer könnte auch ein symbolisches Grab des Osiris sein.

Memphis

Reiseatlas: S. 232, C 3

»Die Priester erzählten mir«, so heißt es bei Herodot, »daß Mennes, der erste König Ägyptens, das Gebiet von Memphis mit Dämmen sicherte (und) nachdem das Gebiet trocken geworden war, er die Stadt Memphis gründete.« Noch die arabischen Reisenden des 12. und 13. Jh. staunten über die eindrucksvollen Ruinen der einstigen Metropole. So berichtete der Schriftsteller Abd al Latif (1162–1231), dass eine Beschreibung von Memphis auch dem sprachgewandtesten Menschen unmöglich sei, da die Zeugnisse dieser Stadt alle Fassungskraft überstiegen.

Die Kolossalstatue von Ramses II. liegt heute in einem Schutzhaus in Memphis

Nach der Reichseinigung von Unter- und Oberägypten wurde die Siedlung um 3000 v. Chr. mit dem Bau einer Festung begründet. 200 Jahre später erhielt der Ort den Beinamen »Waage der beiden Länder« und stieg zur Reichskapitale auf. Hier regierten die Herrscher des Alten Reiches, aber auch im Mittleren und Neuen Reich war Memphis eine der bedeutendsten Städte Ägyptens und wirtschaftliches Zentrum des Landes.

Selbst als im Neuen Reich Theben den Rang der Hauptstadt einnahm, blieb der größte Teil der Armee in Memphis stationiert, und auch die adligen Befehlshaber behielten Unterkunft bei ihren Truppen. Viele Könige residierten nur formell in Theben – lag Memphis doch strategisch bedeutend günstiger. Der Niedergang des Pharaonenreiches konnte die Bedeutung der Stadt zunächst nicht schmälern. Noch in der griechisch-römischen Ära galt Memphis als Zentrum des religiösen Lebens. Mit der Gründung von Fustat durch die islamischen Eroberer (vgl. S. 93) war das Schicksal der Stadt dann aber endgültig besiegelt.

Die **Kolossalstatue von Ramses II.** liegt, von einem Schutzhaus umgeben, südlich des einstigen **Ptah-Tempels**; ursprünglich hat sie wohl vor dem Eingang des Heiligtums gestanden. Die Kalksteinfigur misst heute noch 10,3 m, ihre ursprüngliche Höhe betrug wahrscheinlich 13,5 m.

Im Jahre 1912 wurde die 80 t schwere und 8 m lange **Alabastersphinx** gefunden. Nahe dem Fabeltier aus der Zeit Amenophis' II. befindet sich der **Dekretstein des Herrschers Apries** (26. Dynastie). Die eingravierten Texte sprechen über landwirtschaftliche Nutzflächen und über die Arbeitskräfte, die dem Ptah-Tempel zur Verfügung standen, umfassen aber auch einen Erlass, durch den die Bauern von der Steuerabgabe befreit wurden.

In der südwestlichen Ecke des ehemaligen Ptah-Heiligtums lag das **Balsamierungshaus** für die Apis-Stiere. Einer der Balsamierungstische besteht aus einem einzigen, 5,4 x 1,2 m messenden Alabasterblock.

Anreise: s. S. 137

Saqqara (Nord)

Reiseatlas: S. 232, C 3
Westlich von Memphis erstreckt sich über rund 7 km in nordsüdlicher Richtung die Nekropole von Saqqara – die Begräbnisstätte von Memphis. Hauptsächlich während des Alten Reiches wurden hier die Herrscher und hohen Würdenträger zu Grabe getragen. Die wissenschaftlichen Untersuchungen auf diesem Areal dauern seit Jahrzehnten an. Französische Archäologen entdeckten 1989 die Sargkammer des Abria, der unter dem ›Ketzerkönig‹ Echnaton das Amt des unterägyptischen Wesirs innehatte (vgl. S.144).

Stufenpyramide des Djoser

Das Wahrzeichen der Nekropole ist die Stufenpyramide des Djoser (3. Dynastie 2640–2575 v. Chr.). Dieser erste große Steinbau Ägyptens entstand unter dem Baumeister Imhotep, der später, während der Zeit der 26. Dynastie, für göttlich erklärt wurde. Ursprünglich hatte Imhotep eine nur 8 m hohe Mastaba über dem Grab seines Pharaos geplant, entschloss sich dann aber zum Bau einer vierstufigen Pyramide, änderte seine Pläne nochmals und errichtete schließlich die sechsstufige, 61 m hohe Pyramide. Eine 10,5 m hohe Umfassungsmauer, gegliedert durch schmale Nischen und 14 Scheintore, umgab einst den 544 m langen und 277 m breiten Grabbezirk; der einzige Eingang befand sich im Südosten der Umwallung.

An die Nordseite der Pyramide schließen sich die Reste des Totentempels an, hier befindet sich auch der *serdab,* der Statuenraum, mit einer Figur des Herrschers (Kopie, Original im Ägyptischen Museum). Durch zwei kleine Löcher kann man einen Blick auf das Abbild des Königs werfen. Der Sehschlitz diente natürlich nicht dazu, in den *serdab* hineinzuschauen, sondern sollte dem Abbild des Verstorbenen die Möglichkeit geben, die kultischen Handlungen zu verfolgen.

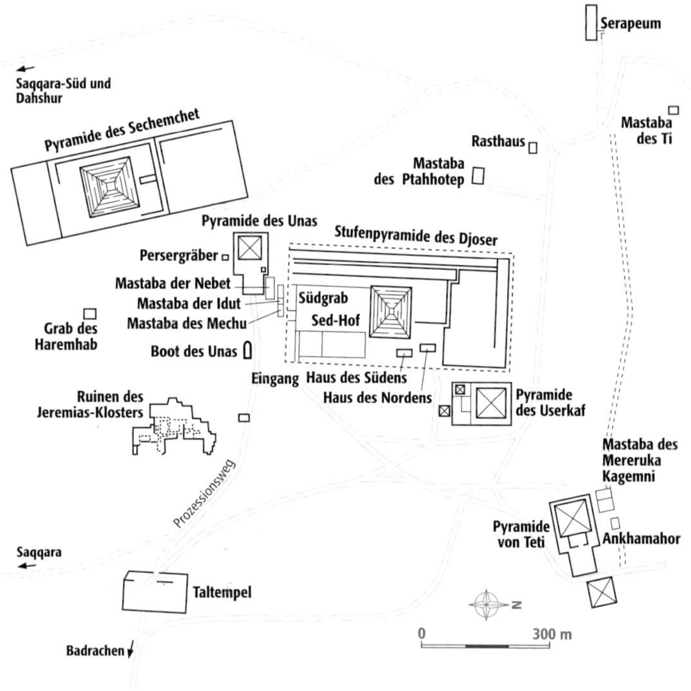

Das Nord- und das Südhaus symbolisieren als Scheingebäude Verwaltungsbauten, in denen sich die Herrschaft des Djoser über Ober- und Unterägypten manifestierte. Der Tempel im Südosten des Geländes diente dem Sed-Fest, das anlässlich des 30-jährigen Regierungsjubiläums begangen wurde; ein Festhof sowie eine Säulenhalle ergänzten den Sakralbau. Im Süden des großen Hofes befindet sich ein Scheingrab für das *ka* (Seele) des Königs (vgl. S. 44).

Pyramide des Unas

Die 44 m hohe Pyramide des Unas, des letzten Herrschers der 5. Dynastie (2465–2325 v. Chr.), wurde 1881 geöffnet. Der Gang mündet in einem Vorraum; rechts davon die Grabkammer. Bemerkenswert sind die so genannten Pyramidentexte, blau ausgemalte Hieroglyphen, auf den Wänden des Vorraums und der Grabkammer. Die mehr als 200 Sprüche beziehen sich auf das Leben nach dem Tode und wurden wohl zur Bestattung rezitiert. Die Zitatensammlung zählt zu den ältesten Überlieferungen Ägyptens. An der südlichen Außenwand der Pyramide unterrichtet eine Inschrift Chaemwesets, Hohepriester in Memphis, darüber, dass er hier Restaurierungsarbeiten vorgenommen hat.

Pyramide des Sechemchet

Der Pyramidenkomplex des Sechemchet im Südwesten der Nekropole blieb unvollendet. Sechemchet, Nachfolger des Djoser, verstarb zu früh für umfangreiche Baumaßnahmen.

Gräber der Perserzeit

Südlich der Unas-Pyramide liegen drei 25 m tiefe Gräber aus der Perserzeit, in die eine Wendeltreppe hinabführt. Hieroglyphen schmücken Decken und Wände. Entlang des rund 700 m langen Aufwegs vom Taltempel zur Unas-Pyramide ließen sich zahlreiche Beamte der 5. Dynastie Gräber anlegen.

Mastaba des Mechu

Südlich der Umfassungsmauer liegen die Mastaba des Mechu, einst Wesir während der 6. Dynastie, und die Mastaba der Prinzessin Seschseschet, auch Idut genannt. Fünf Räume zeigen Reliefs: die ersten beiden Szenen auf dem Wasser, die hinteren Darbringungen von Opfergaben. Auch das Doppelgrab der Nebet und Chenut, Gemahlinnen des Königs Unas, ist mit Darstellungen der Fahrt durch die Papyrussümpfe, der Beibringung von Speisen und Weinkrügen und anderen Alltagsszenen geschmückt.

Jeremias-Kloster

Südöstlich der Djoser-Pyramide befinden sich die Ruinen des Jeremias-Klosters, das im 4./5. Jh. errichtet und um 960 von Beduinen zerstört wurde. Die erhaltenen Kapitelle und Reliefs sind im Koptischen Museum in Kairo (vgl. S. 107) ausgestellt.

Grab des Haremhab

Westlich des Klosters entdeckten Archäologen 1975 das Grab des Haremhab, zuerst oberster Befehlshaber unter Echnaton und Tut-anch-Amun, dann letzter Pharao der 18. Dynastie (1551–1306 v. Chr.). Nach seiner Herrschaftsübernahme gab er die ursprünglich vorgesehene Ruhestätte in Saqqara auf und ließ sich im Tal der Könige (Theben-West, vgl. S. 173) ein neues Grab errichten.

Serapeum

Im Serapeum wurden die heiligen Apis-Stiere bestattet. Schon während der Zeit der 1. und 2. Dynastie verehrte man diese Tiere und sah in ihnen ein Symbol der Fruchtbarkeit. Im Ptah-Tempel von Memphis hielten die Priester den Stier in einem heiligen Stall; wenn er verendet war, wurde er feierlich mumifiziert und zur letzten Ruhe gebettet. Danach ging man auf die Suche nach dem ›auferstandenen Apis‹, erkennbar an weißen Flecken auf Stirn, Hals und Rücken. Chaemweset, Sohn Ramses' II. und Hohepriester in Memphis, ließ einen etwa 200 m langen unterirdischen Korridor anlegen, an dem rechts und links die riesigen Sarkophage für die Stierleichname eingemauert wurden; ein unvollendeter Sarg steht noch heute mitten im Gang. Psammetich I. vergrößerte die Anlage beträchtlich und noch in der Ptolemäerzeit baute man das Serapeum weiter aus. Der heute zugängliche Teil stammt aus der Zeit der 26. Dynastie (664–525 v. Chr.).

Mastaba des Ti und weitere Grabanlagen

Die **Mastaba des Ti,** die wie auch die beiden folgenden Grabanlagen unbedingt einen Besuch lohnt, entstand während der 5. Dynastie, ungefähr um 2340 v. Chr. Ti konnte sich als reicher Großgrundbesitzer und hoher Beamter der königlichen Administration eine herausragende, königlicher Pracht nacheifernde Ausstattung seiner letzten Ruhestätte leisten.

Ebenfalls aus der Zeit der 5. Dynastie, aber etwa 30 Jahre jünger, ist die **Grabanlage des Wesirs Achethotep und seines Sohnes Ptahhotep**. Da die Relieffolgen im Opferraum des Ptahhotep von außerordentlicher Qualität und besser erhalten sind, ist die Mastaba nach ihm benannt. Die Wandbilder demonstrieren die anspruchsvolle Lebenshaltung der pharaonischen Führungsschicht.

Aus der Zeit der 6. Dynastie, etwa um das Jahr 2280 v. Chr., datiert die **Mastaba des Mereruka,** Wesir und Schwiegersohn von Pharao Teti. Mit einer Länge von 40 m und einer Breite von 24 m, zudem ausgestattet mit insgesamt 32 Räumen und Gängen, zählt diese private Grabanlage zu den größten und schönsten des Alten Reiches. Sie dokumentiert eine weitere Steigerung des repräsentativen Aufwands, wie sie für die Spätzeit des Alten Reichs bezeichnend ist.

Neben Mereruka, der für sich allein 24 Kammern reservieren ließ, wurden hier seine Frau Watetchet-hor (drei Räume) und sein Sohn Meri-Teti (fünf Räume) bestattet. Die Grabstatue steht nicht mehr in einem verschlossenen Figurenraum *(serdab)*, sondern ist den Blicken frei zugänglich. Die Bildausstattung der Mereruka-Mastaba umfasst Darstellungen des Wesirs, teils im Kreis seiner Familie, teils als Gebieter sowie Jagd- und Tierszenen, Handwerker, Tänzer und Bauern.

Sehenswert ist auch das Grab des Anchmahor (Wesir, 6. Dynastie), das wegen der Darstellungen an den Wänden (Beschneidung, Zehenoperation) auch als das ›Ärztegrab‹ bezeichnet wird.

Pyramiden des Teti und Userkaf

Die Pyramide des Teti, des ersten Herrschers der 6. Dynastie, ist im oberen Teil stark zerstört. Auch hier bieten die unterirdischen Kammern so genannte Pyramidentexte (vgl. S. 135). Die Pyramide des Userkaf, des ersten Herrschers der 5. Dynastie, ist völlig zusammengestürzt.

Dahshur

Reiseatlas: S. 232, C 3

Wenige Kilometer südlich von Saqqara können die Pyramiden von Dahshur besichtigt werden. Von den elf Bauten der pharaonischen Frühzeit sind vor allem die Rote und die Knickpyramide interessant. Sie gehen auf Pharao Snofru zurück, den Vater des legendären Pyramidenbauers Cheops, der um 2600 v. Chr. herrschte. Beide sind mit etwa 95 m nach der Cheops und Chephren-Pyramide von Giza die höchsten der insgesamt 97 ägyptischen Pyramiden.

In beiden Bauwerken wurde der Übergang von der Stufenpyramide des Djoser hin zur Form der echten Pyramide entwickelt. Vor allem die Knickpyramide war ein wichtiges Experimentierfeld für die Architekten: Der anfänglich zu steil angelegte Böschungswinkel hätte zum Einsturz führen können; also änderten sie die Vorgaben auf halber Höhe und führten den Bau dann mit einem wesentlich flacheren Winkel zu Ende. Dass diese Vorgehensweise richtig war, zeigt die Tatsache, dass die Knickpyramide nach rund 5000 Jahren noch immer dem Zahn der Zeit trotzt.

Anreise: Mit öffentlichen Verkehrsmitteln sind Memphis, Saqqara und Dahshur nur sehr umständlich zu erreichen. Man kann mit dem Zug vom Ramses-Hauptbahnhof in Kairo nach Al Badrachen fahren (nicht alle Züge halten in diesem Ort) und von dort mit einem Taxi weiterfahren. Al Badrachen ist auch mit einem Sammeltaxi erreichbar, das am Midan Giza in Kairo abfährt. Die Taxifahrer in Al Badrachen verlangen jedoch häufig exorbitant hohe Preise, da man von ihnen abhängig ist. Die bequemste, nicht aber unbedingt preiswerteste Anreise ist die mit einem Taxi von Kairo.

Jedes größere Reisebüro in Kairo vermittelt Touren zu den archäologischen Stätten, allerdings sind diese kaum preisgünstiger als die Anfahrt mit dem Taxi, das zudem mehr zeitliche Bewegungsfreiheit bietet. Bei den Giza-Pyramiden bieten Kamel- und Pferdetreiber ihre Dienste für einen Ritt nach Saqqara an.

Mittelägypten

Waschtag am Nil

Reiseatlas: S. 234–237

TEMPEL ZWISCHEN MINIA UND LUXOR

In Tell al Amarna ließ der visionäre Pharao Echnaton seine Hauptstadt errichten und etablierte den ersten Monotheismus der Menschheitsgeschichte. Nahebei stand in Al Ashmunin nach altägyptischem Glauben einmal die Wiege der Welt. Und in Abydos lag nach Meinung der Alten Ägypter der Gott Osiris begraben – ein Grund für jährliche Wallfahrten zum Tempel.

Minia

Reiseatlas: S. 234, B 3
Die kleine, 150 000 Einwohner zählende Provinzkapitale und Universitätsstadt mit mediterranem Flair im Ortszentrum und entlang der Flaniermeile am Nil liegt etwa 235 km südlich von Kairo und ist Zentrum eines landwirtschaftlich intensiv genutzten Einzugsgebiets.

Um Minia werden Baumwolle, Sojabohnen, Weizen, Kartoffeln, Mais und Zuckerrohr angebaut. Montag ist Markttag in der Stadt, aus allen Himmelsrichtungen strömen dann Fellachen herbei und bieten ihre Waren an. Eine Brücke verbindet Minia mit der am Ostufer erbauten Retortenstadt Al Minia al Gedida.

Da das Städtchen über ein gutes Vier-Sterne-Hotel und einige preisgünstige Unterkünfte verfügt, eignet es sich als Ausgangspunkt für Ausflüge zu den Felsengräbern von Beni Hassan, nach Tell al Amarna, Tuna el Gebel und nach Al Ashmunin. Die Besichtigung darf aus Sicherheitsgründen nur mit einem privaten Taxi erfolgen, das von der Polizei eskortiert wird. Über das Hotel sollte man unbedingt einen Tag vorher einen Wagen mit Fahrer organisieren, der sich wiederum mit den Behörden in Verbindung setzt und alles regelt. Individuell durchgeführte Fahrten mit Sammeltaxen sind Ausländern verboten. Wenn man von Minia schon sehr früh am Morgen aufbricht, kann man alle Sehenswürdigkeiten in einer Tagestour besichtigen.

Touristeninformation: Corniche al Nil

Nefertiti & Aton Hotel ****: Corniche al Nil, Tel. 086-331 515, Fax 08-232 6467. Bestes Haus am Platz mit sämtlichen Einrichtungen eines Vier-Sterne-Hotels, etwa 1,5 km außerhalb vom Ortszentrum am Nil, 80 US-$.

Ibn Khassib Hotel: Sharia Ragheb, Tel. 086-236 4535. 18 einfache Zimmer, in einer Seitenstraße nahe dem

Bahnhof, mit einfachem Restaurant, 70 L.E.
Touristic Lotus Hotel: Port Said St., Tel. 086-236 4541. 10 Min. nördl. vom Bahnhof, ordentliche Zimmer mit Klima-Anlage, 70 L.E.
Palace Hotel: Midan Tahrir, Tel. 086-232 4021. Sehr einfaches Haus im Stadtzentrum, Zimmer mit Bad, 70 L.E.
Akhnaton Hotel: An der Corniche al Nil, Tel. 086-236 5917/8. 42 Zimmer, einige mit Klima-Anlage, sauber, bestes preiswertes Hotel der Stadt mit Blick über den Nil, 80 L.E.

Restaurants: Mäßig gute intern. und ägyptische Gerichte im Nefertiti & Aton Hotel, 10–50 L.E.
Sehr einfache Restaurants und Garküchen rund um den Bahnhof und an der Corniche al Nil, hier etwa Restaurant/Café Ali Baba mit einfachen ägyptischen Speisen, 5–25 L.E.

Montags Markt, auf dem Fellachen der Umgebung ihre landwirtschaftlichen Produkte anbieten.

In der Stadt verkehren Pferdedroschken; mehrmals tgl. **Züge** nach Kairo, Luxor und Assuan, nicht immer mit Waggons der ersten Klasse; vom **Busbahnhof,** ca. 300 m südlich vom Bahnhof an der Saad Zaghloul Street, fahren Busse nach Kairo und in den Süden; **Sammeltaxistände** am Bahnhof und am Bushof.

Geldwechsel: Banque Misr, Mahatta St., Bank of Alexandria, Corniche al Nil, neben der Touristeninformation.
Post: Mahatta St.
Krankenhaus: Public Hospital, Corniche al Nil, etwas außerh. vom Zentrum nahe der Brücke, Tel. 086-2364 098.

Die Felsengräber von Beni Hassan

Reiseatlas: S. 234, B 3
In den 39 Felsengräbern von Beni Hassan gut 20 km südlich von Minia am östlichen Ufer des Nil bettete man während des Mittleren Reiches (2040–1650 v. Chr.) die Gaufürsten der Region zur letzten Ruhe. Im Verlauf der vergangenen Jahrhunderte waren die Gräber bewohnt, wodurch die farbigen Zeichnungen arg in Mitleidenschaft gezogen wurden. Anfang der 80er Jahre des 20. Jh. nahm man eine umfangreiche Renovierung vor, die Szenenfolgen erstrahlen heute wieder in altem Glanz. Eine Besonderheit sind die Darstellungen von sportlichen Aktivitäten, aber auch das Alltagsleben der damaligen Zeit ist gut dokumentiert.

Die interessantesten und besterhaltenen Gräber sind: Nr. 2 (Amenemhet, Gaufürst während der Regierungszeit von Sesostris I., 12. Dynastie), Nr. 3 (Chnumhotep, Gaufürst unter Sesostris II., 12. Dynastie), Nr. 15 (Baket, Gaufürst in der Zeit der 11. Dynastie), Nr. 17 (Cheti, Sohn des Baket, Gaufürst in der Zeit der 11. Dynastie).

Von der Höhe der Gräberterrasse hat man einen weiten Blick auf den fruchtbaren Uferstreifen und den Nil. Wer sich nach der Besichtigung der Grabstätten nicht mit dem Minibus zurückfahren lässt, sondern die 2 km zur Anlegestelle zu Fuß geht, kann Bauern bei der Feldbestellung beobachten.

Felsentempel

Etwa 2 km südöstlich von Beni Hassan liegt am Eingang eines Wadi der von den Griechen Speos Artemidos genannte Felsentempel, der während der Regierungszeit von Hatshepsut und Thutmosis III. (1490 bis 1436 v. Chr.) für die löwenköpfige Göttin Pachet, die Herrin des Wüstentals, angelegt wurde. Nach dem Tode von Hatshepsut ließ Thutmosis Namen und Bilder seiner verhassten Mitregentin zerstören, Sethos I. verewigte sich später auf den getilgten Stellen. Durch eine Vorhalle mit acht Pfeilern und einen kurzen Gang erreicht man das quadratische Sanktuarium, das an der hinteren Wand eine Nische für das einstige Kultbild aufweist.

Tell al Amarna

Reiseatlas: S. 234, B 3
Tell al Amarna oder einfach nur Amarna nennt man das Gebiet 50 km südlich von Minia auf der östlichen Nil-Seite, auf dem einst Echnaton (s. S. 144) seine neue Residenz Achet-Aton errichten ließ. In großer Eile wurde die Stadt geplant, ihre Mauern hochgezogen. Nach dem Tod des ›Ketzerkönigs‹ verfiel sie rasch, zudem ließ Haremhab, Befehlshaber der Truppen und später selbst Pharao (vgl. S. 136), die dem Aton geweihten Tempel sowie die Paläste abtragen. Immerhin ist es Archäologen gelungen, den Grundriss der Stadt zu rekonstruieren. Über dem Boden blieb jedoch nichts erhalten. Wüste breitet sich heute dort aus, wo vor Jahrtausenden reges Leben geherrscht haben muss.

Anfang 1990 fanden britische Archäologen in Tell al Amarna die 3300 Jahre alte Hofbrauerei Echnatons. Malz, Getreide und Datteln hatten in den Gärbottichen die ver-

Feldarbeit am Nil

gangenen Jahrtausende gut überstanden und ermöglichten den Forschern, das Bier (altägyptisch: *henket*), Lieblingsgetränk der Ägypter, nachzubrauen. Schmackhaft und bekömmlich fand man das Gebräu allerdings nicht. In pharaonischen Zeiten dagegen war das *henket* derart beliebt, dass die Alten Ägypter es bis nach Syrien und Mesopotamien exportierten. Damit der Gerstensaft die lange Reise gut überstand, reicherten die Brauer – angesehene Hofbeamte – das Bier mit Dattelzucker an und erhöhten so die Alkoholkonzentration.

Eine Besichtigung lohnen Amarnas Felsengräber. Von der Anlegestelle am Nil bringen Busse die Besucher zu den Ruhestätten der eins-

ECHNATONS ATON-KULT
DER ERSTE MONOTHEISMUS DER GESCHICHTE

Um 1390 v. Chr. wird der einzige Sohn von Amenophis III. geboren. Wie in der 18. Dynastie üblich, erhält auch er den Namen Amenophis. Nach dem Tode des Pharao besteigt der vierte Amenophis den ägyptischen Thron, einige Jahre vorher hatte er Nofretete (altägyptisch: die Schöne ist gekommen) geheiratet.

Zwar lässt sich der neue Herrscher noch im Opfergebet vor dem Reichsgott Amun darstellen, doch betreibt Amenophis nach seiner Amtsübernahme eine konsequent auf den Sonnengott Aton ausgerichtete Religionspolitik. Schon Thutmosis IV. und Amenophis III. hatten die Sonnenscheibe verehrt, Amenophis IV. aber, der sich bald in Echnaton (Strahl des Aton) umbenennt, erhebt Aton zum alleinigen Gott und begründet damit den ersten Monotheismus der Menschheitsgeschichte.

Es kommt zu schweren Zerwürfnissen mit der Priesterschaft des Amun; im vierten Regierungsjahr entmachtet Echnaton den Hohepriester. Kurz darauf wird der Amun-Tempel in Theben geschlossen (vgl. S. 161). Der Herrscher lässt ein dem Aton geweihtes Heiligtum in Karnak errichten und revolutioniert die bildende Kunst. Statt der bisher ›geschönten‹, hierarchisch genormten Bilder und Reliefs bevorzugt Echnaton eine realistische Bildsprache, die dem konventionellen ästhetischen Empfinden entgegensteht. Auch lässt er sich mit seiner Frau Nofretete und den gemeinsamen Töchtern in bislang ungewohnter Weise bei privaten Handlungen darstellen.

Nach und nach wechselt der König die gesamte Beamtenschaft aus und umgibt sich mit getreuen Anhängern aus den unteren Volksschichten. Nachdem er seine politische Macht auf diese Weise gefestigt hat und die religiösen Reformen ebenfalls voranschreiten, beschließt Echnaton den Bau einer neuen Hauptstadt. Zwischen Memphis und Theben entsteht in Mittelägypten die neue Residenz Achet-Aton. Nachdem die ersten Paläste, Tempel, Verwaltungsgebäude und Wohnhäuser fertig gestellt sind, siedelt der Hof nach Achet-Aton über und Echnaton schickt nun Heerscharen von Steinmetzen aus, um im gesamten Reich den Namen des Gottes Amun zu tilgen.

Von seinen innenpolitischen Aktivitäten ganz in Anspruch genommen, vernachlässigt Echnaton die Sicherheit des Reiches. Das Archiv des ›Außenministeriums‹ in der Residenz Achet-Aton, von Archäologen in Teilen gerettet und erschlossen, vermittelt ein Bild jener Tage. Fremdvölker dringen in Palästina ein, in Syrien schüren die anatolischen Hethiter Aufstände gegen die ägyptische Vorherrschaft. Hilferufe loyaler Vasallen verklingen ungehört.

Im 17. Regierungsjahr stirbt der König – ob eines natürlichen oder eines gewaltsamen Todes, ist ungeklärt. Nachfolger ist sein Schwiegersohn Tut-anch-Aton, der sich in Tut-anch-Amun umbenennt und zur Orthodoxie zurückkehrt.

tigen Würdenträger. Am interessantesten sind die Gräber der Nordgruppe, besonders Grab Nr. 1 (Huje, Aufseher des Harems der Königinmutter Teje), Nr. 2 (Merire II., Aufseher des Harems der Königin Nofretete und königlicher Schreiber), Nr. 4 (Merire I., Hohepriester des Aton und oberster Richter in Oberägypten).

In den farbig gefassten Reliefs ist sehr deutlich der neue Realismus der Amarna-Zeit zu beobachten. Insbesondere König Echnaton wird in wirklichkeitsnahen Körperproportionen – einem übergroßen Kopf mit fliehender Stirn, Hängebauch und spindeldürren Beinen – gezeigt. Auguste Mariette, erster Direktor des Ägyptischen Museums in Kairo, stellte aufgrund dieses deformierten Körperbaus die These auf, dass der Herrscher ein Eunuch gewesen sei, andere wollten in ihm eine Frau in Männerkleidern sehen. Medizinhistoriker haben die Vermutung geäußert, dass der Pharao einen Wasserkopf (Hydrozephalus) hatte und an der so genannten Fröhlich-Krankheit litt. Die männlichen Genitalien sind bei diesem Syndrom unterentwickelt, Fettpolster verteilen sich auf dem Bauch, den Oberschenkeln und dem Gesäß, während die unteren Extremitäten abgemagert erscheinen. Diese Deutungen stützen sich allerdings nur auf Bildhinweise.

Etwa 4 km südlich der Nordgruppe wurden weitere Würdenträger begraben (so genannte Südgruppe). Die letzte Ruhestätte des Echnaton befindet sich etwa 12 km östlich der Nordgruppe in einem abgeschiedenen Wadi. Das Grab war wegen Restaurierung längere Zeit geschlossen, kann jetzt aber wieder besichtigt werden. Nach wie vor wissen die Archäologen nicht mit Sicherheit, ob Echnaton hier wirklich begraben wurde.

Al Ashmunin und Tuna el Gebel

Reiseatlas: S. 234, B 3

Al Ashmunin etwa 8 km westlich von Mallawi war unter dem Namen Schmunu einst Hauptstadt des 15. oberägyptischen Gaus. Im Alten, Mittleren und im Neuen Reich sowie während der hellenistisch-ägyptischen Ära – damals unter dem Namen Hermopolis Magna – gehörte der Ort zu den bedeutendsten Siedlungen des Nil-Landes; nach altägyptischem Glauben ist Al Ashmunin die ›Wiege der Welt‹.

Auf dem ausgedehnten Ruinenfeld lohnt vor allem die Besichtigung der **frühchristlichen Basilika,** deren von Archäologen wieder aufgerichtete Säulen der Blickfang des in Trümmern liegenden Areals sind. Das Gotteshaus wurde im 5. Jh. der Jungfrau Maria geweiht. Daneben findet man überall Reste von Säulen und Kolossalstatuen sowie die **Ruinen des Tempels von Philippos Arridaios**, der ein Halbbruder von Alexander dem Großen war, Pavianstatuen des Gottes Thot und die Reste eines Thot-Tempels aus der Ära Ramses' II.

Tuna el Gebel, die Nekropole von Al Ashmunin, liegt etwa 10 km weiter Richtung Westen am Rande des Ackerlandes. Von besonderem Interesse ist hier der um 300 v. Chr. errichtete Grabtempel des Petosiris, der zu jener Zeit Hohepriester des Gottes Thot war. In der Eingangshalle dokumentieren Reliefs im hellenistisch-ägyptischen Mischstil das Alltagsleben der damaligen Zeit, im Innern sieht man die pharaonischen Götter in traditioneller Darstellung. Ein tiefer Grabschacht führt in die Bestattungskammer, den Sarkophag des Petosiris kann man heute im Ägyptischen Museum in Kairo betrachten.

Im **Grab der Isidora** befindet sich – in einer Vitrine – die Mumie eines griechischen Mädchens, das um die Zeitenwende im Nil ertrunken sein soll. Die Wandinschriften in griechischer Sprache beklagen den frühen Tod der Jungfrau.

Ferner findet man auf dem Areal eine **Katakombenanlage**, in der Abertausende von Vögeln und Affen bestattet wurden, sowie die älteste *sakiyya* Ägyptens. Das Schöpfwerk datiert aus der ptolemäischen Ära.

Abydos

Reiseatlas: S. 236, B 2
Abydos liegt gut 150 km nördlich von Luxor und etwa 12 km westlich des kleinen Städtchens Balyana. Da der kleine Ort über kein Hotel verfügt, empfiehlt es sich, Abydos im Rahmen eines Tagesausflugs von Luxor zu besuchen und dabei auch die Besichtigung des Hathor-Tempels von Dendera (vgl. S. 150) einzuschließen.

Organisierte Touren von Luxor aus nach Abydos und Dendera bieten die Reisebüros des Ortes an, von denen sich mehrere in den Kolonnaden des Hotels Old Winter Palace befinden. Wer die beiden Tempel individuell besuchen möchte, ist aus Sicherheitsgründen gezwungen, einen Tag vorher ein Taxi zu mieten und mit dem morgendlichen polizeibewachten Konvoi von Luxor aus zu den archäologischen Stätten zu kommen.

Abydos gehörte einst zu den heiligsten Orten des Nil-Landes. Hier wurde der Totengott Chenti Amentui (erster Bewohner des Westreichs) verehrt, der im Alten Reich mit dem Gott Osiris gleichgesetzt wurde. Nach dem Glauben der Alten Ägypter ist hier Osiris von den Toten auferstanden – ein wichtiger Grund für Könige und Würdenträger, sich an diesem Ort zur letzten Ruhe betten zu lassen. Wer in Abydos begraben lag oder dort einen Kenotaph oder eine Gedenkstele errichten ließ, konnte der Auferstehung des Gottes teilhaftig werden. Alljährlich stellte in Abydos ein Mysterienspiel den Tod des Osiris und seine Rückkehr zu den Lebenden dar.

Tempel Sethos' I.

Die bedeutendste Sehenswürdigkeit ist der im 11. Jh. v. Chr. errichtete Tempel von Sethos I., den Ramses II. vervollständigen ließ. Der **Eingangspylon** und der erste Pylon sind heute nicht mehr vorhanden. Im **ersten Hof** kann man an der linken Umfassungsmauer reliefierte Szenen aus dem Krieg von Ramses II. gegen die Hethiter erkennen.

Vom **zweiten Hof** führt eine Rampe zum heutigen **Tempeleingang**. Ursprünglich öffneten sich in der Fassade, vor der sich zwölf Pfeiler erheben, sieben Tore, die einst – nach Passage zweier Säulensäle – zu den sieben Götterkapellen im hinteren Teil des Tempels führten. Bis auf die mittlere Tür ließ Ramses alle Durchgänge zumauern. Links vom Eingangstor fasst eine lange Inschrift die Baugeschichte des Heiligtums zusammen.

Der **erste Säulensaal** misst 52 x 11 m, 24 Papyrussäulen tragen das Dach. Auf der rechten Seitenwand zeigen gut erhaltene **Reliefs** Ramses II. vor verschiedenen Gottheiten. Wiederum sieben Durchlässe führen in die zweite Halle mit 36 Säulen in drei quer gelagerten Reihen. Auch hier sind die Darstellungen auf der rechten Seitenwand am interessantesten; von rechts nach links: Sethos I. bringt Osiris und Horus Opfergaben dar, indem er aus drei blumengeschmückten Gefäßen Wasser vor den Göttern ausgießt. Das folgende Bild zeigt den Pharao, wie er mit einer Räucherpfanne vor der Osiris-Kapelle (s. u.) opfert; ganz links bringt Sethos die Maat – die Göttin der Wahrheit, die auf seiner Handfläche ›thront‹ – der Göttertrias Osiris, Isis und Horus dar.

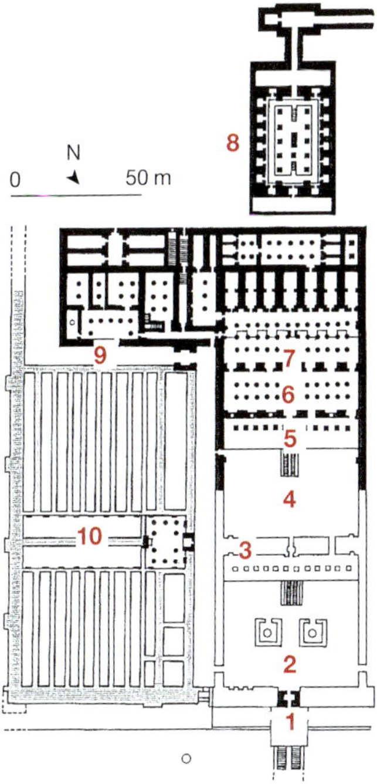

Tempel von Sethos I.

1 Eingangspylon
2 Erster Hof
3 Zweiter Pylon
4 Zweiter Hof
5 Haupteingang
6 Erster Säulensaal
7 Zweiter Säulensaal
8 Kenotaph (Osireion)
9 Königsgalerie
10 Magazine

DIE ENTZIFFERUNG DER HIEROGLYPHEN

Jean-François Champollion wird am 23. 12. 1790 in Figeac, einem kleinen Dorf im Südosten Frankreichs, geboren. Es heißt, dass er sich als Fünfjähriger selbst das Lesen beibrachte, indem er auswendig Gelerntes mit Geschriebenem verglich. Doch Jean ist ein miserabler Schüler. Daher holt ihn 1801 sein älterer Bruder nach Grenoble und übernimmt Erziehung und Ausbildung. Schnell erlernt der Elfjährige Latein, Griechisch und Hebräisch. Zwei Jahre später beginnt er mit dem Studium der arabischen, syrischen, chaldäischen und koptischen Sprache.

Am 1. 9. 1807 liest er in der Universität von Grenoble aus seinem Buch »Ägypten unter den Pharaonen«, und einstimmig wählen die Professoren den 17-jährigen zum Mitglied der Akademie. Champollion geht nach Paris, um seine Studien zu vervollständigen; im Gepäck hat er eine Abschrift des Rosette-Steines.

Pioniere hatten nahe der ägyptischen Stadt Rosette im westlichen Nil-Delta diesen Stein gefunden, in den drei verschiedene Inschriften eingraviert waren: 14 Zeilen hieroglyphisch, 22 Zeilen demotisch und 54 Zeilen griechisch. Kaum war der Fund in Kairo angekommen, begann ein napoleonischer General mit der Übersetzung des griechischen Textes und stellte fest, dass darin dem Ptolemaios V. Epiphanes im Jahre 196 v. Chr. von seinen Priestern in Memphis für erhaltene Wohltaten gedankt wurde.

Nach dem Sieg der Engländer über die Franzosen 1798 in Ägypten gelangte der Stein ins Britische Museum. Kopien aber kursierten in fast allen Ländern Europas. Linguisten versuchten sich an einer Entschlüsselung des hieroglyphischen Textes, da es für die Wissenschaftler außer Frage stand, dass alle drei Inschriften denselben Inhalt hatten. Doch keine Publikation kündete vom Erfolg der Bemühungen.

Am 30. 8. 1808 schreibt Champollion an seinen Bruder, dass er »für eine ganze Reihe von Buchstaben die richtigen Werte selbstständig« gefunden habe. Dann erreicht ihn die Nachricht, dass Alexandre Lenoir in seinem Buch »Nouvelle Explication« das Geheimnis der pharaonischen Schrift gelüftet habe. Doch Champol-

Quer zur Tempelachse liegen sieben Kapellen, die einst mit Türen verschlossen waren. Im hinteren Teil eines jeden dieser Heiligtümer stand das Kultbild des Gottes, im vorderen Bereich die heilige Barke. Die linke Kapelle war Sethos I. geweiht, es folgen die Kammern für die Götter Ptah, Harachte, Amun, Osiris, Isis und Horus.

Vom **zweiten Säulensaal** gelangt man nach links in die so genannte **Königsgalerie**. An der rechten Wand des Raumes befindet sich die

lion findet heraus, dass das, was Lenoir geschrieben hat, reine Scharlatanerie ist. Am 10. 7. 1809 empfängt der 19-jährige seine Ernennung zum Geschichtsprofessor der Universität Grenoble.

In den folgenden Jahren gerät Champollion in ein Netz von Intrigen, verstrickt sich in politische Abenteuer, ist in die Rückkehr Napoleons von Elba verwickelt und wird nach dessen endgültiger Verbannung als Verräter von seinem Lehrstuhl vertrieben. Dennoch arbeitet er unermüdlich an der Entzifferung der kryptischen Zeichen und legt 1822 seine »Lettre à M. Dacier relative à l'alphabet de hiéroglyphes phonétiques« vor. Schlagartig wird er in Europa zu einem berühmten Mann. Doch wie war ihm die Entzifferung gelungen?

Die antiken Geschichtsschreiber Herodot, Strabon und Diodor, die Ägypten bereist hatten, beschrieben die Hieroglyphen als unverständlich und gingen nicht weiter auf sie ein. Nur Horapollon hinterließ im 5. Jh. n. Chr. eine Würdigung der Hieroglyphen, die er als Bilderschrift interpretierte. Alle Übersetzungsversuche basierten auf der Überlieferung von Horapollon und gingen davon aus, dass jedes Zeichen als ein Bild mit symbolischen Sinngehalt zu sehen war.

Champollion dagegen schlägt einen anderen Weg ein. Für ihn sind die Hieroglyphen Buchstaben und keine Sinnbilder. Champollion beginnt seine Entschlüsselung mit den Königsnamen. Die griechische Inschrift auf dem Rosette-Stein enthielt den Namen des Herrschers Ptolemaios. Suchte man nun die Stelle, an welcher dieser Name, hieroglyphisch gefasst, auftauchen musste, so fanden sich dort einige Zeichen, die durch eine ovale Linie hervorgehoben waren (eine so genannte Kartusche). Konnten diese Zeichen nicht einzelne Buchstaben sein?

Champollion kommt das Glück zu Hilfe. 1815 war der Obelisk von Philae gefunden worden, der ebenfalls eine griechische und eine hieroglyphische Inschriftenzeile bot. Auch hier findet sich der Name Ptolemaios in einer Kartusche; eine zweite Kartusche scheint auf Grund des griechischen Textes den Namen Kleopatra zu enthalten. Als Champollion die Hieroglyphen beider Königsnamen untereinander schreibt, erkennt er, dass im Namen von Kleopatra das zweite, vierte und fünfte Zeichen mit dem vierten, dritten und ersten Zeichen im Namen Ptolemaios identisch sind – Champollion hatte den ersten wichtigen Schritt zur Entzifferung der Hieroglyphen getan.

Herrscherliste von Abydos, die alle ägyptischen Pharaonen von Menes bis zu Sethos I. aufführt (lediglich einige unbedeutende oder unrechtmäßig auf den Thron gekommene Herrscher fehlen in der Auflistung). Vor den Inschriften huldigen Sethos I. und der noch jugendliche Ramses II., der eine Papyrusrolle in den Händen hält, ihren großen Vorbildern.

Der von der Königsgalerie nach rechts abgehende Raum mit einem Treppenhaus zeigt an den Wänden, wie Bauern sich im Vogelfang üben.

Hinter dem Tempel, allerdings tiefer gelegen, befindet sich das Osireion, das **Scheingrab von Sethos I**. Die Anlage war einst in einen künstlichen Hügel eingetieft; um den zentralen Saal verlief ein Wassergraben, gespeist von einem Nil-Kanal. Das Wasser symbolisierte den Ur-Ozean, der Saal den Ur-Hügel, aus dem die Welt erstand.

Dendera

Hathor-Tempel

Reiseatlas: S. 236/37, C/D 2/3
Etwa 65 km nördlich von Luxor und 8 km westlich von Qena liegt der Hathor-Tempel von Dendera. Bereits im Alten Reich soll an dieser Stelle ein Heiligtum bestanden haben, die derzeitige Anlage geht auf die Ptolemäer zurück; vollendet wurde der Tempel während der Zeit der römischen Herrschaft.

Das heilige Areal ist von den Resten einer 290 m langen und 280 m breiten Mauer umgeben und umfasst neben dem Haupttempel **zwei Geburtshäuser** (Geburtshaus der Isis und römisches Geburtshaus), ein so genanntes **Sanatorium,** die Ruinen einer **koptischen Kirche** aus der zweiten Hälfte des 5. Jh., einen **heiligen See** sowie ein kleines **Isis-Heiligtum.**

Da der Hathor-Tempel weder einen Eingangspylon noch einen säulenbestandenen Vorhof besitzt, blicken Betrachter, wenn sie den Temenos betreten, geradewegs auf die Fassade der Vorhalle. Insgesamt 24 Säulen, deren Kapitelle auf allen vier Seiten den Kopf der Göttin Hathor zeigen, schmücken den 42 x 25 m großen Saal. Auf der Innenseite der Fassadenwand sind die römischen Kaiser Augustus, Tiberius, Caligula, Claudius und Nero als ägyptische Pharaonen dargestellt.

Im folgenden Saal zeigen Reliefs die ›Grundsteinlegung‹ des Tempels. Rechts vom Eingangsportal: Mit der unterägyptischen Krone angetan, verlässt der König seinen Palast, ein Priester huldigt ihm. Links daneben lockert der Pharao vor der Göttin Hathor mit einer Hacke den Boden auf, Sinnbild für den ersten ›Spatenstich‹. Links vom Eingang findet sich die gleiche Szene, allerdings trägt der König hier die Krone von Oberägypten.

Rechts und links des Saales öffnen sich jeweils drei Kammern, die früher unter anderem als Labor zur Herstellung von Kultsalben und als Magazine für die Tempelschätze genutzt wurden.

Der Tempelachse folgend, gelangt man durch den Opfersaal (der König opfert der Göttin Hathor) und einen weiteren Vorraum in das Sanktuarium, in dem sich einst die heiligen Barken mit den Götterbildern befanden. Rund um das Allerheiligste verläuft ein Gang, an den sich zwölf Kammern reihen – Speicher zur Aufbewahrung von Kultgegenständen. Aus zweien dieser Räume führen steile und enge Treppenschächte hinunter in die Krypten des Tempels. Die farbigen Reliefs an den Wänden dieser unterirdischen Räume sind noch gut erhalten. Leider sind die Kammern durch steigendes Grundwasser bedroht.

Über zwei Treppen erreicht man vom Opfersaal das Tempeldach, von wo sich ein guter Ausblick über das gesamte archäologische Areal bietet. Anlässlich des Neujahrsfestes trugen Priester das Kultbild der Göttin Hathor in einer Prozession dort hinauf und boten es den Strahlen der Sonne dar.

Beachtung verdienen auf dem Dach zwei Bauten: der kleine Hathor-Kiosk in der Südwestecke sowie die östliche Osiris-Kapelle. Hier befindet sich im mittleren Raum eine Gipskopie des berühmten Tierkreises von Dendera (Original im Louvre), der einzigen kreisförmig ausgeführten Himmelsdarstellung der Ägypter. Vom Dach des Hathor-Tempels hat man einen weiten Blick auf das heilige Areal und die Felder der Fellachen.

Dendera
Hathor-Tempel

1 Osttor
2 Tempel
3 Isis-Tempel
4 Heiliger See
5 Allerheiligstes
6 Stadt
7 Brunnen
8 Vorhalle
9 Hof
10 Sanatorium
11 Hathor-Kapelle
12 Mammisi Nektanebes' I.
13 Koptische Kirche
14 Römische Mammisi
15 Tor
16 Römischer Brunnen

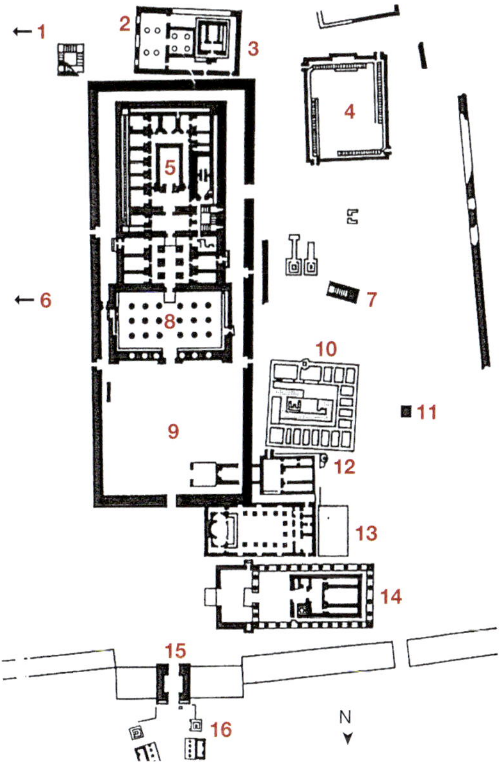

Oberägypten

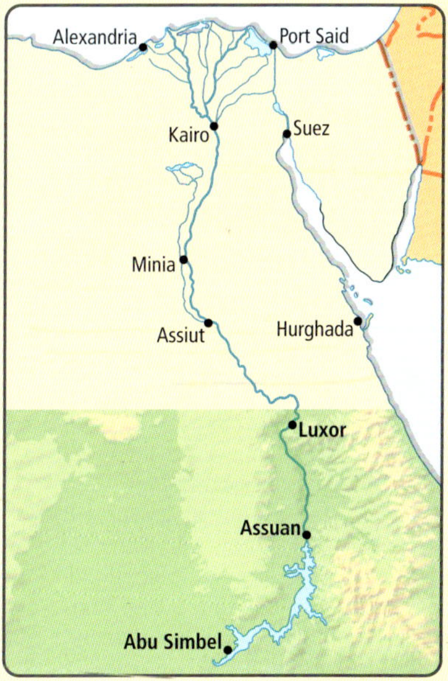

Im nubischen Dorf auf Elephantine

Reiseatlas: S. 236–239

LUXOR UND UMGEBUNG

Nirgendwo gibt es mehr gut erhaltene Zeugnisse einer der ersten Hochkulturen der Menschheit als in Karnak und Theben-West. Zu den Höhepunkten im Tal der Könige zählt das Grab des Tut-anch-Amun. Auch die Tempel von Esna, Edfu und Kom Ombo sind eindrucksvolle Hinterlassenschaften des Pharaonenreiches.

Reiseatlas: S. 236/37, C/D 3
Am östlichen Ufer des Nil erstreckt sich heute der moderne Teil der einstigen Pharaonenkapitale mit den beiden gut erhaltenen Tempelanlagen, dem Luxor- und dem Karnak-Heiligtum, deren Besichtigung zu den Höhepunkten einer Ägypten-Reise zählt.

Am Strom entlang zieht sich die breite Corniche, die Flaniermeile der 60 000 Einwohner zählenden Stadt, die Niluferstraße, auf der man flanieren und den Blick auf den Fluß mit Feluken und Hotelschiffen genießen kann.

Von der Corniche kann man auf der anderen Nilseite in der Ferne ein rostrotes Sandsteinmassiv sehen, zu dessen Füßen der Totentempel der Königin Hatshepsut liegt. Hier, westlich des Stromes, außerhalb des Fruchtlands, befinden sich mitten in der Wüste die Totentempel der Herrscher und die vielen hundert Grabstätten von einfachen Handwerkern bis hin zu den großen Pharaonen.

Die Monumente gehen auf das ›hunderttorige Theben‹ zurück, wie Homer in der »Ilias« die einstige Residenzstadt nannte. Theben (altägyptisch: Weset) war schon in ägyptischer Frühzeit ein wichtiger Ort, stieg aber erst nach der Vertreibung der Hyksos (Mitte des 2. Jt. v. Chr.) zum politischen und religiösen Zentrum des Pharaonenreichs auf und löste Memphis als Hauptstadt ab.

Östlich des Nil erhoben sich die königlichen Paläste und die großen Tempelbauten, westlich des Stromes breiteten sich die Nekropolen aus.

In der Zeit des Neuen Reiches (1551–1070 v. Chr.) war Theben eine der glanzvollsten antiken Städte. Um 1300 v. Chr. zählte sie nahezu 1 Mio. Einwohner. Die 21. Dynastie (1070–945 v. Chr.) verlegte dann den Sitz der Reichskapitale nach Tanis ins Nil-Delta und die Assyrer plünderten und zerstörten Theben um 666 v. Chr.

Unter den Ptolemäern (321 bis 30 v. Chr.) war Theben/Luxor ein un-

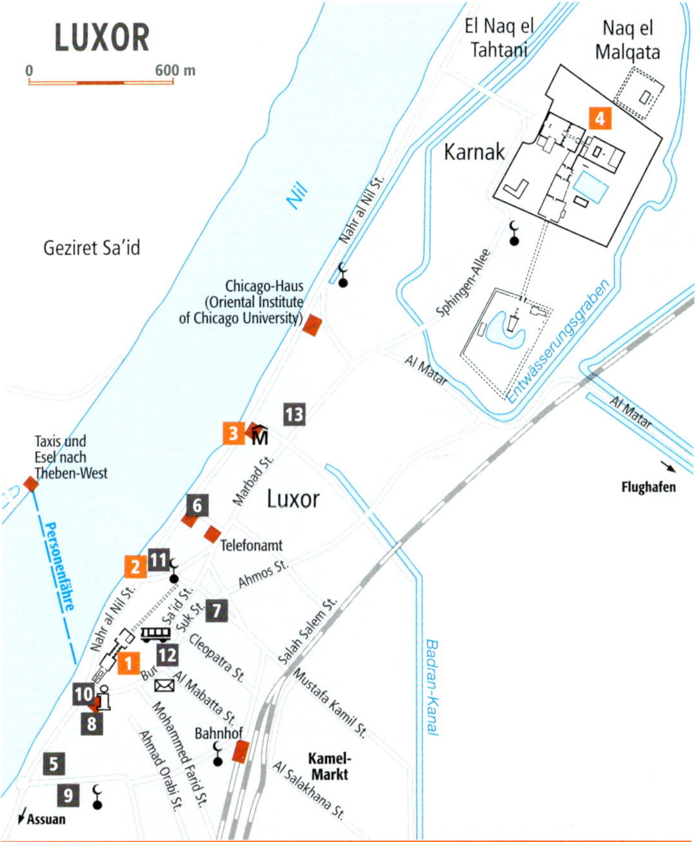

Sehenswürdigkeiten

1 Luxor-Tempel
2 Mumien-Museum
3 Luxor-Museum
4 Karnak

Übernachten

5 Old and New Winter Palace
6 Hotel Mercure
7 Emilio Hotel
8 Mercure Inn
9 Tutotel
10 Luxor Hotel
11 Mina Palace Hotel
12 Horus Hotel
13 Jugendherberge

bedeutendes Provinznest; zu Beginn der römischen Herrschaft ließ der Statthalter Cornelius Gallus den Ort zerstören. Erst der Tourismus brachte neue Impulse.

Der Luxor-Tempel

Direkt am Nil und mitten im Zentrum des modernen Luxor (Cityplan S. 155) liegt lang gezogen wie ein monumentaler, säulengeschmückter Riegel der Tempel für die Götterfamilie der alten Pharaonen.

Den ältesten Teil des **Luxor-Tempels** 1 ließ Amenophis III. (1402 bis 1364 v. Chr.) errichten. Das Heiligtum war den Göttern Amun, Mut und Chons geweiht. Heute betritt man den Tempel durch einen Pylon, den Ramses II. (1290–1224 v. Chr.) errichtete. Einst flankierten sechs etwa 14 m hohe Kolossalstatuen des Pharao sowie zwei Obelisken diesen Eingang.

Den westlichen Obelisk schenkte Muhammad Ali den Franzosen; seit 1836 ist die pharaonische Nadel das Wahrzeichen der Place de la Concorde in Paris. Von den sechs Statuen sind drei – zwei Sitzfiguren und ein Standbild – noch vorhanden. Die abgeschliffenen Reliefs auf dem Pylon zeigen Szenen aus der Schlacht von Kadesch, in der Ramses II. gegen die Hethiter kämpft. Einen großen Sieg errang der Pharao – auch wenn er dies in Bild- und Schriftdokumenten immer wieder behauptete – dort allerdings nicht; nur aufgrund ihrer disziplinierten Kampftechnik vermochten sich die Ägypter zu halten.

An den Pylon schließt sich ein 57 m langer und 51 m breiter, von Ramses II. erbauter **Säulenhof** an, den Doppelkolonnaden säumen. Zwischen den Papyrussäulen stehen etwa 7 m hohe Königsstatuen aus der Zeit von Amenophis III. Links schiebt sich die Moschee des Abu al Haggag in den Komplex, rechter Hand ließ Königin Hatshepsut ein kleines Heiligtum für die Götter Amun, Mut und Chons errichten. An der rechten Südwand des Hofes zeigt ein Relief neben der einstigen Originalfassade des Tempels mit Pylonen im Flaggenschmuck, mit Statuen und Obelisken einen festlich ausgerichteten Opferzug, der sich auf das Tor bewegt.

Südlich fügt sich dem Hof ein 52 m langer Säulengang an, den Amenophis III. errichten ließ und dessen Dekoration Tut-anch-Amun (1347–1338 v. Chr.) sowie Haremhab (1333–1306 v. Chr.) vervollständigten. Die 14 jeweils fast 16 m hohen Säulen, die in sieben Paaren angeordnet sind, laufen in Papyruskapitellen aus und tragen auf ihrer Deckplatte gewaltige Architrave. Die Reliefs auf den Einfassungsmauern des Säulengangs gaben Szenen des Opet-Festes wieder, bei dem die Götter aus dem Karnak-Tempel (s. S. 161ff.) mit Nil-Barken nach Luxor übergesetzt, auf Tragestangen in den Tempel gebracht und abends nach Karnak zurückgeführt wurden (die Bildwerke wurden in jüngster Zeit zerstört, vgl. S. 19).

Bei Restaurierungsarbeiten entdeckte man 1989 im Säulenhof mehrere gut erhaltene Steinstatuen, die Amenophis III., Haremhab, die Göttin Hathor sowie den Gott Atum darstellen. Diese außerordentlich schönen und elegant gearbeiteten Stücke kann man heute in einem eigenen Ausstellungsraum des Luxor Museums besichtigen. Archäologen vermuten, dass im Boden des Luxor-Tempels noch weitere Skulpturen zu finden sind.

Der auf den Säulengang folgende 46 m lange und 52 m breite Hof, eine Anlage von Amenophis III., ist auf drei Seiten von Doppelkolonnaden umgeben. Der Hof leitet zur Vorhalle des Sakralbereichs über. 32 schlanke Papyrussäulen trugen einst deren Decke; die Wände sind mit Reliefs geschmückt. Den anschließenden Raum mit acht Säulen bauten die Römer im 3. Jh. n. Chr. zu einem Heiligtum für den Kaiserkult um.

Die Baustruktur wird nun immer kleinteiliger und sakraler. Man gelangt in die Barkenkammer Alexander d. Gr., die von Kammern flankiert wird. Reliefs zeigen Ramses II. auf seinen Feldzügen durch Vorderasien. Im so genannten Geburtsraum ist die Geburt Amenophis' III. sowie seine Thronbesteigung zu sehen (die Reliefs sind schlecht erhalten).

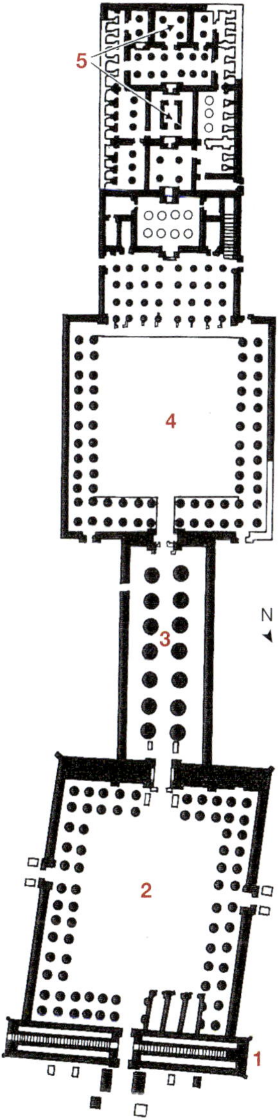

Luxor-Tempel

1 Pylon Ramses' II.
2 Hof
3 Kolonadengang
4 Hof
5 Allerheiligstes

MUMIEN
KÖRPER FÜR DIE EWIGKEIT

Höchstbegehrt waren die ägyptischen Mumien im Europa des 16. und 17. Jh., da man mit ihrer Hilfe viele körperliche Gebrechen glaubte heilen zu können. Die damaligen Ärzte benutzten die obskure ›Medizin‹ bei Abszessen, Knochenbrüchen, Lähmungen, Epilepsie, Blutstürzen, Halsschmerzen, Husten, Herzbeschwerden, Übelkeit, Magenleiden, Leberschäden und Vergiftungen.

Vom arabischen Reisenden und Schriftsteller Abd al Latif (1162–1231) weiß man, dass im Ägypten des 12. Jh. aus vorgeblich medizinischen Gründen Mumien preiswert ans Volk abgegeben wurden. John Sanderson, ein englischer Händler der Levante Company, berichtete von 600 Pfund mumifizierten Fleisches, das im 16. Jh. nach London verschifft und dort verkauft wurde. Auch in Deutschland sollen die Apotheken Mumienteile geführt haben.

Der Begriff Mumie geht auf das arabische Wort *mumiya* zurück, was so viel wie Pech oder Asphalt bedeutet. Abd al Latif nennt die Mumien in seinen Reisebeschreibungen ein »Gemisch aus Pech und Myrrhen«.

Zu unterscheiden ist zwischen natürlicher und künstlicher Mumifizierung. Eine natürliche Mumifizierung setzt besonders günstige Umweltbedingungen voraus. Im Britischen Museum in London kann man in einem Glaskasten den hervorragend konservierten Körper eines vordynastischen Ägypters besichtigen. ›Ginger‹, wie die Mumie wegen ihrer rötlichen Haare genannt wird, wurde um 3100 v. Chr. in der Wüste begraben, wo der heiße Sand den Körper rasch austrocknete. Wissenschaftler kamen zu dem Ergebnis, dass weniger die Einbalsamierungstechnik als vielmehr das trockene Klima des Nil-Landes und die Keimfreiheit der Luft und des Sandes die sterblichen Überreste konserviert haben.

Warum aber wurde der Körper eines Verstorbenen mit solcher Sorgfalt künstlich konserviert? In der Vorstellung der Ägypter bestand der Mensch aus dem Leib, der Lebenskraft und der Seele. Diese drei Teile fielen nach dem Tode auseinander und bildeten keine Einheit mehr. Um jedoch das Weiterleben im Jenseits zu sichern, ließen die Angehörigen den Körper mumifizieren und somit erhalten, spendeten der Lebenskraft Speise und Trank am Grabe und sorgten mit der Anlage eines kleinen Teiches für das Weiterleben der Seele (vgl. S. 44f.).

Herodot hinterließ folgende Beschreibung der Balsamierungstechnik: »Als erstes entfernen die Ägypter mit einem Metallhaken das Gehirn durch die Nase, aber nur zu einem Teil; den Rest lösen sie mit Drogen auf. Danach machen sie mit einem Stein aus Äthiopien einen langen Schnitt an der Seite des Bauches und nehmen alle Weichteile aus dem Körper. Die so entstandene Höhle reinigen sie mit Palmwein und aromatischen Essenzen. Dann füllen sie den Leib mit reinem Myrrhepulver, mit Kassia und anderen bekannten Duftstoffen, schließlich nähen sie den Schnitt wieder zu.«

Die Eingeweide wurden in Krügen, den so genannten Kanopen, aufbewahrt. Schließlich benötigte der Verstorbene seine Organe für die Auferstehung. Auch das Herz entfernte man und ersetzte es durch einen steinernen Skarabäus. Nun galt es, dem Körper jegliche Flüssigkeit zu entziehen, wofür die Balsamierer Natronsalz aus den ägyptischen Wüsten benutzten. Herodot berichtet: »Sie konservieren die Leiche nun mit dem trockenen Salz des Natron 70 Tage lang. Nach diesen 70 Tagen waschen sie die Mumie und umwickeln sie mit sehr feinen Leinenbinden. Diese werden mit einer Art Gummimasse überzogen, die die Ägypter an Stelle von Kleister verwenden.«

Finger, Hände und Füße wurden besonders bandagiert, hohen Persönlichkeiten steckte man goldene Kappen über Zehen und Finger. Die Leintücher tränkte man mit parfümierten Ölen oder einer asphaltenen Masse und erhöhte so ihre Haltbarkeit. Schließlich wurden kleine Schutzamulette in die Bandagen eingebunden. Auf der Suche nach diesen Schmuckstücken zerschnitten Grabräuber die Bandagen und zerstörten viele Mumien.

Abgesehen davon, dass die künstliche Mumifizierung im Laufe der Jahrhunderte technisch fortschritt und sich die älteren – schwarzen, trockenen und zerbrechlichen – Mumien von Memphis deutlich von den jüngeren – gelblichen und geschmeidigen – Körpern aus Theben unterscheiden, gab es unterschiedliche Qualitätsstandards im Balsamierungsprozess: »Wenn man den Balsamierern einen Toten bringt«, schreibt Herodot, »zeigen sie den Angehörigen Mumienmodelle aus bemaltem Holz. Die teuerste Klasse, so erklären sie ihnen, entspricht der Balsamierung des Osiris. Das zweite Muster, das sie ihnen anbieten, ist weniger sorgfältig und daher billiger balsamiert, und das dritte kostet am wenigsten. Sie fragen dann, zu welcher Ausführung sich die Verwandten des Toten entschließen möchten, und vereinbaren mit ihnen den Preis.« (zitiert nach Emma Brunner-Traut, Die Alten Ägypter – Verborgenes Leben unter Pharaonen, Stuttgart 1987).

Der nächtlich angestrahlte Luxor-Tempel

Mumien-Museum

Ein Stückchen weiter flussaufwärts befindet sich an der Corniche, gegenüber dem Billighotel Mina Palace, das kleine **Mumien-Museum** 2 von Luxor, das den Balsamierungskult (vgl. S. 158f.) der Alten Ägypter mit wenigen, aber schönen Exponaten verdeutlicht (Winter 9–13, 16–21, Sommer 17 bis 22 Uhr).

Luxor-Museum

Auf dem Weg nach Karnak bietet sich ein Besuch im **Luxor-Museum** 3 an (im Winter 9–13, 16–21, im Sommer 17–22 Uhr). Hervorragende, übersichtlich angeordnete und mit guten Erklärungen versehene Exponate – Statuen von Schreibern, die im Schneidersitz arbeiten, Würfelhocker, Götter- und Pharaonenskulpturen sowie eine lange Reliefwand aus der Zeit von Echnaton (1364–1347 v. Chr.) – ermöglichen Einblicke in die altägyptische Kultur und Kunst erläutern das pharaonische Weltbild. In einem gesonderten Raum finden sich die Steinfiguren von Amenophis III. und Haremhab sowie die Götterstatuen von Hathor und Atum, die 1989 im Säulenhof des Luxor-Tempels gefunden wurden.

Karnak

Etwa 3 km nördlich des Luxor-Tempels breitet sich, wiederum auf der Ostseite des Nils, die **›Tempelstadt‹ Karnak** 4 mit dem Großen Amun-Heiligtum sowie dem Tempel des Month und der Mut aus.

Die Anfänge des Amun-Tempels reichen bis in die Zeit der 12. Dynastie (1991–1785 v. Chr.) zurück – bis in die Ptolemäerzeit hinein ließ jeder große Herrscher Erweiterungen vornehmen. Jahrhundertelang war Karnak religiöses Zentrum des Pharaonenreiches. »Wie schön ist doch der Tempel des Amun«, heißt es in einer thebanischen Inschrift, »wenn der Tag mit Feiern vergeht.«

Erster Pylon

Entlang einer Allee von widderköpfigen Sphingen – der Widder war eine Verkörperung des Gottes Amun – erreicht man den ersten Pylon, der aus der Ptolemäerzeit (Mitte des 4. Jh. v. Chr.) datiert und unvollendet blieb; mit 43,5 m Höhe, 113 m Breite und einer Mauerstärke von 15 m hat er eindrucksvolle Maße. Es schließt sich ein offener, um 750 v. Chr. geschaffener Hof an, der 84 m tief und 103 m breit ist. Links, jenseits des Eingangs, erhebt sich auf dem Hof ein kleiner, unter Sethos I. (1304 bis 1290 v. Chr.) erbauter Tempel, der den Göttern Amun, Mut und Chons geweiht ist. Auf der rechten Seite, quer zur Tempelachse, ehrt ein kleines Heiligtum mit 20 Osirispfeilern dieselbe Göttertrias. Diesmal war Ramses III. der Stifter. Auf der Hoffläche zieht eine 21 m hohe Säule die Aufmerksamkeit auf sich – eine von ehemals zehn Stützen, mit denen der Pharao Taharqa (690–664 v. Chr.) einen Säulengang ausstattete. Eine aus Rosengranit geschlagene Kolossalstatue von Ramses II. erhebt sich am Hofausgang vor dem zweiten Pylon.

Der Große Säulensaal

Durch den **zweiten Pylon** gelangt man in den Großen Säulensaal, der zu Recht als ein ›Weltwunder‹ gepriesen wird. Auf einer Fläche von 5408 m² ragen in 16 Reihen 134 reich dekorierte Säulen empor – die zwölf höchsten sind um die 21 m hoch. An den Außenwänden der Halle zeigen Reliefs die siegreichen Schlachten von Sethos I. (nördliche Wand) und Ramses II. (südliche Wand) über Gegner aus Palästina und Libyen. Bemerkenswert am linken Teil der südlichen Außenwand ist die Siegesinschrift des Scheschonk, die vom erfolgreichen Feldzug gegen Rehabeam von Juda, Salomons Sohn, kündet.

Mittelhof

Zwischen dem dritten und vierten, von Amenophis III. bzw. Thutmosis I. errichteten Pylon, die beide stark beschädigt sind, weitet sich ein Mittelhof, in dem einst zwei Obelisken von Thutmosis I. (1505–1493 v. Chr.) und ein weiteres Paar von Thutmosis III. (1490–1436 v. Chr.) standen.

Nur ein 20 m hoher und 130 t schwerer Monolith des ersten Thutmosis blieb erhalten; er zeigt u. a. die Weihe-Inschrift des Königs.

Obelisk der Königin Hatshepsut

In der angrenzenden Säulenhalle ragt der Obelisk der Königin Hatshepsut (1490–1468 v. Chr.) auf. Mit einer Höhe von 29,5 m und einem Gewicht von rund 320 t ist er nach dem Lateran-Obelisken in Rom und dem unvollendeten Monolithen in Assuan (vgl. S. 196) der größte unter den altägyptischen Obelisken. Deutlich sieht man die Abarbeitungen im Stein, die Echnatons (1364–1347 v. Chr.) Handwerker geschlagen haben, um den Namen des Gottes Amun zu tilgen (vgl. S. 144).

Durch den fünften Pylon gelangt man in zwei weitere, stark zerstörte Vorhallen, danach in einen Saal mit zwei Granitpfeilern. Der rechte trägt als Emblem eine Lilie, die Wappenpflanze von Oberägypten, der linke

Die Tempelanlage von Karnak

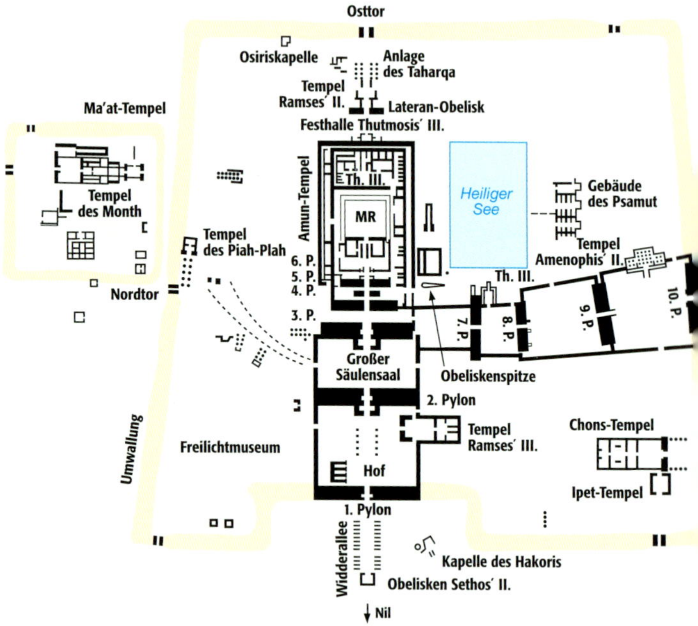

einen Papyrus, Symbol Unterägyptens.

Es folgt das **Kultzentrum.** Auf dem noch vorhandenen Sockel standen einst die heilige Barke und das Götterbild. Das Sanktuarium umschließt der Annalensaal, dessen Wände mit Inschriften bedeckt sind.

Über ein Trümmerfeld mit Resten aus der Zeit des Mittleren Reiches (2040–1650 v. Chr.) erreicht man die **Festhalle von Thutmosis III.** 20 Säulen und 32 Pfeiler stützen die Decke des 44 m langen und 16 m breiten Saales.

Der Tempelachse folgend, geht es weiter zu den Ruinen des unter Thutmosis III. errichteten, unter Ramses II. und Taharqa erweiterten und modifizierten Obeliskentempels, dessen größter, etwa 31 m hoher Monolith heute auf dem Lateran-Gelände in Rom steht. Auf dem Tempelgrund finden sich nur noch zwei Basen vom Obelisken der Hatshepsut.

Am Ende des Besichtigungsgangs erblickt man das knapp 20 m hohe Osttor der Tempelmauer, das der Ptolemäer Nektanebos I.

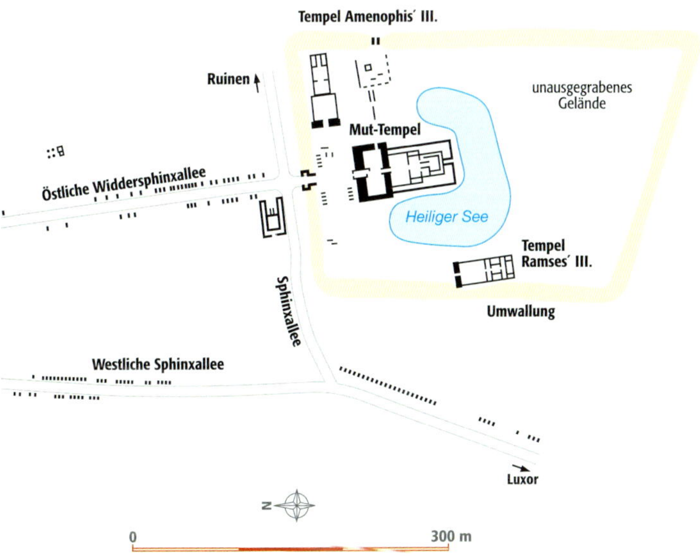

(378–361 v. Chr.) erbauen ließ – es liegt fast 500 m vom Eingangspylon entfernt.

Nördlich des Großen Amun-Tempels ließ Thutmosis III. dem Ptah, dem Schutzgott von Memphis, ein kleines Heiligtum errichten; in der Ptolemäerzeit wurde es erweitert. Der stark zerstörte Tempel des Gottes Month, noch ein wenig weiter, ist nur noch in Teilen seiner Grundstruktur zu erkennen.

Tempel der Mut

Zwischen dem dritten und vierten Pylon des Amun-Tempels verläuft Richtung Süden eine **Prozessionsstraße** mit vier Pylonen sowie einer **Sphingenallee** in Richtung des Tempels der Mut. Erste Attraktionen bei der Besichtigung sind die Spitze des Hatshepsut-Obelisken und ein Riesenskarabäus aus Granit. Beide liegen am westlichen Ufer des **heiligen Sees,** der einst für rituelle Bootsfahrten genutzt wurde.

Zwischen dem See und dem Amun-Tempel erhob sich auch das jetzt weitgehend zerstörte Gebäude des Taharqa. Im Hof vor dem siebten Pylon wurden Aufsehen erregende Funde gemacht. In einer Grube entdeckten die Archäologen fast 18 000 Statuen aus Stein und Bronze, die aus dem Amun-Tempel stammten und hier in 14 m Tiefe, im Zuge einer Tempelreinigung ›begraben‹ wurden.

Den achten Pylon ließ die Königin Hatshepsut errichten, den neunten Pharao Haremhab. Im anschließenden Hof liegt an der östlichen Mauer

Mit einer *kalesh,* einer Pferdedroschke, geht's vom Luxor-Tempel nach Karnak

ein kleines **Heiligtum Amenophis' II**. Der zehnte Pylon, ebenfalls in der Regierungszeit des Haremhab errichtet, leitet in die Sphingenallee zum Mut-Tempel über. Westlich davon befindet sich der Chons-Tempel, erbaut unter Ramses III. und mit dem Luxor-Tempel durch eine weitere Sphingen-Allee verbunden. Das von Amenophis III. in Auftrag gegebene Heiligtum der Mut wird hufeisenförmig von einem heiligen See umschlossen. Große und kleine, die Göttin Sachmet darstellende Katzenstatuen, ziehen das Augenmerk der Besucher auf sich. Am Westufer des sakralen Teiches steht ein kleiner Tempel, errichtet unter Ramses III. Dieses Tempelareal ist seit vielen Jahren gesperrt, da in großem Umfang Restaurierungen vorgenommen werden. Besucher können sich jedoch nach Zahlung eines Bakschisch von dem Wächter über das Gelände führen lassen.

Theben-West

Außerhalb des Fruchtlands befinden sich westlich des Nil mitten in der Wüste auf einem viele Quadratkilometer umfassenden Areal die einstigen Totentempel der Pharaonen sowie die Gräber der ehemaligen Herrscher des ägyptischen Reiches und der einfachen Handwerker.

Der Bus- und Autoverkehr nach Theben-West verläuft über eine **Brücke,** die etwa 7 km südlich von Luxor den Nil überspannt. Links der Straße, etwa 2 km hinter den Memnon-Kolossen, befindet sich der **Kiosk** von Theben-West, an dem die Eintrittskarten (für Studenten ermäßigter Eintritt) für alle Nekropolen und Tempel verkauft werden, ausgenommen die Karten für das Tal der Könige. Diese werden dort am Eingang verkauft. Bereits hier muss man die Entscheidung darüber fällen, welche historischen Stätten man besuchen will. Da die Tickets nur einen Tag gültig sind, sollte man die Besichtung sorgfältig planen.

In Luxor kann man bei vielen Verleihstellen im Stadtzentrum Fahrräder mieten. Man sollte aber die Entfernungen nicht unterschätzen – wer alle Sehenswürdigkeiten besuchen möchte, muss eine Strecke von etwa 30 km bewältigen. Bequemer und schneller geht es mit einem Taxi, das in Luxor wie auch auf der anderen Nil-Seite gemietet werden kann. Schließlich besteht die Möglichkeit, einen Esel samt Treiber zu mieten. Mit dem Taxi oder dem Bus (bei Pauschalarrangements) lassen sich alle Sehenswürdigkeiten von Theben-West in einer allerdings sehr anstrengenden Tagestour besuchen. Wer das Fahrrad benutzt oder auf einem Esel reitet, muss für den Besuch der Nekropolen mindestens zwei Tage kalkulieren.

Memnon-Kolosse

Die beiden etwa 18 m hohe Sitzstatuen der Memnon-Kolosse, die Amenophis III. darstellen, sind die einzigen Reste seines Totentempels. In der Ptolemäerzeit benannte man

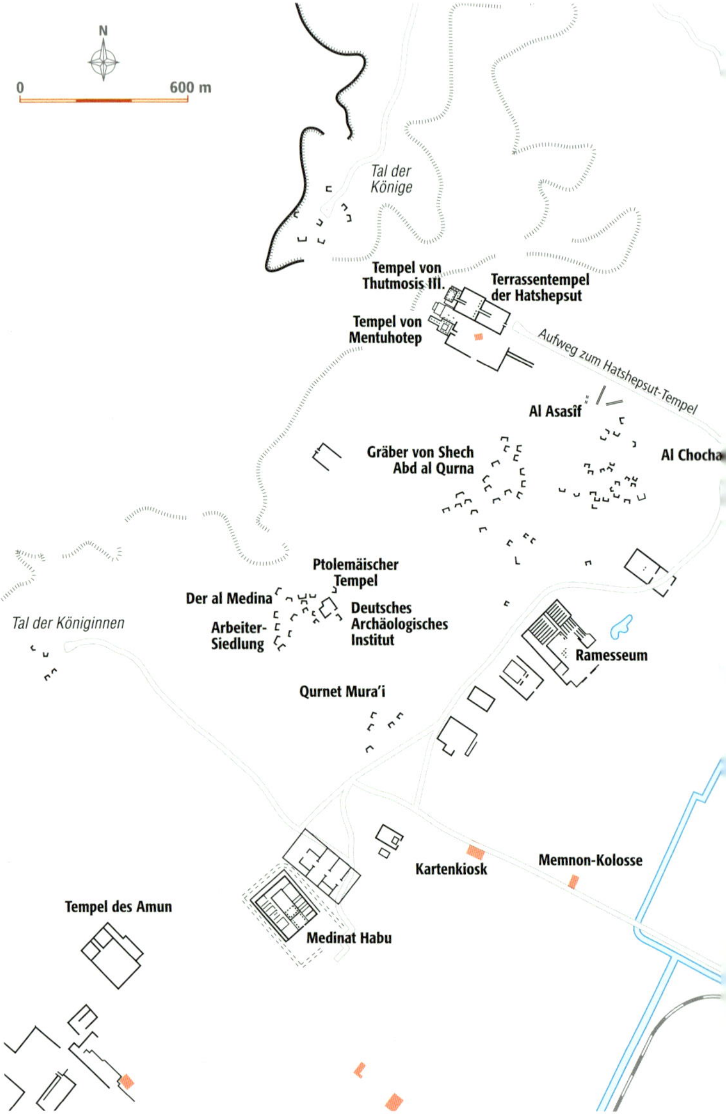
N
0
600 m
Tal der Könige
Tempel von Thutmosis III.
Terrassentempel der Hatshepsut
Tempel von Mentuhotep
Aufweg zum Hatshepsut-Tempel
Al Asasîf
Gräber von Shech Abd al Qurna
Al Chocha
Ptolemäischer Tempel
Der al Medina
Deutsches Archäologisches Institut
Arbeiter-Siedlung
Tal der Königinnen
Ramesseum
Qurnet Mura'i
Kartenkiosk
Memnon-Kolosse
Tempel des Amun
Medinat Habu

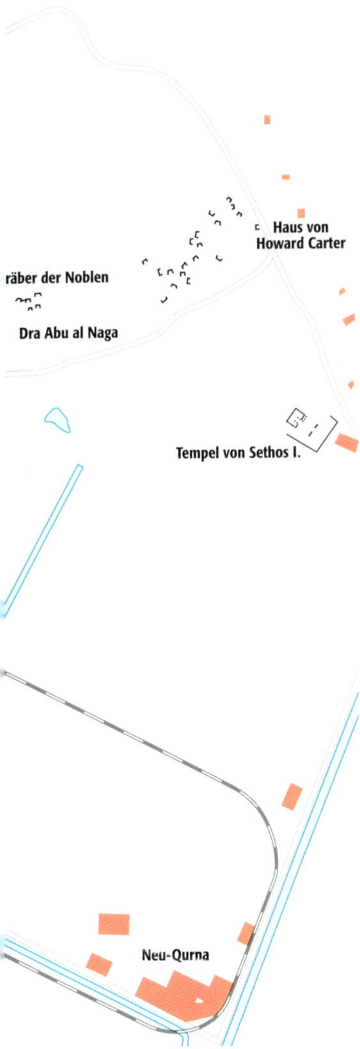

die Figuren nach dem mythischen König Memnon, der im Trojanischen Krieg von Achilles getötet wurde. Die Namensgebung ging wahrscheinlich auf den lautmalerischen Gleichklang von Amenophis und Memnon zurück.

Kurz vor der Zeitenwende fügte ein Erdbeben dem nördlichen Koloss schwere Schäden zu, Risse durchzogen den Block, und von Stund an vernahmen die erstaunten Besucher bei Sonnenaufgang einen klagenden Ton. Dadurch wurden die beiden Statuen zu einer ›Touristenattraktion‹ der Antike, und das allmorgendliche ›Stöhnen‹ ging in die griechische Mythologie ein: Memnon grüßte – so die sagenhafte Erklärung – beim Erwachen seine Mutter Eos, die Göttin der Morgenröte, die tränenreich (in Form des Morgentaus) auf die Klage ihres Sohnes antwortete.

Die Geschichtsschreiber Strabon, Pausanias und Juvenal besuchten die Monolithe, viele andere taten es ihnen gleich und hinterließen Graffiti an den Kolossen. Schon lange ist das Klagelied des Memnon verstummt. Im Jahre 199 n. Chr. ließ der Kaiser Septimius Severus die Statue restaurieren – seither blieb der Gesang aus. Man nimmt an, dass die starken Temperaturunterschiede zwischen Tag und Nacht sowie die Schwankungen der Luftfeuchtigkeit in den Kavernen der Kolossalfigur allmorgendlich Steinpartikel absprengten, wodurch der Ton erzeugt wurde.

Die beiden Memnon-Kolosse sind etwa 18 m hoch

Medinat Habu

Medinat Habu, der Toten- und Festungstempel von Ramses III. (1184–1153), ist eine der besterhaltenen Anlagen jener Zeit in Theben-West. Der ungewöhnliche Torbau in der 17 m hohen Umfassungsmauer geht wohl auf syrische Festungsanlagen zurück. Das Burgtor diente aber nicht nur zur Verteidigung, sondern wurde bei privaten Aufenthalten des Pharao genutzt, wie die vielen Reliefs von Ramses III. und seiner Gemahlin im Innern zeigen.

Der **erste Pylon** des großen Tempels trägt gut erhaltene Reliefs: Der König siegt über die Libyer, weit ausholend schlägt er mit der Keule auf die Feinde ein. Im ersten Hof, der 33 x 42 m misst, sind die Wände reich mit historischen Darstellungen geschmückt. Der Pylon zeigt auf der südlichen Rückseite, wie der Herrscher in seinem Streitwagen die Libyer verfolgt, die sich in heilloser Flucht befinden.

Auf dem nördlichen Pylonteil ist Ramses III. zu sehen, wie er die Beute und die Kriegsgefangenen inspiziert. Auf der nördlichen Hofwand erkennt man von rechts nach links den König bei Gebet und Opfer, bei der Feier anlässlich seines Sieges über die Feinde, beim Sturm mit Pfeil und Bogen auf eine Festung und bei der Rückkehr vom Feldzug, begleitet von einem Kriegslöwen und Gefangenen, die er den Göttern Amun, Mut und Chons zuführt.

Hinter den Säulen der Südwand liegt die Fassade des **Königspa-**

lastes; drei Tore führen in dieses Areal. Man erkennt noch deutlich den Empfangsraum mit der Basis für den Thron, ein Badezimmer, Waschräume, das Schlafzimmer des Pharao sowie die Gemächer der Königin.

Auch auf den Reliefs des **zweiten Pylons** führt der Herrscher Gefangene vor Amun und Mut. Der zweite, 38 m lange und 42 m breite Hof wurde in frühchristlicher Zeit zu einer Kirche umgewidmet. Die nördlichen und östlichen Hofmauern dokumentieren im oberen Register von rechts nach links die Feiern für den Erntegott Min, unten die Prozession der heiligen Barken mit der thebanischen Göttertrias.

Durch einen **Säulenhof** und zwei anschließende kleine Säulenvorräume gelangt man ins Allerheiligste mit den sakralen Nebenkammern. Magazinräume für die Tempelschätze öffnen sich seitlich der Höfe und Hallen.

Den kleinen Tempel von Medinat Habu ließ Königin Hatshepsut errichten, Thutmosis III. veränderte ihn, auch spätere Herrscher modifizierten die Anlage.

Tal der Königinnen

Im Tal der Königinnen (Biban al Harim) befinden sich **Gräber von Herrschergemahlinnen und Prinzen,** bestehend meist aus Vorraum, Gang, Kultraum und einem Nebenraum mit dem Sarkophag. Einige stammen aus der 17. Dynastie, die meisten aber aus der 19./20. Dynastie. Nicht alle Grabstätten sind für Besucher geöffnet.

Die Reliefs und Wandmalereien in den letzten Ruhestätten der Königinnen und Prinzen sind wesentlich bescheidener als in den Gräber im Tal der Könige (vgl. S. 173f.). Aber auch hier folgen die Szenen den Vorgaben aus dem Amduat-Buch (dem Totenbuch) und dem Pfortenbuch (vgl. S. 176). Besonderes Interesse verdienen die Gräber Nr. 40 (unbekannte Königin), Nr. 43 (Prinz Seth-her-chopeschef, Sohn Ramses' III.), Nr. 44 (Prinz Chaemweset, ebenfalls ein Sohn Ramses' III.), Nr. 52 (Königin Titi), Nr. 55 (Prinz Amun-her-chopeschef, ein weiterer Sohn von Ramses III.), Nr. 66 (Königin Nefertiri. Die Wandmalereien im Grab der Ramses-Gattin wurden restauriert). Zu einem recht hohen Eintrittspreis von 100 L. E. kann das klimatisierte Grab täglich von einer begrenzten Besucherzahl besichtigt werden. Um Beschädigungen der farbigen Reliefs durch die feuchte Atemluft zu verhindern, müssen die Touristen Schutzmasken tragen (vgl. S. 19).

Der al Medina

Ein etwa halbstündiger Fußweg führt vom Tal der Königinnen zur **pharaonischen Arbeitersiedlung** Der al Medina, wo gut erhaltene Fundamente die Dorfanlage erkennen lassen. Im Norden des Areals befindet sich ein kleiner Tempel aus der Ptolemäerzeit, im Westen liegen die Privatgräber der Arbeiter. Auch hier sind nur einige Grabanlagen geöff-

ARBEITSALLTAG IN DER AL MEDINA

Über 200 Jahre, von 1290 bis 1070 v. Chr., bewohnten etwa 70 Arbeiterfamilien das kleine, von einer hohen Mauer umschlossene Dorf Der al Medina in Theben-West. Zwar blieben von den Häusern nur die Fundamente erhalten, doch konnten Archäologen die Anlage rekonstruieren. Jeder Familie standen durchschnittlich 90 m^2 zur Verfügung. Die Zimmer eines jeden Hauses waren vom Dorfplatz zur Dorfmauer hin gestaffelt, die gleichzeitig den letzten Raum abschloss.

Von der kleinen Siedlung gelangten die Arbeiter der Nekropole, die Maler und Bildhauer, über den Hügelkamm in das Tal der Könige. Während der Woche lebten die Handwerker in einfachen Hütten auf der Baustelle, abends gingen sie nicht ins Dorf zurück – zu groß erschienen die Gefahren eines nächtlichen Marsches durch die Wüste.

Zwei Vorarbeiter leiteten die Grabungen vor Ort, das gesamte Projekt aber stand unter der Kontrolle des Wesirs, der manchmal selbst zur Baustelle kam oder einen Beauftragten zur Überwachung schickte. Schreiber registrierten die Arbeitsleistung eines jeden Beteiligten ebenso wie dessen Versäumnisse, listeten die ausgeliehenen Werkzeuge auf und legten ihre Berichte dem Wesir zur Kenntnis vor.

30 Tage dauerte der Arbeitsmonat, der sich in drei Wochen zu je zehn Tagen gliederte. Der zehnte, 20. und 30. Tag waren als ›Sonntag‹ arbeitsfrei. Zumindest unter Pharao Ramses II. wurde auch am neunten, 19. und 29. Tag nicht gearbeitet. Am Ende eines jeden Monats wurde den Handwerkern von einer Versorgungstruppe ihr Lohn in Form von Naturalien ausbezahlt. Neben Getreide, Gemüse und Fisch gehörten dazu Holz als Brennmaterial sowie in unregelmäßigen Abständen Fett, Öl und Kleidungsstücke. War der Pharao mit dem Fortgang der Arbeiten zufrieden, gab es manchmal als ›Sondergratifikation‹ Wein oder Bier, Fleisch und Salz.

Regelmäßig wurde Wasser in Schläuchen vom Nil herangeschafft und in die Zisterne entleert; der dörfliche Wasserverwalter teilte dann den einzelnen Familien das kostbare Nass zu. Da das Dorf in der Wüste lag, ging man sehr sparsam mit dem Wasser um. Die Versorgungstruppe aus der Hauptstadt nahm auch die Kleidung der Bewohner mit und ließ sie in ›Wäschereien‹ reinigen. Die Einwohner von Der al Medina waren wohlhabend genug, um sich einen oder mehrere Sklaven halten zu können. Wer nicht über die dazu nötigen Mittel verfügte, konnte einen Sklaven mieten – zu einem Satz von 16 Deben Kupfer pro Tag (knapp 1,5 kg, 1 Deben = 91 g).

Das Zusammenleben auf engstem Raum führte zu Konflikten, wie die ›Akten‹ der Arbeitersiedlung übermitteln. Das Dorf besaß eine eigene Gerichtsbarkeit, schwere Strafen jedoch, aber auch Begnadigungen, konnte nur der Wesir, der höchste Minister, des Pharao anordnen.

In ihrer arbeitsfreien Zeit trieben die Arbeiter von Der al Medina ihre eigenen Gräber in das Gebirgsmassiv gegenüber dem Dorf. Die Grabgewölbe gestalteten sie mit großer Sorgfalt und bemalten die Wände mit farbigen Darstellungen und Alltagsszenen. Im Laufe der Zeit wurde der gesamte Bergzug mit Stollen durchzogen und es kam vor, dass ein Arbeiter einen Schacht für seine letzte Ruhestätte in den Berg trieb und in ein bereits fertiges Grab einbrach.

Die Arbeitersiedlung war von den Lieferungen der Versorgungstruppe abhängig. Kamen die Lebensmittel nicht pünktlich, gerieten die Familien in eine schwierige Situation. Da ihr Dorf nicht im Fruchtland lag, konnten sie sich nicht mit eigenen Anbauprodukten versorgen und für eine umfangreiche Lagerhaltung fehlten in der kleinen Ansiedlung die Voraussetzungen. Die Existenz der Siedlung war abhängig von einer gut funktionierenden Verwaltung mit effektiver Organisation – und die hatte es jahrhundertelang auch gegeben.

Unter Ramses III. nahm der Niedergang des Jahrtausende alten ägyptischen Reiches seinen Anfang. Höchst erfolgreich hatte der Pharao die äußeren Feinde bekämpft – allerdings zu Lasten der Wirtschaft im eigenen Land. Nicht nur die Staatskassen, auch die Kornspeicher waren leer, in der Verwaltung häuften sich die Nachlässigkeiten, so dass die Bewohner der Arbeitersiedlung nicht mehr kontinuierlich versorgt wurden.

Aus einem Dokument geht hervor, dass im Jahre 29 der Regierungszeit Ramses' III. die Lebensmittellieferung mit 23 Tagen Verspätung eintraf. Noch im selben Jahr streikten die Arbeiter und ihre Familien. Alle Bewohner des Dorfes marschierten nach Theben, durchstöberten dort die Kornspeicher nach Vorräten und forderten vom Wesir nun endlich eine regelmäßige Belieferung, denn »man jubelt bei der Arbeit nur, wenn der Leib voll ist«, wie es in einer altägyptischen Inschrift heißt.

Auch an Warnungen und Bittgesuchen an die Administration hat es nicht gefehlt. Dafür das Zeugnis eines Arbeiters: »Ich arbeite an den Gräbern der Kinder des Königs, die zu machen mein Herr mir in Auftrag gegeben hat. Ich arbeite sehr, sehr sorgfältig, sehr trefflich ... Aber wir leiden Mangel. Alle Vorräte für uns aus dem Schatzhaus, aus der Scheune und aus dem Magazin sind erschöpft. Eine Last von Steinschutt zu schleppen ist aber nicht leicht. Statt sechs Maß der monatlichen Kornration erhielten wir die gleiche Menge an Dreck. Mein Herr möge Mittel finden, uns am Leben zu erhalten. Wir sterben ja Hungers« (zitiert nach Emma Brunner-Traut, Die Alten Ägypter – Verborgenes Leben unter Pharaonen, Stuttgart 1987).

Die überlieferten ›Akten‹ dokumentieren über den Zeitraum eines Jahres die Notsituation in der Siedlung und die immer wieder aufflammenden Streiks und Bittgesuche um eine geregelte Versorgung. Der letzte Bericht stammt aus dem Jahre 30 der Regierungszeit des Pharao Ramses III., demnach hatte sich die Lage nicht verbessert. Auch in den folgenden Jahrzehnten unterstrichen die Handwerker ihre Forderungen immer wieder mit Arbeitsniederlegungen. Um 1070 v. Chr. waren sie es leid und die Arbeitersiedlung wurde verlassen.

net, die folgenden Gräber lohnen einen Besuch: Nr. 1 (Sennodjem), Nr. 3 (Paschedu), Nr. 217 (Ipui, Bildhauer unter Ramses II.), Nr. 291 (Nu und Nachtmin, zwei Nekropolenarbeiter unter Ramses II.), Nr. 335 (Nachtamun, Priester in der Zeit der 19. Dynastie), Nr. 340 (Amenemhet, Arbeiter zur Zeit der 18. Dynastie), Nr. 359 (Onuris-cha, Werkmeister unter Ramses III. und IV.). Die letzten Ruhestätten der Arbeiter zeigen Szenen aus dem Alltagleben sowie aus dem Totenbuch.

Ramesseum

Das Ramesseum, der Totentempel Ramses' II., fungierte im Altertum, wie zahlreiche hier gefundene Papyri beweisen, auch als Lehranstalt für Schreib- und Malschüler.

Der 67 m breite **erste Pylon,** dessen Außenmauern zusammengestürzt sind, trägt auf der erhaltenen Innenwand Reliefs, welche die Feldzüge des Herrschers zeigen. Die Szenen in der Mitte des nördlichen Pylonteils, die sich bis zum südlichen Turm erstrecken, erzählen vom Krieg gegen die Hethiter und vom Lagerleben der Soldaten. Auf einem anderen Relief erkennt man Ramses II., wie er mit seinen Feldherren Kriegsrat hält, während Gefangene misshandelt werden.

Vor der Westmauer liegen Reste einer Kolossalstatue Ramses' II. Ursprünglich ragte die Figur 18 m hoch; sie wog über 1000 t.

Im zweiten, besser erhaltenen Hof sieht man an der nördlichen Wand weitere Darstellungen aus dem Krieg Ramses' II. gegen die Hethiter, etwa wie besiegte Feinde im Orontes ertrinken; auch ist die zinnengekrönte Festung Kadesch gut zu erkennen.

Treppen führen vom Hof in eine Vorhalle, der ein **großer Säulensaal** und drei weitere Hallen folgen. Die Reste von Speicherräumen umschließen den Komplex. Das Sanktuarium wie die weiteren Tempelkammern sind abgetragen.

Gegenüber vom Ramesseum stafeln sich an einem Hügel die Häuser des Dorfes **Qurna**, dessen Bewohner im 19. Jh. hauptsächlich vom Grabraub lebten (vgl. S. 174). Heute ist der Tourismus die wichtigste Einnahmequelle. Überall gibt es Handwerksstätten, in denen aus Alabaster Pharao-Figuren gefertigt werden. Fantasievoll sind die weißen Mauern der Häuser mit Darstellungen der Pilgerfahrt nach Mekka bemalt: Mit dem Zug ging es nach Kairo oder Suez, von dort mit dem Flugzeug oder Schiff nach Medina und dann weiter nach Mekka zur siebenmaligen Umrundung der Kaaba.

Terrassentempel der Königin Hatshepsut

Der Terrassentempel der Königin Hatshepsut (Der al Bahri), eines der beeindruckendsten Bauwerke von Theben-West, breitet sich am Fuße eines steilen, etwa 300 m hohen Bergmassivs aus. Die Tochter von Thutmosis I., die von 1490 bis 1468 v. Chr. regierte, verdrängte den recht-

Der Terrassentempel der Königin Hatshepsut in Theben-West

mäßigen Herrscher Thutmosis III. aus seinem Amt. Nach dem Tod der Pharaonin ließ Thutmosis viele ihrer Bauwerke zerstören, um ihren Namen und ihr Andenken zu tilgen.

Der Totentempel, der auf **drei Terrassen** angelegt ist, entstand nach Plänen und unter Aufsicht von Hatshepsuts Günstling Senenmut. Rampen verbinden die Tempelebenen. Die Bilderfolgen im südlichen Teil der mittleren Terrasse berichten von einer Handelsexpedition in das sagenumwobene ›Goldland‹ Punt, das wohl an der heutigen somalischen Küste lag. Die exakt gezeichneten Fische ermöglichten es den Forschern, das ›Goldland‹ zu lokalisieren. Man sieht, wie die ägyptischen Schiffe beladen werden und mit geblähten Segeln die Heimreise antreten (Affen klettern in der Takelage) und wie die ägyptische Delegation daheim empfangen wird (bedingt durch umfangreiche Restaurierungsarbeiten, ist das Heiligtum derzeit nicht in allen Trakten zugänglich).

Erst 1964 entdeckte man den **Tempel Thutmosis' III.**, der durch einen Bergrutsch zerstört und danach als Steinbruch genutzt wurde. Weiter südlich liegt der Totentempel des Mentuhotep, angelegt in der Zeit der 11. Dynastie.

Tal der Könige

Von Der al Bahri führt ein gut erkennbarer Pfad über den Hügel ins Tal der Könige. Man sollte wenigstens ein Stück den Berg hinaufstei-

GRABRÄUBER IM TAL DER KÖNIGE

Während der Regierungszeit von Ramses III. (1184–1153 v. Chr.) verfiel die Macht des Neuen Reiches immer stärker. Armut und Elend breiteten sich im Lande aus, Korruption herrschte in der Verwaltung und wohl zum ersten Mal in der Geschichte organisierten Arbeiter auf der Nekropole von Der al Medina Streiks (vgl. S. 170f.). Jeder wusste von den kostbaren Beigaben in den Gräbern der Edlen und Reichen und so bereitete manch einer seinem Elend ein Ende, indem er zum Grabräuber wurde.

Zwar waren im Alten wie im Mittleren Reich schon einzelne Ruhestätten geplündert worden, doch nun war kein Grab mehr sicher. Zunächst brachen die Räuber allerdings nur in Privatgräber ein, denn noch war der Respekt vor einem verstorbenen Pharao zu groß, als dass man sich in seine letzte Ruhestätte gewagt hätte.

Unter Ramses IX. nahm eine Untersuchungskommission die Arbeit auf. Von zehn Königsgräbern fanden die Inspektoren zwar neun unversehrt, doch in fast allen Privatgräbern waren Plünderer am Werk gewesen. Als die privaten Grabkammern nichts mehr hergaben, wandten sich die Räuber schließlich doch den Königsgräbern zu.

Aus Gerichtsprotokollen ist überliefert, dass die Ruhestätten von Amenophis III., Sethos I. und Ramses II. ausgeraubt wurden. Howard Carter, der gemeinsam mit seinem Mäzen Lord Carnavon das Grab von Tut-anch-Amun entdeckte (vgl. S. 100f.), beschreibt die Raubzüge im Tal der Könige: »Seltsames muß das Tal gesehen haben, und verwegen waren die Abenteuer, die sich dort abspielten. Man kann sich das tagelange Pläneschmieden vorstellen, die heimlichen nächtlichen Zusammenkünfte auf dem Felsen, das Bestechen oder Betäuben der Friedhofswächter und dann das verwegene Graben im Dunkeln, das Eindringen durch ein kleines Loch bis in die Grabkammer, das fieberhafte Suchen bei schwachem Lichtschimmer nach tragbaren Schätzen und die Rückkehr im Morgengrauen, mit Beute beladen. Dies alles können wir uns vorstellen – und uns gleichzeitig vergegenwärtigen, wie unvermeidlich es war. Indem ein König für seine Mumie eine sorgfältige und kostbare Ausstattung vorsah, die er seiner Würde entsprechend fand, trug er selber zu ihrer Zerstörung bei. Die Versuchung war zu groß. Reichtum, der habsüchtige Träume noch überstieg, lag dort für den bereit, der Mittel fand, ihn zu gewinnen, und früher oder später musste der Grabräuber zum Ziel gelangen« (zitiert nach C.W. Ceram, Götter, Gräber und Gelehrte – Roman der Archäologie, Hamburg 1967).

Die meisten Grabräuber entkamen unerkannt, da sie ihre Raubzüge gut vorbereiteten und wohl auch mit Priestern, Polizisten, Nekropolenarbeitern und kleinen Beamten verbündet waren. Einige aber konnten gefasst werden, wie etwa die acht Plünderer, die in das Grab des Königs Sebekemsaf (17. Dynastie, um

1600 v. Chr.) eingedrungen waren. Die Akten der Gerichtsverhandlung und die Verhörprotokolle blieben erhalten. Der Bildhauer Hapi, der Handwerker Iramun, der Bauer Amenemheb, der Wasserträger Kemwese und der Sklave Ehenufer sagten vor dem Gericht aus.

»Wir sind in den Gräbern gewesen, um nach unserer Gewohnheit zu stehlen, und fanden das Pyramidengrab des Königs Sebekemsaf. Dies war ganz und gar nicht wie die Pyramidengräber oder die Beamtengräber, die wir sonst geplündert haben (...) Wir öffneten die äußeren Sarkophage und die inneren Särge (...) und fanden die ehrwürdige Mumie des Königs, mit einem Sichelschwert ausgerüstet. Zahlreiche Amulette und Schmuck aus Gold lagen um seinen Hals. Seine Goldmaske bedeckte ihn. (...) Wir rissen das Gold ab, das wir an der ehrwürdigen Mumie des Gottes fanden, gleichzeitig das der Amulette und des Schmuckes, die um seinen Hals lagen, und das der Särge, in denen er ruhte. Die Königin fanden wir in der gleichen Weise ausgestattet, und wir rissen ebenso alles ab, was wir an ihr fanden, und legten zuletzt Feuer an ihre Särge. Wir nahmen auch die Beigaben, die wir bei ihnen fanden, d. h. die Dinge aus Gold, Silber und Bronze. Dann teilten wir zwischen uns acht Dieben (...). An jeden von uns wurden 20 Deben (1 Deben = 91 g) Gold verteilt (...). Dann sind wir über den Nil gesetzt in die Stadt Theben« (zitiert nach Emma Brunner-Traut, Die Alten Ägypter – Verborgenes Leben unter Pharaonen, Stuttgart 1987).

Im zehnten Regierungsjahr des Königs Siamun (21. Dynastie) versuchte man, da die Grabschändungen mittlerweile überhand genommen hatten, wenigstens die Mumien der Pharaonen dem räuberischen Zugriff zu entziehen. Die sterblichen Überreste von Ahmosis I., Thutmosis II. und III., Sethos I. sowie Ramses II. und III. wurden in das versteckte Gewölbe der Königin Inhapi bei Der al Bahri nahe dem Felsentempel der Hatshepsut in Theben-West überführt, wo sie fast 3000 Jahre unangetastet ruhen sollten.

Im Jahre 1875 fand ein gewisser Abd ar Rasul die versteckte Grabkammer mit den Mumien der Pharaonen. Sechs Jahre lang behielt er das Geheimnis für sich. Wann immer er oder ein Mitglied seiner weit verzweigten Sippe Geld benötigte, stieg Abd ar Rasul hinab in den Schacht, nahm eine kleine Statue oder brach eine Malerei aus der Wand heraus und verkaufte die Stücke auf dem lukrativen und in Luxor blühenden Schwarzmarkt – unermesslich wertvolle Grabbeigaben fanden so über Mittelsmänner ihren Weg in europäische Privatsammlungen.

Nach seiner Verhaftung 1881 führte Abd ar Rasul die Archäologen in die Grabkammer, die er immer wieder geplündert hatte. Die Mumien der Könige wurden geborgen und dann von Luxor per Nil-Schiff nach Kairo in das Ägyptische Museum gebracht. Unter lauten Klagegesängen folgten am Ufer des Nil die Frauen der Fellachen dem Boot, Männer schossen als letzten Salut mit ihren Gewehren und ehrten so die vor tausenden von Jahren verstorbenen Könige. Als das Boot schließlich in Kairo eintraf, fand der Zollbeamte in seinem Verzeichnis keine Angaben über Mumien, also setzte er den Tarif für Trockenfisch an.

 Reiseatlas: S. 236

gen, um die eindrucksvolle Tempelanlage der Hatshepsut aus der Vogelperspektive – und somit in ihren Grundlinien – wahrzunehmen.

Das Tal der Könige ist mit 64 Felsgräbern, den letzten Ruhestätten von Pharaonen der 18. bis 20. Dynastie, besetzt. Um die kostbaren Wandmalereien zu schützen, sind stets nur einige Gräber für Besucher geöffnet. Die Malereien zeigen Szenen aus den Unterweltsbüchern, so aus dem »Amduat«-Band, der die Unterwelt, entsprechend den zwölf Stunden der Nacht, in zwölf Teile gliedert. Immer wieder sieht man den widderköpfigen Sonnengott, wie er in seiner Barke den Fluss befährt und dabei Licht (Leben) spendet. Am Ufer halten Geister und Dämonen, u. a. dargestellt als Paviane, feindliche Ungeheuer fern und jubeln dem Gott zu.

Ähnlich sind die Darstellungen, die sich auf das »Buch der Pforten« beziehen. Auch hier reist die Sonne durch die zwölf Regionen der Unterwelt. Von Schlangen und Furcht erregenden Reptilien bewachte Tore schließen die Höhlenteile von einander ab. Der Verstorbene, dargestellt als Horus, musste die Unterwelt durchziehen, um in das Reich seines Vaters, des Osiris, zu gelangen.

Während in dem Zeitraum, der durch die Herrschaft von Thutmosis I. und Amenophis III. umrissen ist, die Achse der Königsgräber eine 90-

Alabaster-Geschäft in Qurna

Grad-Abwinklung besitzt, führen alle späteren Gräber geradlinig in den Felsen. Nur die letzte Ruhestätte Ramses' II. macht eine Ausnahme.

Zu den interessantesten Gräbern gehören Nr. 6 (Ramses IX.), Nr. 8 (Merenptah), Nr. 9 (Ramses VI.), Nr. 11 (Ramses III.), Nr. 16 (Ramses I.), Nr. 17 (Sethos I.), Nr. 34 (Thutmosis III.), Nr. 35 (Amenophis II.), Nr. 57 (Haremhab) und Nr. 62 (Tut-anch-Amun). Hunderttausende von Touristen haben in den vergangenen Jahren die letzte Ruhestätte des Kind-Pharaos besichtigt. Ihre Atemluft und Schweißausdünstungen führten dazu, dass die farbigen Wandmalereien heute mit Schimmel und Pilzen überzogen sind (vgl. S. 19). Restauratoren wollen nun die alte Farbenpracht wiederherstellen und einen Plan erstellen, unter welchen Voraussetzungen die künftigen Touristenströme durch das Grab geführt werden können.

Wer geglaubt hatte, dass es im Tal der Könige nichts mehr zu entdecken gibt, sollte sich 1995 getäuscht sehen. Bereits 1820 hatte der englische Amateur-Archäologe James Burton hier eine Grabanlage entdeckt, die er jedoch nicht weiter beachtete. So taten es auch die nachfolgenden Generationen von Forschern, Howard Carter ließ gar den Aushub seines Tut-anch-Amun-Grabes über den Eingang zu dieser scheinbar so unwichtigen letzten Ruhestätte kippen.

Erst der amerikanische Archäologe Kent Weeks begann nach der Lektüre von James Burtons Reisetagebuch mit Grabungen, um sich diese wenig bekannte Gruft genauer anzuschauen. Hinter der seit Burton bekannten, 15 x 15 m großen, mit 16 Säulen bestandenen Halle, entdeckte er eine gut getarnte Tür, die in die größte Grabanlage führte, die je in Ägypten entdeckt wurde. Auf einem T-förmigen Grundriss reihen sich 48 Grabkammern aneinander.

Die Archäologen nehmen an, dass Ramses II. die unterirdische Nekropole für seine Kinder anlegen ließ. Der Pharao, der 67 Jahre regierte und in einer Zeit, als die Lebenserwartung knapp 40 Jahre betrug, mehr als doppelt so alt wurde, galt seinen Untertanen als unsterblich. Er überlebte zwölf seiner Söhne und sein Nachfolger befand sich auch bereits in dem biblischen Alter von 60 Jahren, als er den Thron seines Vaters beerbte.

Mit seiner Hauptfrau Nefertiri, die im benachbarten Tal der Königinnen ihre letzte Ruhestätte fand, und zahlreiche Nebenfrauen zeugte Ramses weit über 100 Kinder. Viele davon sollen in diesem neu entdeckten Grab bestattet worden sein. Archäologen nehmen sogar an, dass sich eine weitere gigantische Anlage unter ihrer jetzigen Entdeckung befindet. Zwar wurden alle Gräber geplündert, doch lassen die Inschriften und Reliefs an den Wänden neue Rückschlüsse auf die Regierungszeit Ramses' II. zu.

Touristeninformation: Corniche al Nil, zwischen Winter Palace Hotel und Luxor-Tempel.

Old and New Winter Palace, ***** 5: Corniche al Nil, Tel. 095-2380 422/25, Fax 095-2374 087. Der Old Winter Palace ist ein um 1870 erbautes britisches Kolonialhotel, dahinter erstreckt sich ein grüner, palmenbestandener Park mit Swimmingpool, 160–180 US-$; der New Winter Palace ist ein moderner Bau, optisch wesentlich angenehmer ist der Annex nach hinten hinaus im Park, 90–100 US-$.
Hotel Mercure **** 6: Corniche al Nil, Tel. 095-2374 944, Fax 095-2374 912. Große Zimmer mit Blick auf den Fluss, mehrere Restaurants, Bars, Pool, 75–90 US-$.
Emilio Hotel *** 7: Yussuf Hassan St., Tel. 095-2373 570, Fax 095-2370 000. Im Zentrum gegenüber vom Touristenbasar, mit Restaurant, Disko, Pool auf dem Dach, 45–60 US-$.
Mercure Inn *** 8: 10 Temple St., neben dem Luxor Hotel, Tel. 095-237 3321, Fax 095-237 0051. Etwas einfacher in der Ausstattung und im Ambiente als das Hotel Mercure und ohne Nil-Blick, 50–70 US-$.
Tutotel *** 9: Sharia Salah ad Din, hinter dem Old Winter Palace, Tel. 095-2377 990. 79 Zimmer, zwei Restaurants, Pool auf der Dachterrasse, mit sehr beliebter Diskothek, 50 US-$.
Luxor Hotel *** 10: Temple St., gegenüber vom südlichen Ende des Luxor-Tempels, Tel./Fax 095-2380 018. Erbaut um die Wende 19./20. Jh., mit der altehrwürdigen Patina vergangener Zeiten, in einem kleinen Garten, etwas heruntergekommen, 25 US-$.
Mina Palace Hotel 11: Corniche al Nil, Tel. 095-2372 074, Fax 095-2382 194. Unter den preiswerten Hotels die beste Lage am Nil, Zimmer und Mobiliar recht heruntergekommen, aber sauber und ordentlich, 100 L.E.
Horus Hotel 12: Karnak Temple St., Tel. 095-2372 165, Fax 095-2380 965. Zimmer mit eigenem Bad, 50 L.E.
Jugendherberge 13: 16 Maabad al Karnak St., in einer Seitenstraße der al Karnak St., Tel. 095-2372 139, Fax 095-2370 539.

Restaurants mit internationaler Küche nur in den Vier- und Fünf-Sterne-Hotels; ansonsten zahlreiche einfache und preiswerte Restaurants und Garküchen mit einheimischen Gerichten u. a. am Bahnhofsplatz, an der Mahatta St. und an der Basarstraße.
Mehrere Internet-Cafés in der Einkaufszeile unterhalb der Niluferstraße sowie in dem Beton-Basar neben dem Hotel New Winter Palace an der Corniche.

Einkauf: Luxor besitzt hinter dem Luxor-Tempel einen kleinen Basar, der sich ausschließlich an den Wünschen der Touristen orientiert und u. a. Nachahmungen pharaonischer Artikel vertreibt. Unterhalb der Corniche, beginnend in Höhe des Old Winter Palace, zieht sich eine Ladenzeile mit Souvenirgeschäften hin.

Nachtleben: In den internationalen Hotels finden abendliche folkloristische Veranstaltungen aus dem Repertoire des nubischen Volkes sowie Bauchtanzaufführungen statt.

In der Innenstadt Pferdedroschken *(kalesh)*. Der ›Bushof‹ für den Fernverkehr liegt hinter dem Luxor-Tempel an der Karnak Temple St. neben der Sidi Abu Hagag-Moschee. In dem unscheinbaren braunen Plastikkiosk, an dem man leicht vorbeiläuft, kann man Fahrkarten kaufen. Ein Shuttle-Bus bringt den Fahrgast dann zum Busbahnhof nahe dem Flughafen; tgl. mehrmals Busse nach Hurghada und Assuan; mehrmals tgl. Züge vom Bahnhof am Ende der Al Mahatta St. nach Kairo und Assuan, nicht immer mit Wagen der ersten Klasse.

Mehrmals tgl. Flüge nach Kairo und Assuan. Der Flughafen einige Kilometer außerhalb der Stadt ist nur mit dem Taxi erreichbar.

Sammeltaxistand hinter dem Luxor-Museum. Wer ein Taxi für Tagestouren, etwa nach Dendera oder Abydos oder von Luxor über Esna, Edfu und Kom Ombo nach Assuan mietet, sollte sich einen Tag vorher nach den behördlich festgesetzten Abfahrtszeiten erkundigen, da die Polizei aufgrund der Bedrohung durch Fundamentalisten Besucher nur noch in Taxi- und Buskonvois fahren lässt.

Die Personenfähre über den Nil legt im Zentrum ungefähr vor dem Haupteingang zum Luxor-Tempel an. Feluken für einen Nil-Ausflug ankern an der Corniche.

Organisierte Tagesausflüge nach Dendera (s. S. 150) und Abydos (s. S. 146), Edfu (s. S. 181), Kom Ombo (s. S. 183), Assuan (s. S. 185) und Abu Simbel (s. S. 198) kann man in den Reisebüros in den unteren Kolonnaden des Old Winter Palace an der Corniche buchen.

Fluglinien: Egypt Air-Vertretung: Old Winter Palace Hotel; Lufthansa-Vertretung: General Sales Agent, TRAVCO, im Mercure-Hotel, Corniche al Nil.

Geldwechsel: American Express/ Thomas Cook-Wechselstube, Old Winter Palace-Hotel; Banque Misr, Dr. Habib Labachi St.

Krankenhaus: International Hospital, Television Street, Tel. 095-2387 192; Luxor General Hospital, an der Corniche al Nil, nahe dem Luxor Museum, Tel. 095-2372 025.

Basarstraße in Luxor

Esna

Reiseatlas: S. 236, C 4
Der in ptolemäischer Zeit (332 bis 30 v. Chr.) für den Gott Chnum errichtete Tempel, der von den Römern ausgebaut wurde, ist die einzige Attraktion der etwa 50 000 Einwohner zählenden Marktstadt 60 km südlich von Luxor.

Esna war in der Pharaonen-Ära ein bedeutender Handelsort, der den Namen Tesnet trug. Heute lebt dort eine große koptische Gemeinde. Mitten im Ort liegt rund 10 m unter dem derzeitigen Straßenniveau – so viel fruchtbarer Nilschlamm lagerte sich in den vergangenen 2000 Jahren hier ab – das Heiligtum des Chnum, des widderköpfigen Schutzgottes von Tesnet. Den Ptolemäern, die für die Errichtung verantwortlich zeichneten, folgten die Römer. Deren Kaiser ließen – um Unsterblichkeit bemüht – viele Reliefs sowie Inschriften anbringen und verewigten sich hier in Habitus und Ornat der Pharaonen.

Auf der 37 m breiten und 15 m hohen Eingangsfassade sieht man in der Hohlkehle rechts und links der geflügelten Sonnen die Namen von Claudius (41–54 n. Chr.) und Vespasian (69–79 n. Chr.). 24 Säulen gliedern die Vorhalle, die 11 m hohen Säulen mit Kompositkapitellen tra-

Händler in Esna bieten Kreuzfahrttouristen ihre Ware an

gen die Decke, die mit astronomischen Darstellungen geschmückt ist. An den Wänden sind die römischen Kaiser als altägyptische Pharaonen dargestellt, wie sie kultische Handlungen und Opferungen vor den Göttern verrichten. Die Nordwand zeigt den falkenköpfigen Horus, Gott Chnum und den römischen Kaiser Commodus (180–192 n. Chr.), wie sie ein Netz voller Fische und Vögel – Symbol für die Feinde Ägyptens – zuziehen. Auch auf den Außenwänden ließen sich die römischen Herrscher abbilden, der letzte der hier dargestellten Kaiser ist Decius (249–251).

An der Südwand sieht man Domitian (81-96), wie er in traditioneller Weise vor Chnum mit der Keule die Feinde Ägyptens niederschlägt, an der Nordwand tut es ihm Trajan (98 bis 117) gleich und bekommt dafür als Belohnung vom Tempelgott das Sichelschwert überreicht.

Dort, wo vom hoch gelegenen Straßenniveau die Treppe hinunter zum Tempel führt, bieten Souvenirhändler ihre Waren und Andenken feil.

Anreise: Von Luxor oder Assuan mit dem Zug, Bus oder Sammeltaxi nach Esna; vom Stadtzentrum mit einer Pferdedroschke zum Tempel. Man kann die Sehenswürdigkeiten von Esna, Edfu und Kom Ombo (s. u.) auch im Zuge einer Fahrt mit Bus oder Bahn von Luxor nach Assuan und umgekehrt besuchen. Man steigt aus einem der etwa stündl. verkehrenden Busse oder Züge von Luxor nach Assuan (bzw. von Assuan nach Luxor) in Esna (bzw. Edfu und Kom Ombo) aus, stellt das Gepäck gegen Bakschisch im Fahrkartenhäuschen oder beim Bahnhofsmeister unter, besichtigt den Tempel und fährt mit dem nächsten Bus (Zug) weiter. Die Reisebüros in den Kolonnaden des Old Winter Palace organisieren zudem Besichtigungsausflüge nach Esna, Edfu und Kom Ombo.

Edfu

Reiseatlas: S. 239, D 1

Edfu etwa 100 km südlich von Luxor war in pharaonischer Zeit Hauptstadt des zweiten oberägyptischen Gaus. Heute ist der 35 000 Einwohner zählende Ort Zentrum eines weiten landwirtschaftlichen Einzugsgebiets; er besitzt eine große Zuckerfabrik. Eine Brücke verbindet West- und Ostufer des Nil. Da Edfu über keine akzeptablen Unterkünfte verfügt, sollte man den Ort und den Tempel im Zuge eines Tagesausflugs von Assuan oder Luxor besuchen (s. o.).

Das zwischen 237 und 257 v. Chr. von den Ptolemäern errichtete und gut erhaltene Horus-Heiligtum ist nach Norden ausgerichtet. Eine Ziegelmauer umschließt das Areal. Der 64 m breite und 18 m hohe Eingangspylon (nur der erste Pylon des Karnak-Tempels in Luxor ist höher; vgl. S. 161) zeigt die typischen Reliefs: Der Pharao ordnet das Chaos und sorgt für die ›heile‹ ägyptische Welt, indem er die Feinde am Schopfe packt und unter den Augen der Götter auf sie einschlägt. Zwei

Reiseatlas: S. 239

große Falken aus schwarzem Granit flankieren den Pylon-Durchgang.

Den Hof, auf den Besucher hinaustreten, säumen Kolonnaden mit 32 Säulen, deren Kapitelle Palmblätter und -blüten darstellen. Links am Tor zur nördlich anschließenden Vorhalle hat eine Falkenskulptur die vergangenen 2000 Jahre unbeschadet überstanden. Die Szenen an den Wänden der Vorhalle zeigen Kulthandlungen. Über dem Eingang zum Säulensaal ist eine Darstellung der Sonnenbarke zu sehen, die von Ptolemaios IX. mit den Göttern verehrt wird.

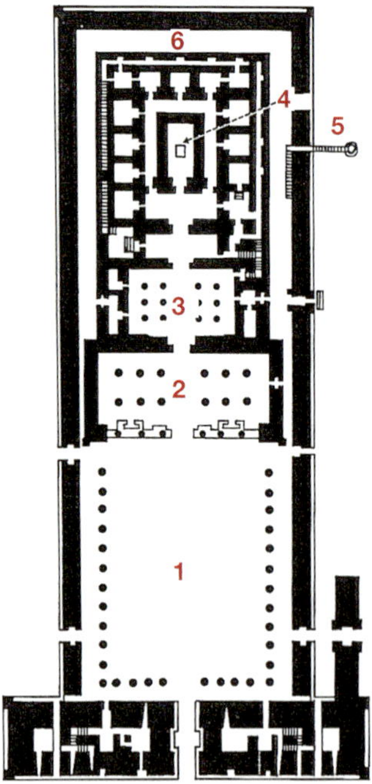

Die Reliefs des Säulensaals zeigen religiöse Motive; linker Hand befindet sich der Eingang zu einem kleinen Raum, der einst als Labor genutzt wurde; an den Wänden sind Rezepte für Parfüme und Salben zu sehen. Rechter Hand führt eine Treppe auf das Dach (Zugang derzeit gesperrt). Die Stiege diente einst einem besonderen Kult. Einmal im Jahr, zum Neujahrsfest, wurde ein Abbild der Gottheit in einer Treppenprozession auf das Dach getragen und den ersten Sonnenstrahlen dargeboten.

Durch zwei weitere Säle gelangt man ins Allerheiligste. Hier sieht man ein Relief des Pharao, wie er vor seinen Eltern und der Göttin Hathor Opfer bringt. In der mittleren Kammer nördlich des Allerheiligsten befindet sich die Nachbildung einer Sonnenbarke.

Sehenswert sind auch die Darstellungen im inneren Umgang um das Sanktuarium. Ein Relief der Westmauer zeigt Horus im Kampf gegen seine Feinde, dargestellt durch Krokodile und Nilpferde. Beachtung verdienen die löwenköpfigen Wasserspeier.

Anreise: s. S. 181, Esna

Edfu – Horus-Tempel
1 Hof
2 Vorhalle
3 Säulensaal
4 Allerheiligstes
5 Brunnen
6 Innerer Umgang

Kom Ombo

Reiseatlas: S. 239, D 1/2
Die etwa 70 000 Einwohner zählende Stadt 40 km nördlich von Assuan ist Zentrum der oberägyptischen Zuckerproduktion und zentraler Marktflecken für die in der Umgebung angesiedelten Nubier (s. u.). Die Stadt erweckt den Eindruck eines aus den Fugen geratenen Dorfes und so herrscht trotz der hohen Einwohnerzahl eine ländliche Atmosphäre vor. Die meisten Straßen im Ort sind nicht geteert und nach den – in Oberägypten allerdings sehr seltenen – Regenfällen stecken die Esels- und Pferdekarren im Schlamm fest.

Nach dem Bau des Assuan-Hochdamms siedelte man zwischen 1963 und 1965 in 34 Dörfern rund um Kom Ombo 60 000 Nubier an, die den ansteigenden Fluten des Nasser-Sees weichen mussten (vgl. S. 190f.). Da es wie in Edfu am Ort keine akzeptablen Unterkünfte gibt, besucht man den Tempel von Kom Ombo am besten im Rahmen eines Tagesausflugs von Assuan oder Luxor. Das Heiligtum von Kom Ombo liegt einige Kilometer südlich des Ortes am Ufer des Nil.

Schon zu Zeiten von Amenophis I., Thutmosis III. und Ramses III. erhoben sich am Platz des erhaltenen Heiligtums Sakralbauten. Die Anlage, so wie sie sich heute zeigt, ist allerdings eine ptolemäische Gründung aus dem 2. Jh. v. Chr. Sie war dem Krokodilgott Sobek und dem falkenköpfigen Haroeris (Horus als Sohn des Re) geweiht. Da die beiden Götter in unterschiedlichen Riten verehrt wurden, konstruierten die ptolemäischen Baumeister einen Doppeltempel mit zwei symmetrischen Hälften – die rechte für Sobek, die linke für Haroeris. Beide Hälften sind als Einheit konzipiert, haben jedoch eigene Eingänge.

Der Eingangspylon ist zerstört, auch die Hofkolonnaden haben in den beiden vergangenen Jahrtausenden stark gelitten. In der Mitte des gepflasterten Hofes stand einst ein Altar. Die Wände der sich anschließenden Vorhalle, in der sich zehn Säulen mit Palmenkapitellen erheben, zeigen Kultszenen. Zwei Tore – eines für jede Gottheit – führen in den nächsten Saal. In der Südostecke eine Darstellung des Gottes Haroeris, wie er dem König Euergetes II. ein Sichelschwert überreicht. Hinter dem Herrscher stehen seine Schwester und seine Gemahlin, beide mit dem Namen Kleopatra.

Auch in die drei säulenlosen Vorsäle der beiden Sanktuarien gelangt man jeweils durch zwei Türen. Im dritten Saal beachte man an der hinteren Wand zwischen den beiden Durchgängen die Darstellung von Philometer und Kleopatra vor dem Mondgott Chons; dieser prophezeit dem Herrscher eine lange Regierungszeit, symbolisiert dadurch, dass er den Namen des Königs in einen Palmzweig ritzt.

Hinter der Mondgottheit haben Haroeris und Sobek Aufstellung genommen. Von den beiden Sanktuarien sind nur Fundamente erhalten,

Reiseatlas: S. 239

Kamelmarkt

Im Dorf **Daraw** (Reiseatlas: S. 239, D 2) rund 8 km südlich von Kom Ombo findet täglich, vor allem sonntags, Ägyptens größter Kamelmarkt *(suq al gamal)* statt. Die Beshari-Beduinen kaufen im Sudan große Kamelherden auf und treiben sie auf einem 40-tägigen Marsch nach Ägypten, wo die Tiere nördlich von Abu Simbel auf Lastwagen verladen und nach Daraw gebracht werden. Dort verhandelt man dann über den Preis der Kamele. Wer den Zuschlag erhält, verlädt die Tiere erneut auf Lastwagen und bringt sie dann nach Kairo.

dazu die Granitsockel für die Sonnenbarken.

Zwischen dem Säulensaal und der Umfassungsmauer hielt man einst in einem Becken das heilige Krokodil. Starb es, bestattete man das Tier mit allen Ehren auf einem Friedhof, der 1 km vom Tempel entfernt lag. Heute befinden sich einige Krokodilmumien in einer Kammer der unvollendet gebliebenen Hathor-Kapelle.

An dem weitgehend zerstörten Geburtshaus *(mammisi)* von Kom Ombo ist ein Relief, das Euergetes II. zeigt, wie er, begleitet von zwei Göttern, auf einem Boot durch vogelreiche Papyrussümpfe fährt und dabei an den Schilfhalmen zupft.

Anreise: s. S. 181, Esna

Auf dem Kamelmarkt von Daraw

ASSUAN UND UMGEBUNG

Assuan, Ägyptens südlichste Metropole, wird wegen des milden und trockenen Klimas gern als Winterkurort aufgesucht. Feluken kreuzen auf dem Nil vor der Kulisse der hohen Sanddüne am westlichen Flussufer – eines der beliebtesten Fotomotive des Landes. Wer einen einstündigen Spaziergang durch die Wüste nicht scheut, kann vom Simeonskloster zur Gräberterrasse wandern.

Reiseatlas: S. 239, D 2
Die sympathische, etwa 400 000 Einwohner zählende Stadt 750 km südlich von Kairo am ersten Nil-Katarakt wird wegen ihres ausgeglichenen und trockenen Klimas gern als Winterkurort aufgesucht. Ägyptens südlichste Metropole zieht sich am östlichen Ufer des Nil entlang; die große Insel Elephantine und viele kleinere Eilande liegen im Strom. Die mit Latinersegeln auf dem Nil kreuzenden Feluken und die hohen Sanddünen am westlichen Ufer mit dem Mausoleum des Aga Khan sind beliebte Fotomotive.

In altägyptischer Zeit hieß die Region um Assuan Jebu (Elefantenland) – vielleicht, weil die Ägypter hier erstmals die Dickhäuter sahen. Der Ort lag strategisch günstig, da vom ersten Katarakt der Flussverkehr zwischen Ägypten und Nubien kontrolliert werden konnte. Zudem endete hier eine Karawanenstraße aus dem Sudan, auf der sich Handelsexpeditionen, aber auch Heerzüge bewegten. In den nahe gelegenen Rosengranit-Steinbrüchen brachen Arbeiter jahrtausendelang die Blöcke für die pharaonischen Denkmäler.

Ursprünglich lag das pharaonische Jebu im südlichen Teil der Insel Elephantine, das östliche Ufer wurde erst später besiedelt und erhielt von den Griechen den Namen Syene. In Assuan gab es einen Brunnen, in den während der Sommersonnenwende die Strahlen der Sonne senkrecht einfielen. Der griechische Gelehrte Eratosthenes (um 282 bis um 202 v. Chr.), seit 246 v. Chr. Direktor der Bibliothek von Alexandria, erhielt davon Kunde, reiste nach Assuan und berechnete auf Grund dieses Vorgangs den Erdumfang. In den nachchristlichen Jahrhunderten versetzten räuberische Beduinen die Bevölkerung immer wieder in Angst und Schrecken, bis der osmanische Sultan Selim im 16. Jh. eine Garnison nach Assuan legte.

Besichtigung

Elephantine

Auf der 1,5 km langen und 500 m breiten Insel Elephantine liegen zwei kleine, von nubischen Fellachen bewohnte Dörfer. Eine Feluke fährt vom südlichen Ende der Corniche auf das Eiland. Nach wenigen Minuten Fußweg ist das kleine **Museum** in der ehemaligen Villa von Sir William Willcox, dem Ingenieur des ersten Staudamms (vgl. S. 192) erreicht. Die Ausstellung präsentiert Mumienschreine und Alltagsgegenstände aller Art aus der Umgebung von Assuan und Nubien (Winter 8–17, Sommer 8.30–18 Uhr). In einem modernen Anbau sind neuere Funde untergebracht, die bei umfangreichen Ausgrabungen im südlichen Teil von Elephantine gemacht wurden, sowie ein Modell der früheren Besiedlung der Insel.

Nach dem Besuch des Museums kann man auf der **Grabungsstätte** die Reste eines kleinen Heiligtums der Göttin Satis, der Herrin von Elephantine, den größeren Chnum-Tempel und die Grundmauern der Häuser besichtigen.

Unterhalb des Museumsgebäudes führt am Ufer des Nil eine Treppe in das **Nilometer,** in dem über die Jahrhunderte hinweg die Wasserstandsschwankungen des Flusses gemessen wurde. Deutlich kann man die Messskalen erkennen, die aus pharaonischer, griechischer, römischer und arabischer Zeit stammen.

Der griechische Geograph Strabon (um 64 v. Chr.–23 n. Chr.) beschrieb im 17. Buch seiner »Geographika« das Nilometer auf Elephantine ausführlich: »Der Nilmesser ist ein am Ufer des Nils aus gleichmäßigen Quadern erbauter Brunnen, in dem man die Anschwellungen des Stromes bezeichnet, sowohl die größten wie die kleinen und mittleren; denn das Wasser des Brunnens steigt und fällt mit dem Strome. An der Wand des Brunnens sind Merkzeichen, die Maßangaben der für die Bewässerung ausrei-

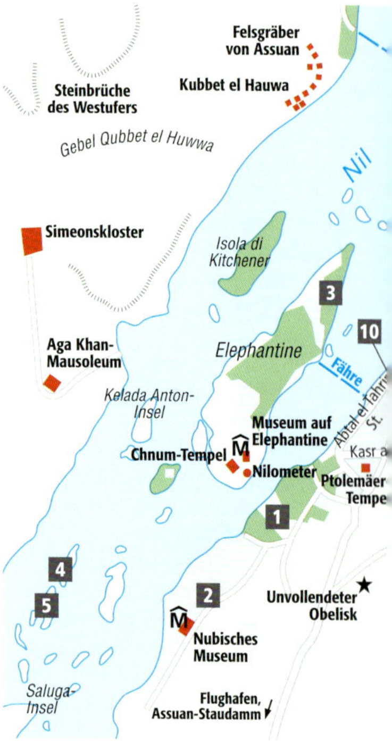

chenden und der anderen Wasserhöhen. Diese beachtet man und macht sie allen bekannt zur Nachricht. Dies ist auch den Bauern wegen der Verwaltung des Wassers, der Dämme, der Kanäle usw. nützlich sowie den Beamten wegen der Steuern. Denn das höhere Steigen bedeutet auch höhere Steuern.« Plinius hingegen beschrieb die Messskalen wesentlich nüchterner: »Bei 12 Ellen Hunger, bei 13 Ellen Genüge, bei 14 Ellen Freude, bei 15 Ellen Sicherheit und bei 16 Ellen Überfluss«.

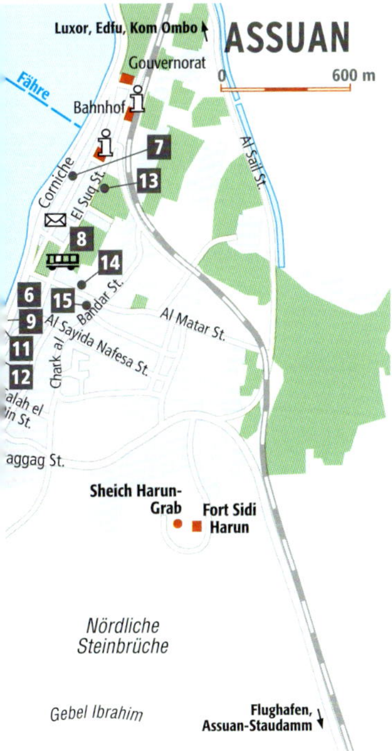

Lord Kitchener´s Island

Von Elephantine kann man sich auf Lord Kitchener's Island übersetzen lassen. Die einstige Privatinsel des britischen Feldmarschalls (1850 bis 1916), der Ende des 19. Jh. den religiös motivierten Mahdi-Aufstand im Sudan niederschlug, wurde zu einem **Botanischen Garten** umgestaltet (tgl. 8.30–17 Uhr).

Mausoleum des Aga Khan

An der westlichen Flussseite reicht die Wüste bis ans Ufer. Hoch auf einem Plateau überragt das Mausoleum des Aga Khan den Nil. Das Oberhaupt der Hodscha-Sekte der Ismailiten (1887–1957) lebte viele Jahre in Assuan, wo er während des

Übernachten

1 Old and New Cataract
2 Basma Hotel
3 Möwenpick Elephantine Island Resort
4 Isis Island Hotel
5 Amun Hotel
6 Isis Hotel
7 Marhaba Palace Hotel
8 Cleopatra Hotel
9 Horus Hotel
10 Hathor Hotel
11 Al Salam Hotel, Horus Hotel
12 Philae Hotel
13 Al Amin Hotel
14 Happy Hotel
15 Noorhan Hotel

Blick über den Nil auf das Mausoleum des Aga Khan

Winters sein Rheumaleiden kurierte. In dem **Kuppelbau** befindet sich der Sarkophag, der täglich mit einer frisch geschnittenen Rose geschmückt wird. Unterhalb des Grabmals liegt die Villa der Begum, der Ehefrau des Aga Khan. Derzeit ist das Mausoleum geschlossen.

Simeonskloster

Ein zehnminütiger Fußweg führt vom Mausoleum Richtung Norden zu den Ruinen des Simeonsklosters. Das einst größte koptische Bauwerk Ägyptens wurde vermutlich im 7. Jh. gegründet, 300 Jahre später stark restauriert und erweitert, im 13. Jh. schließlich aufgegeben. Da die Anlage keinen Brunnen besaß, konnten die Mönche langen Belagerungen durch räuberische Beduinen nicht standhalten. Das Kloster mit einer gut erhaltenen **Basilika** (Freskenreste), dem **Hauptgebäude** samt Mönchszellen sowie verschiedenen **Wirtschaftsbauten** ist von einer bis 7 m hohen **Ringmauer** umgeben.

Gräberterrasse und Scheich-Grab Kubbet al Hauwa

Wer sich eine etwa einstündige Wanderung durch die Wüste zutraut, kann vom Kloster nach Osten zu den Felsengräbern am Nil gelangen. Überragt von dem Scheich-Grab Kubbet al Hauwa reihen sich hier auf mehreren Terrassen Grabstätten aus dem Alten und Mittleren Reich. Vom Nil-Ufer führen zwei weithin sichtbare Rampen, auf denen die Sarkophage nach oben gezogen wurden, zu den Grabstellen.

Viele Eingänge zu diesen letzten Ruhestätten sind mit Eisengittern verschlossen, doch patroulliert zumeist ein Schlüsselwärter in Erwartung einer Bakschischzahlung die Gräberterrasse entlang. Erwähnt seien die Gräber Nr. 25 (Grab des Mechu, 6. Dynastie), Nr. 26 (Sabui I., Sohn von Mechu), Nr. 28 (Hakaib I.), Nr. 30 (Fürst Sarenput II., 12. Dynastie), Nr. 32 (Aku), Nr. 34 h (Chunes, 6. Dynastie), Nr. 35 (Pepinacht, 6. Dynastie), Nr. 34 n (Chuef-hor, 6. Dynastie), Nr. 35 d (Hakaib II.), Nr. 36 (Fürst Sarenput I., 12. Dynastie) und nördlich davon (ohne Nummer) das Grab des Kakemet (Zeit Amenophis' III.). Diese letzten Ruhestätten sind aus dem Felsen geschlagen, wobei man, je nach Größe des Grabes, einfache Stützsäulen hat stehen lassen. Reliefs oder farbige Szenen sind kaum mehr vorhanden. Unterhalb der Gräber legt die Nil-Fähre an, mit der man ans andere Ufer gelangt.

Von den Gräberterrassen hat man einen guten Blick auf die Inseln im Strom und die Stadt Assuan, noch besser ist die Aussicht vom Scheich-Grab Kubbet al Hauwa (Stern der Lüfte) auf dem Kamm einer Sanddüne oberhalb der Gräber.

Nubisches Museum

Südlich vom Zentrum, nahe dem Basma-Hotel, informiert das sehenswerte Nubische Museum mit Grabsteinen, Fresken, Statuen – darunter eine 8 m hohe Skulptur von Ramses II., die von dem Vizekönig von Kush in Auftrag gegeben wurde – aus der Zeit von 4500 v. Chr. bis heute über diese oberägyptische Bevölkerungsgruppe (tgl. 9–13, 17–21, im Sommer 18-22 Uhr).

Mit dem Bau des Assuan-Staudamms wurden zwischen 1963 und 1965 in 34 Dörfern jene 60 000 Nubier – in Ägypten *saidi* genannt – bei Kom Ombo angesiedelt, die ihre Orte aufgrund der steigenden Wasser des Nasser-Stausees verlassen mussten. Dabei erfolgte die Neuansiedlung nach der räumlichen Abfolge im alten Nubien, so dass heute wie früher die Stämme der Kenuzi im Norden, die der Arabs in der Mitte und die der Fadidja im Süden des 35 km langen und 4 km breiten Streifens leben. Die Namensgebun-

Felukenfahrt

An der Corniche von Assuan werden Fahrten mit einer Feluke nach Kom Ombo angeboten, allerdings muss man hart um den Preis feilschen. Wer handelseinig geworden ist, sollte eine Anzahlung von höchstens einem Drittel leisten. Dann geht es mit dem Kapitän auf den Markt, wo Lebensmittel für die Tour eingekauft werden. Am nächsten Morgen kann die Fahrt beginnen, abends übernachtet man auf dem Boot und ein Familienmitglied des Eigners kümmert sich um das Essen.

DER ASSUAN-HOCHDAMM

Im Jahre 1955 entwickelten westdeutsche Firmen die ersten Pläne für den Assuan-Damm, dessen Finanzierung Großbritannien, die USA und die Weltbank sicherstellen wollten. Als Gamal Abd el Nassar, führendes Mitglied der freien Offiziere, die 1952 den korrupten König Faruk ins Exil gejagt hatten, ein Jahr später zum Präsidenten gewählt wurde, zogen die Westmächte ihre finanzielle Unterstützung zurück und Nasser bat die Sowjetunion um Hilfe. Die Russen gewährten Kredite, veränderten die deutschen Pläne und schickten 2000 Ingenieure sowie technisches Gerät nach Assuan. Am 9. 1.1960 begannen die Arbeiten, am 15. 1. 1971 wurden sie mit einem feierlichen Akt abgeschlossen.

Während der Bauarbeiten kamen 451 Menschen ums Leben. 60 000 Nubier und Sudanesen wurden aus ihrer Heimat vertrieben und zwangsumgesiedelt. Um die Kulturdenkmäler von Abu Simbel, Kalabsha und der Insel Philae vor den Fluten zu retten, fand unter Schirmherrschaft der Unesco ein einmaliges Rettungsprojekt statt. Die pharaonischen, griechischen und römischen Bauten wurde von ihren Standorten entfernt und an sicherer Stelle wieder aufgebaut.

Der Assuan-Damm (Sadd al Ali) besteht aus einer gewaltigen Aufschüttung von Geröll, Schotter und Sand (knapp 43 Mrd. m^3), einem Lehmdichtungskern sowie einer Betonummantelung. Der Hochdamm hat eine Länge von 3600 m, erreicht an der Sohle eine Stärke von 960 m (an der Krone 40 m) und ist 111 m hoch. Die Barriere staut den 510 km langen und zwischen 5 und 35 km breiten, etwa 5300 km^2 großen Nasser-See auf. Die durchschnittliche Höhe des Wasserspiegels liegt bei ungefähr 182 m über NN. Nach dem Kariba-See des Sambesi ist der Nasser-See das größte künstlich geschaffene Gewässer der Welt.

Durch sechs jeweils 300 m lange Schleusen fließen die Wassermassen auf die Schaufelräder der Turbinen, die, wenn sie alle in Betrieb genommen werden, 10 Mrd. Kilowatt Strom liefern. Unterschiedlichen Angaben zufolge konnte das Nil-Land seine landwirtschaftliche Nutzfläche durch den Dammbau um 400 000 bis 800 000 ha steigern. Durch die gleichmäßige Bewässerung im Laufe eines Jahres erhöhten sich die Ernteerträge. Der Damm verhinderte Flutkatastrophen ebenso wie Dürreperioden (durch das Ausbleiben des Nil-Hochwassers) und die Stromerzeugung spielt für die Industrialisierung des Landes eine wichtige Rolle.

All diese beeindruckenden Angaben aber können nicht darüber hinwegtäuschen, dass der Damm dem Land auch eine ganze Reihe von Nachteilen gebracht hat. Von der Sedimentfracht des Nil blieben vor dem Dammbau bei den jährlichen Überschwemmungen etwa 130 Mio. t fruchtbarer Schlamm auf den Äckern zurück. Diese Schwebstoffe lagern sich nun im Staubecken ab und lassen den Nasser-See zunehmend schneller verschlammen. Die einstigen Berechnungen, wonach sich das Becken erst nach mehreren Jahrhunderten mit Sedimenten auffüllen würde, basierten auf falschen Annahmen.

Anstelle der kostbaren natürlichen Nährstoffzufuhr muss Ägypten nun Kunstdünger auf den Weltmärkten erstehen und zu subventionierten Preisen an die Bauern abgeben. Da keine saisonale Schlammablagerung mehr erfolgt, verstärkt sich die Erosion am Nil-Ufer sowie an der Mittelmeerküste. An den Rändern des Nil-Tals dringt die Wüste unaufhaltsam vor. In früheren Zeiten schwemmte die Nil-Schwelle den angewehten Sand wieder fort und hinterließ die fruchtbaren Sedimentablagerungen. Etwa 700 000 ha Land wurden bisher im wahrsten Sinne des Wortes verwüstet.

Die Versalzung der Böden durch die natürlichen Natriumvorkommen sowie durch den Einsatz von Kunstdünger steigt an. Da die Nil-Flut fehlt, werden die Salze nicht mehr aus dem Boden geschwemmt. Durch den Damm hat sich der Grundwasserspiegel entlang der Nil-Oase um bis zu 1,6 m erhöht. Damit gelangen auch die Salze an die Bodenoberfläche und lagern sich dort in Form von Krusten ab, womit eine weitere Bearbeitung der Felder unmöglich wird. Das salzhaltige Grundwasser dringt zudem in die Fundamente der altägyptischen Kulturdenkmäler ein. Wann immer das Grundwasser die Steinfundamente erreicht, wird die Feuchtigkeit durch die Kapillarwirkung weiter nach oben geleitet. Dabei werden auch die Mineralien im Stein gelöst und an der Oberfläche ›ausgeschwitzt‹.

Überall können Besucher die Zerstörungen erkennen: Im Säulenhof von Amenophis III. im Luxor-Tempel (vgl. S. 156) haben sich die Fundamente verschoben, die gewaltigen Architrave zeigen die ersten Risse und Spalten. Salzkristalle haben etliche Quadratmeter mit Darstellungen des Opet-Festes zerstört, viele Szenen und Hieroglyphen sind verloren.

Vor dem Dammbau wurden während der saisonalen Überschwemmungen für die Landwirtschaft schädliche Insekten und Kleinnager vernichtet. Heute dagegen müssen teure und ökologisch bedenkliche Pestizide gespritzt werden, um die Schädlinge zu töten. Ratten haben sich in den letzten zwei Jahrzehnten explosionsartig vermehrt und vernichten große Mengen an Getreide und Reis. Auch die Bekämpfung der Bilharziose (vgl. S. 215) ist schwieriger geworden. Vor dem Dammbau starben die Würmer während der saisonalen Austrocknung der Bewässerungskanäle (April bis Juni), heute ist die Bevölkerung ganzjährig gefährdet.

Durch das immense Gewicht des Nasser-Sees sind bisher nicht genau berechnete Schäden an der Erdkruste aufgetreten. Tektonische Erschütterungen, die zu Schäden am Damm führen könnten, sind nicht auszuschließen. Zwar kann man den Wasserspiegel in relativ kurzer Zeit bis auf eine Höhe von 46 m absenken – doch würde der Sadd al Ali tatsächlich brechen, sei es durch ein Erdbeben oder durch ein Bombardement (wie es Ghaddafi einmal androhte), wären Millionen von Menschen in größter Lebensgefahr. Eine gut 80 m hohe Flutwelle würde sich dann durch das dicht bevölkerte Nil-Tal wälzen.

Wissenschaftler raten seit langem dazu, den Damm abzutragen. In dem mit Schlamm aufgefüllten Becken ließen sich in kürzester Zeit 500 000 ha neues, fruchtbares Kulturland gewinnen.

gen gingen auf die Sprache der drei Gruppen zurück; während die Kenuzi und die Fadidja eigene Dialekte besitzen (für die es keine Schrift gibt), sprechen die Arabs, wie schon ihre Bezeichnung andeutet, Arabisch. Im täglichen Leben pflegen alle Bewohner der drei Gruppen enge Kontakte untereinander, zudem hat die kollektive Umsiedlung die Menschen jenseits von Sprachbarrieren eng zusammengeschweißt.

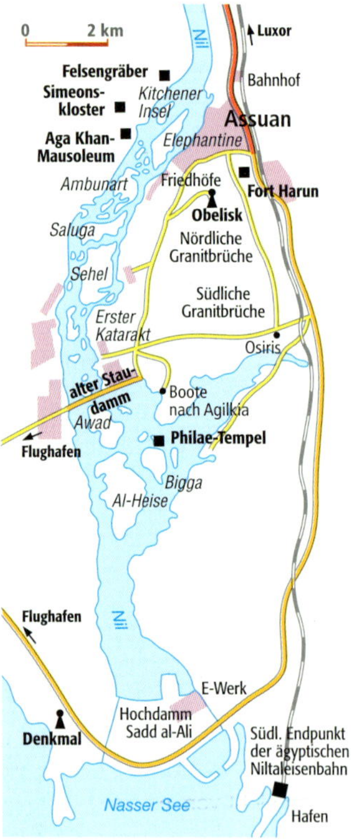

Wenngleich viele der Nubier den Ortswechsel als Schock empfanden, war die ägyptische Regierung stark bemüht, duch die Umsiedlung auch positive Impulse zu geben. Kinder und Jugendliche haben heute weit bessere Ausbildungsmöglichkeiten als zuvor in den einsamen Regionen südlich von Assuan und diese Chancen werden auch genutzt. Denn nicht in der lokalen Landwirtschaft sehen sie ihre Zukunft, sondern vor allem in Dienstleistungsberufen. Das Personal in Ägyptens Hotels wird zu einem Großteil von Nubiern gestellt.

Die Umgebung von Assuan

Der alte Damm

Etwa 5 km südlich von Assuan ragt der 1889 unter der Bauleitung von Sir William Willcocks begonnene alte Damm aus den Fluten des Nil. Die Staumauer wurde aus Granitblöcken errichtet und ist nach zwei Erweiterungen in den Jahren 1912 und 1934 heute 51 m hoch, an der Sohle 35 m und an der Krone 12 m stark; die Länge des Dammes beträgt 2100 m; 180 Tore regulierten einst den Wasserstand.

Westlich des Wehres leitet ein 2 km langer Schleusenkanal kleinere Schiffe flussauf- oder -abwärts. Die durch den Dammbau erreichte Ertragssteigerung in der Landwirt-

Die Umgebung von Assuan

schaft kam, bedingt durch die Bevölkerungsexplosion, allerdings nur kurzzeitig zum Tragen. Zudem war der Regulierungseffekt der Schleusentore unzureichend, so dass nach dem Zweiten Weltkrieg erste Überlegungen zu einem neuen Dammprojekt angestellt wurden.

Sadd al Ali (Assuan-Staudamm)

Rund 7 km südlich des alten Dammes staut heute der Sadd al Ali (vgl. S. 190f.) den Nil. Am Westende der riesigen Barriere ragt das Denkmal der ägyptisch-russischen Freundschaft in Form einer Lotosblume auf. Den Scheitelpunkt des Dammes krönt ein Ehrenbogen. Eine hier aufgestellte Schautafel zeigt die gewaltige Aufschüttung im Querschnitt. Am Ostende des Bauwerks liegt ein neues Kraftwerk.

Kalabsha

Das Tempelareal von Kalabsha auf einer Granitkuppe unweit des Hochdamms lag vor 1963 etwa 40 km weiter südlich. Durch den Bau des Assuan-Dammes wären die Gebäude dort in den Wassern des Nasser-Stausees versunken, so dass die Tempelanlagen abgetragen und an der neuen, sicheren Stelle wieder aufgebaut wurden.

Der Tempel von Kalabsha, entstanden um die Zeitenwende, war dem Mandulis geweiht, einer nubischen Gottheit. Besonders interessant sind die Reliefs und Inschriften an der Rückwand des ersten Hofes. Ganz links sieht man Taufszenen mit Horus und Toth, rechter Hand einen Erlass in griechischer Sprache, der die Schweinehirten auffordert, ihre Tiere vom Tempelareal fern zu halten. Rechts neben dem Erlass ist ebenfalls in griechischer Sprache eine Inschrift des Kleinkönigs Silko eingeritzt, der sich seiner Kriegstaten rühmt.

Nordwestlich des Kalabsha-Tempels liegt das von Ramses II. erbaute **Felsheiligtum Bet al Wali;** nördlich des Kalabsha-Tempels der **Kiosk von Kertassi,** vergleichbar dem des Trajan auf Philae (s. u.). Nur bei sehr seltenem Niedrigwasser kann man das Tempelareal trockenen Fußes erreichen, ansonsten muss man ein Boot mieten. Der Preis ist Verhandlungssache.

Philae

Auf der Insel Philae – der Perle Ägyptens – standen einst, von Palmen beschattet, Tempelbauten der 30. Dynastie. Bis in die Zeit des römischen Kaisers Hadrian (2. Jh. n. Chr.) wurden weitere Heiligtümer errichtet. Der byzantinische Kaiser Justinian ließ im 6. Jh. die Tempelanlagen schließen. Schon nachdem der erste Staudamm errichtet worden war (s. o.), standen die Bauwerke den größten Teil des Jahres unter Wasser.

Nach der Fertigstellung des Assuan-Staudamms wären die Monumente in den Fluten versunken, hätte man nicht von 1972 bis 1980 die Denkmäler auf die Nachbarinsel

Die Tempelanlage von Philae

Agilkia umgesetzt. Rund um Philae ließen die Ingenieure Spundwände in den Untergrund stampfen und legten das Gelände trocken. Dann zersägte man die Tempelbauten in einzelne Blöcke, die durchnummeriert und auf Agilkia wieder zusammengesetzt wurden.

Der Isis-Tempel – Heiligtum für die Hauptgöttin des kleinen Eilands – ist ein ptolemäischer Bau aus dem 4. Jh. v. Chr. Die Reliefs auf dem ersten Pylon, den man besteigen kann, zeigen den König Ptolemaios XII. bei kultischen Handlungen. Auf der Rückseite des Torturms sind vier Priester dargestellt, wie sie die Isis-Barke tragen. Das so genannte Geburtshaus westlich des ersten Vorhofs ist der Hathor-Isis im Gedenken an die Geburt ihres Sohnes Horus geweiht. Die Wände und Säulen sind mit zahlreichen Inschriften bedeckt.

Durch den zweiten Pylon gelangt man in einen weiteren Hof, in dem im 6. Jh. eine Kirche errichtet wurde; gut erkennbar sind die ins Gemäuer geschlagenen koptischen Kreuze. Weiter der Tempelachse folgend, erreicht man das Sanktuarium mit dem Sockel für die heilige Barke.

Östlich vom Isis-Heiligtum erhebt sich der kleine Hathor-Tempel, weiter südöstlich das sicher schönste Bauwerk der Insel, der unvollendete, leicht und luftig wirkende Trajan-Kiosk mit qualitätvoll gearbeiteten Säulen und Blumenkapitellen.

Touristeninformation: Neben dem Bahnhof

Old and New Cataract Hotel ***** [1]: Abdal Al Tahrir St., Tel. 097-231 6000, Fax 097-231 6011, www.sofitel.com. Von der Terrasse des Old Cataract Hotel, eines britischen Kolonialhotels, blickt man auf die Insel Elephantine, auf der anderen Flussseite ragt hoch eine Sanddüne auf. Agatha Christie schrieb Teile ihres Klassikers »Tod auf dem Nil« auf der Terrasse. Diese ist für hotelfremde Gäste gegen Gebühr von ca. 30 L.E. (inklusive eines Getränks) zugänglich, das Standard-Zimmer kostet um US-$ 120, die Winston Churchill-Suite US-$ 425, die Agatha Christie-Suite US-$ 500. Neben dem Old Cataract Hotel ragt der gesichtslose Neubau des New Cataract (etwas günstiger) gen Himmel.

Basma Hotel **** 2: Gegenüber vom Nubischen Museum, Tel. 097-2310 901, Fax 097-2310 907. Große angenehme Zimmer, guter Blick auf die Katarakte des Nil, 120 US-$.

Möwenpick Elephantine Island Resort ***** 3: Unübersehbar im nördlichen Teil der Nil-Insel Elephantine, Tel. 097-230 3455, Fax 097-231 3538. Nach umfassender Renovierung ab Mitte 2005 wieder geöffnet; da auf einer Insel gelegen, die ruhigste Lage aller Hotels von Assuan, 90–110 US-$.

Isis Island Hotel **** 4: Großes luxuriöses Anwesen auf einer Insel, Tel. 097-2317 400, Fax 097-2317 405. Fährverkehr zur Insel und Bus-Shuttle ins Zentrum vom südlichen Ende der Corniche, 90–110 US-$.

Amun **** 5: Auf der Nachbarinsel von Isis Island, Tel. 097-2313 859, Fax 097-2317 190. Hoteldorf mit kleinen Doppelzimmerbungalows, Fährverkehr vom südlichen Ende der Corniche, 90–110 US-$.

Isis, *** 6: Corniche al Nil, Tel. 097-2324 744, Fax 097-2326 893. Kleine, angenehme Bungalowanlage am Nilufer gegenüber der Insel Elephantine, 80 US-$.

Marhaba Palace Hotel 7: Corniche al Nil, Tel. 097-2330 102/3/4, Fax 097-2330 105. Gutes, ansprechendes Mittelklassehotel in zentraler Lage, kleine aber ordentlich eingerichtete Zimmer mit Blick über den Nil und die Insel Elephantine, 65 US-$.

Cleopatra Hotel *** 8: Bazaar St., Eingang in der Nebenstraße, Tel. 097-2314 001, Fax 097-2314 002. Nur 5 Min. vom Bahnhof entfernt, ordentliches Mittelklassehotel mitten im quirligen Leben des Basars, 50 US-$.

Horus Hotel 9: Corniche al Nil, Tel. 097-2315 100, Fax 097-2315 500. Sehr einfache Unterkunft in guter Lage am Nil, das ehemalige Mittelklassehotel zieht Rucksackreisende an, 70 L.E.

Hathor Hotel 10**:** Corniche al Nil, Tel. 097-2314 580, Fax 097-2303 462. Guter Blick auf die Nil-Insel Elephantine und den Fluss, das Haus hat schon bessere Tage gesehen, 45–65 L.E.

Al Salam Hotel 11**:** Corniche al Nil, Tel. 097-2303 649, Fax 097-2302 651. Zentral mit Blick auf den Fluss, ideal für Backpacker ohne großen Anspruch auf Komfort, 45–65 L.E.

Philae Hotel 12**:** Corniche al Nil, Tel. 097-2312 090, Fax 097-2324 089. Die ansprechendste und sauberste der preiswerten Unterkünfte am Nil, 45–65 L.E.

Al Amin Hotel 13**:** Abtal Tahrir St., Parallelstraße zur Corniche, Tel. 097-2314 189, Fax 097-2309 214. Sehr einfache Ausstattung, aber halbwegs ordentlich, 35–55 L.E.

Happy Hotel 14: Abtal Tahrir St., Parallelstraße zur Corniche, Tel. 097-2314 115, Fax 097-2307 572. Einfache, aber halbwegs ordentliche Unterkunft, 35–55 L.E.

Noorhan Hotel 15**:** Saad Zaghloul St., an der Basarstraße, Tel. 097-2316 069. Sehr einfach, aber einigermaßen ordentlich, manche Zimmer mit Ventilatoren, 30–50 L.E.

OBELISKEN
WOLKENKRATZER DER VERGANGENHEIT

Frühe arabische Historiker nannten die Obelisken *ain ash shams,* Quelle der Sonne; dies korrespondiert mit dem altägyptischen Begriff *techen,* der soviel bedeutet wie das Auge verletzen oder den Himmel verwunden. Die Assoziation mit Wolkenkratzern erscheint nahe liegend, wie auch ein altägyptisches Zitat bezeugt: »Zwei große Obelisken stehen fest draußen und schneiden die Wolken des Himmels«. Die monolithischen, mit einer vergoldeten Spitze ausgestatteten Steine galten als Sitz des Sonnengottes und als Mittler zwischen Himmel (Sonne) und Erde.

Betrachtet man die riesigen, aus einem Block geschlagenen Obelisken, so stellt sich die Frage, wie die Ägypter diese Denkmäler gebrochen, transportiert und aufgestellt haben. Der unvollendete Obelisk in Assuan hat Wissenschaftlern hierzu manchen Hinweis gegeben. Mit einer Höhe von 41,74 m und einem Gewicht von 1168 t sollte er ein Monument sondergleichen werden.

Hatte man in den Rosengranit-Steinbrüchen von Assuan einen geeigneten Block gefunden, so wurde ein Graben von etwa 1 m Breite um den Stein herum ausgeschlagen. Mit Kugeln aus Dolerit, einem härteren Gestein, hämmerte man senkrecht auf den Granit ein. Deutlich sieht man an dem Graben des unvollendeten Obelisken kleine, halbrunde und senkrecht verlaufende Spuren im Fels. Nach Untersuchungen kam man zu dem Ergebnis, dass 130 Arbeiter den Block in sechs Monaten aus seinem Bett hätten brechen können.

War der Graben um den Steinblock gezogen, so unterschrotete man den Monolithen und riss ihn mit Holzbalken vom Untergrund ab. Vermutlich auf Schlitten wurde der Obelisk danach an das Ufer des Nil gebracht und – mit welchen technischen Mitteln, weiß man nicht genau – auf das Schiff gehievt. Plinius berichtet, dass zur Zeit der Ptolemäer der Obelisk quer über einen Nil-Kanal gelegt wurde, die Barke dann darunter fuhr und entweder Ballast abwarf, um zu steigen, oder aber durch das Nil-Hochwasser angehoben wurde und so den Stein aufnahm.

War der Obelisk im Tempelbezirk eingetroffen, so musste er aufgerichtet werden. Dazu mauerte man einen trichterförmigen Schacht, auf dessen Boden sich die Granitbasis des Obelisken befand; dieser Schacht wurde mit Sand gefüllt. Wiederum mit Schlitten brachte man den Obelisken an die Oberkante dieses ›Sandkastens‹ und ließ ihn hinuntergleiten. Unten führte ein Tunnel in den Schacht, durch den man den Sand abtrug. Dadurch glitt der Obelisk immer tiefer in den Schacht hinein, bis er auf seiner Basis aufsetzte. Mit Stelzen zog man ihn dann in die Senkrechte.

Die Theorie klingt einfach – die Praxis aber hatte ihre Tücken: Beim Hatshepsut-Obelisken in Karnak drehte sich der Monolith beim Aufrichten leicht um die eigene Achse und steht daher nicht deckungsgleich auf der Basis.

Alle Luxushotels besitzen ein oder auch mehrere Restaurants mit internationaler Küche. An der Corniche gibt es einige preiswerte kleine Restaurants mit ägyptischen Speisen. Beim Essen hat man einen guten Blick auf die vielen Feluken im Strom. Auch an der Basarstraße finden sich eine Reihe äußerst einfacher Restaurants und Garküchen, die einheimische Küche anbieten.

Internet Café: Im Gebäude des Rowing Club am Anfang der Corniche an der Uferseite.

Entlang der Basarstraße, der zweiten Parallelstraße zur Corniche, Produkte und Lebensmittel für den täglichen Gebrauch der Bewohner sowie Souvenirs.

Der Busbahnhof, ca. 3 km außerh. vom Zentrum (Corniche Richtung Norden), ist mit Minibuss vom Zentrum erreichbar. Tgl. Busse nach Luxor, Kairo, Hurghada und Abu Simbel; hier gibt es auch **Sammeltaxistände.** Mehrmals tgl. **Flüge** nach Luxor und Kairo; mehrmals tgl. **Züge** nach Luxor und Kairo, nicht immer mit Wagen der ersten Klasse; mehrmals tgl. Züge zum Assuan-Hochdamm.

Feluken zur Insel Elephantine legen am südlichen Teil der Corniche ab, etwa in Höhe des Egypt Air-Gebäudes; Anlegestelle der Hotelfähre des Aswan Oberoi an der Corniche in Höhe des Oberoi-Hotels; die Motorfähre auf die andere Nil-Seite legt gegenüber der Nordspitze der Insel Elephantine an. Für die Besichtigung der Steinbrüche, des alten Dammes und der Insel Philae muss man sich ein Taxi mieten, da es keine öffentliche Verkehrsmittel dorthin gibt; nur der Hochdamm ist mit einem Bummelzug vom Bahnhof Assuan aus zu erreichen.

Post: Corniche al Nil, gegenüber dem Rovina Club und neben dem öffentlichen Schwimmbad.

Banken: Entlang der Corniche.

Egypt Air: Am südl. Ende der Corniche, Tel. 097-2315 000/1/2/3/4.

Krankenhaus: German Evangelical Hospital, nahe dem Police Department, Corniche al Nil, Tel. 097-2317 176.

Feluke auf dem Nil

DER FELSENTEMPEL VON ABU SIMBEL

Wahrhaft monumental ist das Heiligtum von Abu Simbel, das Ramses II. aus dem Stein hauen ließ. Vier über 20 m hohe Sitzfiguren, die den großen Pharao darstellen, schmücken die Front des im Jahre 1260 v. Chr. fertig gestellten Felsentempels.

Reiseatlas: S. 238, B 4
Rund 280 km südlich von Assuan liegt Abu Simbel mit dem großen Felsentempel des zweiten Ramses. 1963 beschloss man, das eindrucksvolle Bauwerk vor den steigenden Fluten des Nasser-Sees zu retten und auf ein höher gelegenes Plateau umzusetzen. Die Arbeiten kosteten 42 Mio. US-$ und dauerten vier Jahre.

Vollendet wurde das Denkmal im 30. Regierungsjahr des Pharao 1260 v. Chr. Am 22. 3. 1813 entdeckte der Schweizer Orientreisende Johann Ludwig Burckhardt (1784–1817) die aus Sandverwehungen herausragenden Köpfe der Kolossalstatuen. Es gelang ihm jedoch nicht, ins Innere der Anlage vorzustoßen. Vier Jahre später legte der Italiener Giovanni Belzoni dann den Eingang frei. In seinem Buch »Entdeckungsreisen in Ägypten 1815–1819« berichtet er: »Wir erweiterten den Durchgang und betraten kurz darauf die schönste und größte Tempelanlage in Nubien, die je ausgegraben wurde – eine Anlage, die sich mit jeder ägyptischen messen kann, mit Ausnahme vielleicht der neu entdeckten Grabanlagen im Biban al Moluk (Tal der Könige). Schon auf den ersten Blick wurde deutlich, daß es sich um eine weitläufige Anlage handelte; unser Erstaunen wuchs, als wir feststellten, daß hier einer der prächtigsten Tempel stand, üppig geschmückt mit wunderbaren Intarsien und Malereien.«

Der große Tempel ist Amun-Re und Re-Harachte geweiht, den wichtigsten Göttern von Ober- und Unterägypten. 63 m tief in den Fels gehauen, ist die Sakralanlage so ausgerichtet, dass jeweils zum Zeitpunkt der Tag- und Nachtgleiche (21.3. und 23.9.) die Strahlen der aufgehenden Sonne ins Allerheiligste fallen konnten. Durch die Versetzung des Tempels hat sich dieses Ereignis um einen Tag verschoben.

An der 33 m hohen Eingangsfassade ragen vier jeweils 20 m hohe Kolossalstatuen auf; alle vier stellen den thronenden Ramses II. dar. Eine

Im Felsentempel von Abu Simbel

der Figuren brach schon im Altertum auseinander, die Schäden an einer zweiten ließ Sethos II. ausbessern. Zwischen den Beinen der vier Ramses-Standbilder stehen kleinere, bis zu 4 m hohe Statuen von Mitgliedern der königlichen Familie. Ein Fries von 22 Pavianen mit betend erhobenen Händen schließt die Felsfassade nach oben hin ab.

In die südlichen Figuren haben Söldner Graffiti in griechischer und phönizischer Schrift geritzt. An der Südwand der Tempelterrasse erinnert eine Inschrift an die Hochzeit des zweiten Ramses mit der Tochter des Hethiterkönigs. Eine Darstellung zeigt den Herrscher, wie er die Braut dem Pharao entgegenführt. In der Nische daneben wurde 1884 der auf einer Nil-Expedition verstorbene englische Offizier Tidswell begraben.

Durch ein kleines Tor gelangt man ins Innere des Tempels; in der 17,70 x 16,50 m großen Vorhalle fungieren Figuren von Ramses, jeweils 10 m hoch und aus dem Felsen herausgearbeitet, als Stützen. Da sie entsprechend der Osiris-Ikonographie gestaltet sind, werden sie auch als ›Osiris-Pfeiler‹ bezeichnet.

Die Wandreliefs sind gut erhaltenen. Rechte und linke Eingangswand: Ramses II. erschlägt Feinde vor Amun-Re (links) und Re-Harachte (rechts). Linke, südliche Seitenwand: Der Pharao präsentiert sich verschiedenen Gottheiten; darunter drei Kriegsszenen. Rechte, nördliche Seitenwand: Reliefs mit Szenen der Schlacht von Kadesch gegen die Hethiter. Rechte Rückwand: Ramses führt gefangene Hethiter in sein Reich. Linke Rückwand: Gefangene vor verschiedenen Gottheiten. Die folgenden Räume zeigen sakrale Szenen. Die Seitenkammern dienten einst als Gaben- und Warenspeicher.

Nördlich des Ramses-Tempels liegt ein der Göttin Hathor, sowie der Nefertiri, Gattin von Ramses II., geweihtes Heiligtum. Figuren des Pharao und seiner Gemahlin flankieren den Eingang; 12 m hoch ist die Fassade. Die Reliefs in der Vorhalle zeigen das Königspaar im Gespräch mit verschiedenen Göttern.

Abu Simbel Village: Einen Steinwurf von den Tempeln entfernt, Tel./Fax 097-2400 092. Angenehme Zimmer mit gutem Preis-Leistungs-Verhältnis, 40–50 US-$.

Preiswerte Cafés und Restaurants mit ägyptischen Speisen im Ort Abu Simbel, etwa das Nubian Oasis und das Wadi al Nil, 5–20 L.E.

3x tgl. verkehrt ein **Bus** von Assuan nach Abu Simbel und zurück; es kann vorkommen, dass aus Sicherheitsgründen ausländischen Besuchern die Fahrt in öffentlichen Verkehrsmitteln verweigert wird. In diesen Fall bleibt nichts anderes übrig, als auf organisierte Touren auszuweichen, die man in den Reisebüros von Assuan an der Corniche buchen kann. Mit Bussen geht es dann in einem polizeilich bewachten Konvoi nach Abu Simbel.
Fast stündlich verkehren **Flüge** von Egypt Air nach Abu Simbel, beim Landeanflug sieht man von der linken Sitzreihe aus die Tempelanlagen.

HURGHADA UND AL GOUNA

Hurghada ist schon lange kein Geheimtipp mehr unter Surfern und Tauchern. Das Ferienzentrum am Roten Meer, das seit Jahren unaufhörlich wächst, bietet Unterkünfte aller Preisklassen und jede Art von Wassersport. Einige Kilometer nördlich entstand mit Al Gouna ein mondänes Touristendorf, das wie Hurghada noch weiter ausgebaut werden soll.

Reiseatlas: S. 237, E 1
Hurghada - 500 km südöstlich von Kairo und 350 km nordöstlich von Luxor – wurde in den vergangenen zwei Jahrzehnten von den ägyptischen Fremdenverkehrsplanern zum internationalen Badeort am Roten Meer ausgebaut und noch immer entstehen neue Hotels. Nirgendwo sonst in Ägypten findet man eine so dichte Konzentration von Hotel- und Feriendörfern. Die Anlagen ziehen sich rund 20 km Richtung Süden an der Küste entlang.

Das lang gestreckte Areal gliedert sich in drei Teile: **Hurghada-Stadt, Ad Daher** genannt, ist das Zentrum mit allen Versorgungseinrichtungen. Hier findet man Banken, den Basar, Reisebüros, die Niederlassung von Egypt Air, einige einfache Restaurants und den Busbahnhof. **Hurghada-Hafen** mit den einstigen Fischerkais, heute **Sigala** genannt, schließt sich gen Süden an und dann reihen sich die Hotels in endloser Folge in **Hurghada Beach**.

Hurghada bietet ein ganzjährig angenehmes Klima sowie eine komplette touristische Infrastruktur: Hotels aller Kategorien, Feriendörfer in allen Preisklassen, Fahrrad- und Autoverleih, Souvenirläden und Tauchschulen, Diskotheken und Restaurants. Hurghada besitzt einen internationalen Flughafen. Shuttle Busse im Privatbesitz halten den öffentlichen Nahverkehr zwischen Hurghada Beach, Sigala und Ad Daher aufrecht. Es gilt ein Einheitspreis pro Person von 1 bis 2 L. E. unabhängig von der Entfernung.

Sehenswürdigkeiten besitzt Hurghada nicht. Den Basar in Ad Daher sowie den zentralen Ortsteil hat man nach einer Stunde erforscht und auch Sigala ist nach spätestens 30 Minuten jedem Besucher vertraut. Wassersport in jeder Variante wird von den Hotels und Feriendörfern angeboten.

Hurghada-Stadt (Ad Daher) hat nur einen kurzen Strand, dessen größter Teil zu einem Hotel gehört. Wer abseits davon in Ad Daher baden will, muss zunächst über eine abgestorbene Riffplatte waten, um ins offene Wasser zu gelangen. In Hurghada Beach reicht die Wüste bis ans Meer. Vor jeder Ferienanlage gibt es einen langen und breiten Sandstrand, der auch für Kleinkinder ungefährlich ist, da die Wellen sehr seicht anbranden und der Boden flach ins Meer verläuft.

Problematisch ist die Trinkwasserversorgung, da die Stadt nicht auf einer Süßwasserlinse sitzt und über keine Brunnen verfügt. Pipelines schaffen das Nass vom Nil heran, viele Hotels besitzen Meerwasserentsalzungsanlagen, aufbereitetes Brauchwasser wird zur Bewässerung verwendet.

Wer Schnorchelausflüge unternehmen möchte, wird morgens von einem Kleinbus abgeholt, mit einem Boot aufs Meer zu den Riffen gefahren, bekommt Flossen, Taucherbrille sowie Schnorchel und kann dann die bunte Welt in der blauen Tiefe bestaunen. Derweil fängt die Besatzung Fische und bereitet das Mittagessen zu. Dies wird vor der Insel Giftun eingenommen, danach kann man vor dem Eiland schwimmen. Am späten Nachmittag geht es zurück an den Kai und mit dem Minibus wieder ins Hotel. Die Preise sind moderat.

Der Tourismus-Boom in Hurghada, von dem mittlerweile der gesamte Ort lebt, hat eine folgenschwere Kehrseite: Der ökologische Schaden, den die Korallenriffe durch die jährlich Abertausenden von Besuchern nehmen, wird immer bedenklicher. Schon jetzt sind viele Riffe ›übertaucht‹, ist das komplizierte biologische Gefüge in Mitleidenschaft gezogen. Das Abbrechen von Korallen, um sie als Souvenirs mitzunehmen, ist offiziell verboten, gleiches gilt für das Sammeln von Schnecken, Seepferdchen und die Jagd auf Fische. Jede Tierart trägt zur Erhaltung des natürlichen Gleichgewichts im Riff bei. Auch sollte man nicht über das Riff waten – dies zur eigenen Sicherheit, da man auf einen Stein- oder Skorpionfisch treten könnte, dessen Stacheln ein todbringendes Gift injizieren. Zwar ist die Riffplatte größtenteils biologisch tot, an ihren Rändern jedoch gibt es Korallenbewuchs. Durch einen unbedachten Schritt ist rasch eine Korallenformation ausgelöscht, die Jahrzehnte für ihren Aufbau benötigt hat.

Information: In Hurghada-Beach gegenüber dem Grand Hotel, Tel. 065-344 44 20.

In Hurghada Beach: Sofitel Hurghada *****: Safaga Rd., 12 km vom Zentrum, Tel. 065-3464 641, Fax 065-3464 640. 40 ha große, sehr luxuriöse und komfortable Anlage am Strand, 100–120 US-$.

Intercontinental Abu Soma **:** Tel. 065-3260 700, Fax 065-3260 749. Große Anlage mit eigenem Strand, mehreren Restaurants, Außen- und Innenpool, Tauchschule, Vermietung von Reitpferden, 80–100 US-$.

Hilton Hurghada Long Beach Resort **:** Tel. 065-3461 500, Fax 3461 509. Eigener Strand mit Wassersportzentrum: Tauchen, Schnorcheln und Windsurfen; sieben Pools, drei Restaurants, 80 US-$.

Tauchexkursion vor Hurghada

Sindbad ****: 13 km vom Zentrum, Tel. 065-3443 261, Fax 065-3443 267. Große Hotelanlage mit allen Annehmlichkeiten einer internationalen Vier-Sterne-Anlager, von hier startet das U-Boot »Sindbad« zu den Korallenriffen, 90–110 US-$.
Giftun Beach Resort ***: 14 km vom Zentrum, Tel. 065-3463 040, Fax 065-3463 050. Eine der ältesten Anlagen, begrüntes Areal, viele deutsche Pauschaltouristen, 65–80 US-$.
Intercontinental Resort ****: 18 km vom Zentrum, Tel. 065-3465 100, Fax 065-3465 101. Große, optisch ansprechende Anlage mit eigener Marina, 80-100 US-$.

In Ad Daher (Hurghada-Stadt)
Shedwan Golden Beach: Tel. 065-3547 007, Fax 3548 045, und **Shedwan Garden Hotel:** Tel. 065-3555 052, Fax 3555 054, sind die beiden einzigen Vier-Sterne-Hotels in Ad Daher mit einem eigenen Strand, 90–110 US-$.
Triton Empire Hotel: Tel. 065-3549 200, Fax 065-3549 212 und **Triton Empire Beach:** Tel. 065-3547 816. Beide in der Hospital Street, sind zwei Drei-Sterne-Hotels mit ordentlichen Zimmern in der Nähe des öffentlichen Strandes von Ad Daher und bieten ein gutes Preis-Leistungsverhältnis, 45 US-$.
Sea Horse ***: Al Bahr St., hinter dem Hurghada City Council neben dem Horus Hotel, Tel. 065-3547 016, Fax 065-3548 704. Sehr einfaches Mittelklassehotel mit Pool und eigener Tauchbasis, 30 US-$.

Horus Hotel: Al Bahr St., hinter dem Hurghada City Council gelegen, Tel. 065-3549 802. Einstiges Mittelklassehotel, nun etwas heruntergekommen, 82 einfache Zimmer mit Klimaanlage, 20 US-$.
Happyland Hotel: Al Sheikh Sebak St., Tel. 065-3547 373. Sehr einfache, aber halbwegs ordentliche Biligunterkunft, Ventilatoren in den Zimmern, einige mit, einige ohne Bad, 80 L.E.

Gute Restaurants nur in den großen Hotels und Feriendörfern. Einfache Restaurants und Garküchen gibt es überall in Hurghada-Stadt (Ad Daher), etwa entlang der Sayed Karim St. Gute Fischgerichte vor allem auf der Dachterrasse des Red Sea Restaurant in der El Horryah St.
Internet-Café: Mehrere Internet-Cafés, durch die großen Werbebanner unübersehbar, in Hurghada Beach zwischen den Hotels und Feriendörfern.

In Ad Daher findet sich ein bescheidener Touristenbasar, in dem auch Lebensmittel und Alltagsgegenstände aller Art für die Bewohner von Hurghada verkauft werden.

Das Nachtleben spielt sich in den großen Vier- und Fünf-Sterne-Hotels und Ferienanlagen ab, dort auch Diskotheken.

Tauchen: Eine deutsche Tauchschule befindet sich in Hurghada-Stadt (Ad Daher) in der Sayed Karim St.; weitere Tauchschulen in Hurghada Beach; auch die Touristendörfer veranstalten für ihre Gäste Tauchlehrgänge.

Zwischen Ad Daher, Sigala und Hurghada Beach pendeln Minibusse. Der Busbahnhof für den Fernverkehr liegt am südlichen Rand von Hurghada-Stadt (Ad Daher) an der Hauptdurchgangsstraße Al Nasre Way; tgl. Busse nach Luxor, Assuan und Kairo.

Egypt Air-Büro: Al Nasre Way, gegenüber der Hauptmoschee, am Nordrand von Hurghada-Stadt (Ad Daher) am Ende der Hauptdurchgangsstraße Al Nasre Way gegenüber der Moschee; tgl. Flüge nach Kairo; Mo–Do und Sa Fähren nach Sharm al Sheikh an der Südspitze des Sinai, Informationen in den Reisebüros von Hurghada-Stadt (Ad Daher) oder am alten Hafen.

Geldwechsel: National Bank of Egypt und Banque Misr, Ad Daher, Al Nasre Way (Hauptdurchgangsstraße); Wechselmöglichkeit auch in den großen Hotels und in den Feriendörfern.
Post: Hurghada-Stadt, Al Nasre Way, nahe dem Busbahnhof.
Krankenhaus: In der Hospital St., nahe Shedwan Golden Beach Hotel, Ad Daher, Tel. 065-3546 740, privates Al Saffaq-Krankenhaus an Al Nasre Way, Ad Daher Tel. 065-3546 965, in manchen Touristendörfern gibt es am frühen Abend Sprechstunden; neu und auf hohem medizinischen Stand ist das Krankenhaus in Al Gouna (s. u.).
Autovermietung: In der Ladenpassage des Giftun Village.

Al Gouna

Reiseatlas: S. 237, E 1
23 km nördlich von Ad Daher (Hurghada-Stadt) ließ der ägyptische Multimillionär Onsi Sawiris vor einigen Jahren eine ausgedehnte Hotelanlage für die Reichen und den Jet-Set seines Landes bauen. Über 7 km zieht sich Al Gouna an

Blick auf das mondäne Ferienzentrum Al Gouna bei Hurghada

der Lagunenlandschaft der Küste entlang, 14 000 km² umfasst das Areal. Fertig gestellt sind acht Hotels der Drei- bis Fünf-Sterne-Kategorie, bis 2005 sollen weitere sieben Häuser hinzukommen. Es gibt einen 18-Loch-Golfplatz, eine Marina, vier Tauchschulen samt Dekompressionskammer, Pferdeställe für Ausritte, Tennis, Squash und eine Gokart-Bahn. Des weiteren produzieren hier eine Brauerei die Biere Sakkara und Löwenbräu, eine Kelterei den Weißwein Obélisque, eine Käserei italienischen Mozzarella.

Ein Kasino sowie zwei Shopping Malls mit Freilichtkino, Diskotheken, Bars, Cafés, Restaurants sowie ein Museum, ein Aquarium, Banken, Reiseveranstalter und ein Amphitheater sorgen für weitere Kurzweil.

Steigenberger Golf Resort *****: Tel. 065-3580 140, Fax 065-3580 149, E-Mail info@steigenberger.de. Luxus-Hotel für den Golf-Freund, 130–150 US-$.

Sheraton Miramar *****: Tel. 065-3545 606, Fax 065-3545 608. Anlage auf neun kleinen Inseln, alle durch Brücken miteinander verbunden, 100–120 US-$.

Dawar al Umda ****: Tel. 065-3545 060. Im Stil der überkuppelten Gebäude von Ägyptens berühmten Architekten Hassan Fathi, 40–50 US-$.

Al Khan Hotel ***: Tel. 065-3549 712. Im gleichen Stil wie das Dawar al Umda gebaut, 30–40 US-$.

REISEINFOS VON A BIS Z

Alle wichtigen Informationen rund ums Reisen auf einen Blick – von A wie Anreise bis Z wie Zeitungen

Plus: Ein Sprachführer mit den wichtigsten Redewendungen, Zahlen und den Ausspracheregeln

REISEINFOS VON A BIS Z

Alkohol

In Ägypten als einem islamischen Land ist gläubigen Muslimen der Alkoholgenuss verboten. Ausländischen Besuchern werden ein gutes Bier aus einheimischen Brauereien sowie Rot-, Rosé- und Weißweine aus eigenem Anbau angeboten.

Während des **Ramadan,** des islamischen Fastenmonats, ist der Alkoholausschank auf die Bars der internationalen Hotels unter ausländischem Management beschränkt. Selbst in Drei-Sterne-Hotels werden die ausländischen Gäste dann gebeten, ihr Bier auf dem Zimmer zu trinken, um die religiösen Gefühle der fastenden Gläubigen nicht zu verletzen. Keinesfalls sollte man während des Ramadan Bier oder Wein in der Öffentlichkeit trinken.

Anreise

... mit dem Flugzeug
Von allen deutschen Flughäfen fliegt die Lufthansa über Frankfurt oder München täglich nach Kairo; nach Alexandria dreimal pro Woche. Bei rechtzeitiger Buchung bekommt man die Tickets günstiger. Die Charter-Airlines fliegen Luxor, Hurghada sowie Sharm al Sheikh auf dem Sinai an. Mehrmals wöchentlich verkehren Flüge von Wien und Zürich.

... mit dem Schiff, mit der Autofähre
Eine Fährverbindung von Italien nach Ägypten oder auch nach Haifa/Israel gibt es derzeit nicht. Jedoch verkehren von italienischen Häfen Frachter, die Passagiere nach Alexandria mitnehmen. Auskünfte erteilt die Agentur Transcamion, Bodenseestr. 5, 81241 München, Tel. 089-8 96 07 30, Fax 089–8 34 85 85.

... mit dem Auto
Wer mit dem Wagen nach Ägypten reist, benötigt einen internationalen Führerschein, eine internationale Zulassung und ein für Ägypten gültiges **Carnet de Passage** (dient der zollfreien Einfuhr eines Kraftfahrzeugs). Das Carnet ist bei Automobilklubs erhältlich, die eine Sicherheitsgarantie für diesen Service verlangen.

Derzeit muss man eine Bürgschaft in Höhe von etwa 5000 € zahlen, in manchen Fällen muss die Bürgschaft sogar dem Wert des Wagens entsprechen. Wer kein Carnet besitzt, muss bei der Einreise die Zollgebühren in Höhe des Wagenwerts als Kaution in einer ›stabilen‹ Währung (€ oder US-$) hinterlegen, bei der Ausreise erhält man das Geld wieder zurück. Der Abschluss einer ägyptischen Haftpflichtversicherung ist obligatorisch.

Für die Einfuhr von Motorrädern gelten die gleichen Vorschriften. Es ist sinnvoll, sich vor der Abreise bei einem Automobilklub nach den aktuellen Bestimmungen zu erkundigen; Informationen in Kairo auch bei: The Egyptian Automobile Club, 10 Sharia Qasr al Nil., Kairo.

Apotheken

Ägyptischen Apotheken *(saideliyya)* führen – zu vergleichsweise geringen Preisen – alle gängigen Medikamente, allerdings häufig unter abweichenden

Bezeichnungen. Die meisten Präparate erhält man ohne Rezept. Arzneien, die wegen ihrer Nebenwirkungen hierzulande verpönt sind, werden in Ägypten noch immer verkauft; Vorsicht ist deshalb geboten. Apotheken führen auch Toilettenpapier, Zahnbürsten, Seife, Shampoo etc.

Ärztliche Versorgung

Die ärztliche Versorgung ist für ein Schwellenland ausgezeichnet. Jeder Ort verfügt über ein Krankenhaus und niedergelassene Ärzte aller Fachrichtungen. Allerdings besteht ein starkes Stadt-Land-Gefälle. Die besten Hospitäler sind die Militärkrankenhäuser, die auch ausländische Patienten bei lebensbedrohenden Erkrankungen behandeln. Alle Ärzte sprechen Englisch und/oder Französisch. Bei Beschwerden sollte man sich an das Hotelpersonal wenden, das Name und Adresse eines Arztes oder des Krankenhauses nennen kann. Der Arzt kommt auf Wunsch auch ins Hotel. Eine andere Möglichkeit ist ein Anruf bei der Botschaft des Heimatlandes, die einen Deutsch sprechenden Arzt nennt.

Auskunft

Alle Städte Ägyptens verfügen über eine Touristeninformation. Das dort ausliegende Prospektmaterial gibt allerdings nur wenige praktische Hinweise. Die Angestellten der Informationsbüros sprechen zwar Englisch, sind aber nicht immer kompetent. Mitarbeiter der Hotels geben wesentlich verlässlichere Auskünfte.

Autofahren

Nur wer ausreichend Fahrpraxis hat, sollte in Ägypten mit einem Leihwagen fahren. Da der ägyptische Straßenverkehr chaotisch ist, sollte man konzentriert und vor allem defensiv fahren. Die **Höchstgeschwindigkeit**, die durch Schilder angezeigt wird, beträgt auf einigen Straßen 90 km/h, bei anderen 100 km/h. Die Polizei macht – vor allem auf Ein- und Ausfallstraßen in einem Radius von etwa 70 km rund um Kairo – **Radarkontrollen**. Ausländische Besucher, die mit überhöhter Geschwindigkeit angehalten werden, zahlen ein Bußgeld von 300 L.E. (etwa 90 €). Der Führerschein und die Fahrzeugpapiere werden konfisziert und man erhält diese eine Woche später in Kairo, und nur dort, zurück.

Die Straßen sind in der Regel gut, jedoch sollte man auf **Schlaglöcher** vorbereitet sein. Fahrten nach Einbruch der Dunkelheit sollten vermieden werden, unbeleuchtete **Esel- und Pferdefuhrwerke** sowie liegengebliebene Fahrzeuge auf der Fahrbahn sind keine Seltenheit. Wer doch im Dunkeln unterwegs sein muss, sollte hinter einem Lastwagen oder einem Bus fahren, der über funktionierende Rück- und Bremslichter verfügt.

Die Ortsausschilderung wurde in den letzten Jahren wesentlich verbessert, nicht aber im Nil-Delta, einem der dichtbesiedelsten Gebiete der Welt. Bei Nachfragen an die einheimische Bevölkerung bekommt man nur Hinweise auf das nächstgelegene Dorf.

Die Ein- und Ausfahrten der Städte sind mit **Kontrollposten** gesichert.

Man sollte langsam an diese Haltepunkte fahren, unter Umständen müssen der Pass und die Wagenpapiere gezeigt werden, meist aber wird man durchgewinkt. Bodenwellen vor und nach den Straßensperren sollen für eine Verminderung der Geschwindigkeit sorgen, gleiches gilt für Ausfahrten aus den Städten. Diese *speedbreakers* sind häufig nicht farblich gekennzeichnet. Ausländern, die einen Unfall verursacht haben, raten einige Verkehrsexperten dazu, weiter zu fahren und sich so schnell wie möglich unter den Schutz der nächstgelegenen Polizeistation zu stellen.

Bakschisch

Für jede Dienstleistung ist in Ägypten ein Trinkgeld fällig. Besucher sollten sich darauf einstellen, entziehen kann man sich der ›Bakschisch-Pflicht‹ nicht. Auch Ägypter werden zur Kasse gebeten und zahlen anstandslos. Dass von ›reichen‹ westlichen Ausländern ein höherer Betrag als von Einheimischen gefordert wird, versteht sich von selbst. Schwierig ist es allerdings, das rechte Maß zwischen 1 und 5 L.E. (etwa 0,30 bis 1,5 €) zu finden.

Viele Besucher des Nil-Landes vergällen sich ihre Ferien, indem sie versuchen, Bakschisch-Situationen zu entkommen. Da dies unmöglich ist, gerät der Urlaub zur Qual. Daher sollte man spielerisch mit den Dienstleistungsangeboten und den damit verbundenen Trinkgeldforderungen umgehen. Wer Dienstleistungen (Besorgung von Fahrkarten am unübersichtlichen Ramses-Bahnhof in Kairo, Träger für das Gepäck) akzeptiert, hilft in einem Land, in dem Arbeitsplätze knapp sind und nur im Service-Sektor viele Menschen ihr Auskommen finden. In Restaurants sind 10 % Trinkgeld üblich, ebenso für einen Tagesausflug mit dem Taxi (vorab feste Preise ausmachen).

Behinderte

Ägypten ist – mit Ausnahme kürzlich gebauter Vier- oder Fünf-Sterne-Hotels – nicht auf behinderte Besucher eingestellt. Das sollte jedoch keinen davon abhalten, das Land der Pharaonen zu besuchen, wenngleich es recht anstrengend werden kann. Problematisch können Besichtigungstouren an den Pyramiden von Giza, in Saqqara und in Theben-West sein, da der Wüstensand Rollstuhlfahrer und ihre Begleiter zu gewaltigen Kraftakten nötigt.

Bettler

Vor allem in den großen Städten wird man häufig Bettler sehen, meist behinderte Menschen. Aufgrund der mangelhaften Sozialfürsorge bleibt ihnen nur, Passanten um eine Gabe zu bitten. Ägypter verschließen sich nicht dem Leid ihrer Mitmenschen. Bettler haben keine andere Möglichkeit, ihren Unterhalt zu verdienen. Ägypter sind stolz und Betteln ist der letzte Ausweg.

Kinder versuchen häufig mit angedeuteten Essbewegungen auf vermeintlichen Hunger hinzuweisen, um von Besuchern eine Spende zu bekommen. Dies kann man bedenkenlos ignorieren, in Ägypten hungert keiner.

Diplomatische Vertretungen Ägyptens

...in Deutschland
Ägyptische Botschaft
Stauffenbergstr. 6–7
10785 Berlin
Tel. 030-477 54 70, Fax 477 10 49

Ägyptische Konsulate
Eysseneckstr. 34
60322 Frankfurt am Main
Tel. 069-9 55 13 40, Fax 5 97 21 31, Mo–Fr 10–13 Uhr

Harvestehuder Weg 47
20149 Hamburg
Tel. 040-413 32 60, Fax 410 61 15

... in Österreich
Ägyptische Botschaft
Hohe Warte 52
1190 Wien
Tel. 01-370 81 04, Fax 370 81 04 27

... in der Schweiz
Ägyptische Botschaft
Elfenauweg 61
3006 Bern
Tel. 031-352-80 12, Fax 352 06 25

Diplomatische Vertretungen in Ägypten

... Botschaft der Bundesrepublik Deutschland
8 Sharia Hassan Sabri
Kairo-Zamalek
Tel. 02-739 96 00, Fax 02-736 05 30
Deutsches Generalkonsulat
9 El Fawatem St.
Mazarita, Alexandria, Tel. 03-486 75 03, Fax 03-484 09 77

... Botschaft der Republik Österreich
Sharia Wissa Wassef
Al Riyad Tower, 5. Stock
Kairo-Giza
Tel. 02-570 29 75, Fax 02-570 29 79

... Schweizer Botschaft
10 Sharia Abdel Khaliq Sarwat, Kairo
Tel. 02-575 82 84, Fax 02-574 52 36

Drogen

Drogen sind in Ägypten ausnahmslos verboten. Dies gilt auch für das weit verbreitete Haschisch, das traditionell zu jedem Fest aus der Wasserpfeife geraucht und Besuchern unter dem Decknamen Habli-Babli angeboten wird. Im Interesse der eigenen Sicherheit sollten man Kaufangebote strikt ablehnen. Wer gegen das Betäubungsmittelgesetz verstößt, muss mit einer langen Gefängnisstrafe rechnen. Der Besitz selbst kleiner Mengen an Drogen wird mit der Todesstrafe geahndet. Die ägyptische Drogenbehörde hat mehrfach erklärt, dass auch für Ausländer diese Strafen gelten.

Einreisebestimmungen

Deutsche, Österreicher und Schweizer benötigen ein Visum, das von den Botschaften und Konsulaten ausgestellt wird. Wer bei der Einreise noch nicht über einen Sichtvermerk verfügt, kann am Kairoer Flughafen noch vor der Passkontrolle an jedem Bankschalter eine Gebührenmarke kaufen und erhält damit ein Visum. Die Aufenthaltsgenehmigung, die in der Regel für einen Monat ausgestellt wird, darf maximal 14 Tage überschritten werden. Mehrmalige Verlängerungen des Visums sind möglich und werden im Mugamma-Gebäude, Kairo, Midan at Tahrir, gewährt (vgl. S. 127). Mitzubringen sind der Pass, ein Passbild und Umtauschquittungen der Banken. Hier bekommt man auch den Sichtvermerk für mehrere Wiedereinreisen ins Land.

Die Einfuhr fremder Banknoten ist in unbegrenzter Menge möglich. Die ägyptische Währung darf nur bis zu einer Höhe von 1000 L.E. eingeführt werden. Seit 1996 müssen sich ausländische Besucher nach der Einreise nicht nochmals registrieren lassen. Wer dennoch einen Stempel mit der Aufschrift »Register within seven days« im Pass findet, muss sich im Mugamma-Gebäude (s. o.) registrieren lassen – eine Prozedur, die Hotels für ihre Gäste übernehmen. Die im Visum festgelegte Aufenthaltsdauer darf um maximal 14 Tage überschritten werden.

Zollkontrollen werden auf dem Kairoer Flughafen nur sporadisch durchgeführt. Doch wird jedes Gepäckstück aus Sicherheitsgründen mehrfach geröntgt. Für Antiquitäten benötigt man ein Ausfuhrzertifikat der Ägyptischen Altertümer-Verwaltung. Ohne dieses Papier wird man als Schmuggler betrachtet, verhaftet und bestraft.

Elektrizität

Voltzahl und Stromstärke entsprechen mitteleuropäischen Standards. Nicht immer passen deutsche Stecker in ägyptische Steckdosen, da die Stifte minimal dicker sind. Wer sicher gehen will, kauft einen Adapter für alle Länder dieser Erde.

Feste und Feiertage

Gesetzliche Feiertage sind der 22. 2., der 8. 3., der 1. 5., der 18. 6., der 23. 7., der 1.9., der 6. 10., der 24. 10., der 5. 12. und der 23. 12.

Die religiösen Feste folgen dem islamischen Kalender und verschieben sich entsprechend von Jahr zu Jahr. Bedeutende muslimische Feiertage sind das dreitägige ›kleine‹ Bairam-Fest am Ende des Fastenmonats Ramadan, das ›große‹ Bairam-Fest zur Feier des Hammelopfers, Mawlid an Nabi, der Geburtstag des Propheten Muhammad, und Sham an Nassim, das Frühlingsfest (vgl. S. 59). An diesen wie an den gesetzlichen Feiertagen ruht das öffentliche Leben.

Fotografieren

Alle gängigen Filmmarken sind in Ägypten erhältlich; das Verfallsdatum kann allerdings manchmal überschritten sein. Filme sollten während der Reise kühl und trocken gelagert werden. Bereits belichtetes Farbmaterial reagiert besonders sensibel auf Temperaturschwankungen.

Wer Personen, vor allem Frauen, aufnehmen möchte, sollte zuvor um Erlaubnis bitten. Auch ein Bakschisch kann hilfreich sein. Brücken, Militärfahrzeuge, Camps und Armee-Angehörige dürfen nicht fotografiert werden.

Frauen allein unterwegs

Allein reisende Frauen werden feststellen, dass sie keinen Gefährdungen und relativ seltener ›Anmache‹ ausgesetzt sind. Traditionelle, *gallabiyya* tragende Fellachen in den Dörfern und in den alten islamischen Vierteln der Städte werden sie nicht belästigen. Durch die Amerikanisierung geprägte ›moderne‹ Ägypter sind allerdings einem Flirt nicht immer abgeneigt. Angemessene Kleidung, die Dekolleté, Arme und Beine bedeckt, sollte in einem islamischen Land ebenso selbstverständlich sein wie der Verzicht auf ein Sonnenbad am Strand oben ohne.

Schauen Sie auf der Straße ihrem zufälligen Gegenüber nicht in die Augen – eine Sonnenbrille ist hierbei hilfreich. Überhören Sie männliche Kommentare über ihre Person.

Setzen Sie sich, wenn möglich, in öffentlichen Verkehrsmitteln immer neben eine Frau und bitten Sie auch nur Frauen um Auskunft. Wenn allein reisende Frauen dennoch einmal belästigt werden sollten, hilft ein laut gerufenes *aib.* Dieser Ordnungsruf bedeutet soviel wie Schande und ist die Aufforderung, sich auf gutes Benehmen zu besinnen.

Fremdenführer

Staatlich anerkannte Fremdenführer mit einem Ausweis werden über Informationsbüros vermittelt. An allen touristischen Stätten drängen sich zahlreiche ›Guides‹. Wer die Dienste einer dieser ›freien‹ Führer annimmt, sollte vorher den Preis festlegen und erst am Ende der Tour zahlen – wobei ein zusätzliches Trinkgeld obligatorisch ist.

Gastfreundschaft

Es kann vorkommen, dass Ägypter Reisende zu sich nach Hause einladen. Unabhängig von dem Vertrauen, das man dem Gastgeber entgegenbringt, sollte man zunächst höflich ablehnen und vage auf spätere Gelegenheiten verweisen. Hinter einer nachdrücklich vorgebrachten Einladung steht allerdings der Wunsch, fremden Besuchern Wohnung und Familie zu zeigen.

Männer dürfen auf keinen Fall allein mit einer Frau in der Wohnung sein. Die Reputation der Gastgeberin würde dadurch Schaden nehmen. Wer unangemeldet einen ägyptischen Freund besucht und die Ehefrau allein antrifft, sollte sich sofort zurückziehen.

Geld & Geldwechsel

Ein Ägyptisches Pfund (abgekürzt L.E.) hat 100 Piaster (P.T.). Es gibt Scheine zu 5, 10, 25 und 50 P. T. Münzen findet man nur selten. Weiterhin sind Noten zu 1, 5, 10, 20, 50 und 100 L.E. im Umlauf. **1 L.E. = 0,14 €**

Da viele Taxifahrer, Händler oder Busschaffner große Scheine nicht wechseln können, sollte man immer ausreichend Kleingeld *(fakka)* dabei haben. In den Banken von Alexandria, Assuan, Hurghada, Kairo und Luxor ist der Umtausch von Reiseschecks (€, US-$, Franken) problemlos.

Wer sein Visum verlängern möchte, muss häufig die Umtauschquittungen der Banken vorzeigen. Viele Geldautomaten zeigen das Maestro-Zeichen der Euroscheckkarte; hier erhält man mit der PIN-Nummer Bargeld.

Gesundheitsvorsorge

Für Mitteleuropäer sind keine Impfungen vorgeschrieben. **Prophylaktische Maßnahmen** gegen Typhus/Paratyphus, Polio, Tetanus, Hepatitis A und B sowie Cholera sind jedoch empfehlenswert. Die Malaria ist in Ägypten wieder auf dem Vormarsch, besonders gefährdet sind Besucher im Nil-Delta, in den Oasen sowie in den Regionen um den Nasser-See.

Die **Reiseapotheke** sollte vor allem Mittel gegen Magen-Darm-Infektionen enthalten; weiterhin eine antibiotische Wundsalbe, Schmerztabletten, Desinfektionsmittel sowie Medikamente gegen Erkältungskrankheiten oder Grippe. Wichtig sind eine Sonnencreme mit hohem Lichtschutzfaktor und ein Mittel gegen Mücken.

Der Abschluss einer **Reisekrankenversicherung**, die im Notfall einen Rückflug erstattet, ist sinnvoll. Von Magen- und Darmproblemen bleibt kaum ein Besucher verschont. Dabei sind es nicht immer die so genannten ›unhygienischen Bedingungen‹, die den häufig von Krämpfen begleiteten Durchfall hervorrufen, sondern das heiße Klima, die fetthaltigen Landesspeisen oder eisgekühlte Getränke.

Auf ungeschältes Obst, rohes Gemüse, Salat, Speiseeis und Eiswürfel sollte man verzichten. Das stark gechlorte Leitungswasser kann man trinken. Vorsicht bei Brunnenwasser oder Wasser, das aus Tanks kommt.

Vor allem Reisende, die klimatisierte Verkehrsmittel benutzen oder ein Zimmer mit Klima-Anlage haben, erkälten sich häufig aufgrund der hohen Temperaturunterschiede. Besonders an der Küste des Roten Meers, wo ständig eine kühle Brise weht, unterschätzt man leicht die intensive Sonneneinstrahlung. Sonnenbrand, aber auch Hitzschlag oder ein Kreislaufkollaps können die Folge sein.

Zwei Krankheiten gibt es in Ägypten schon seit der Zeit der Pharaonen: die **Bilharziose** und das **Trachom.** Die Bilharziose-Erreger sind kleine, im Süßwasser lebende Hakenwürmer, die sich durch die Haut bohren und in den Innenorganen leben. Man glaubte lange, dass die Schneckenart, die als Zwischenwirt fungiert, nur in stehenden Gewässern lebt. Warnungen bezogen sich daher nur auf Tümpel und Teiche, Bewässerungskanäle, überflutete Felder sowie die Uferstreifen der Flüsse. Mittlerweile hat man festgestellt, dass noch bei einer langsamen Fließgeschwindigkeit Bilharziose-Gefahr besteht. Man sollte daher auch träge dahinströmendes Wasser meiden. Nach Schätzungen leiden gegenwärtig etwa 12 % der Landbevölkerung an Bilharziose. Zwar gibt es Medikamente gegen die Erreger, nicht zu behandeln aber sind die Schäden, welche die Parasiten in Darm, Blase, Leber, Milz und Nieren anrichten.

Das Trachom wird von Fliegen, die mit Augensekret in Berührung gekommen sind, oder durch direkten Kontakt übertragen. Vermeiden Sie daher, Kamera oder Fernglas Einheimischen zu leihen. Unbehandelt führt die Krankheit zu Blindheit. Suchen Sie bei Augeninfektionen einen Arzt auf!

Handeln

Fast überall in Ägypten muss man für Dienstleistungen den Preis vorher aushandeln. Bei Taxifahrern, Fremdenführern, auf Märkten und in den Touristenbasaren gehört Feilschen dazu. Ausgenommen sind Hotels, Restaurants und Geschäfte mit Festpreisen.

Größere Anschaffungen sollte man bis an das Ende der Reise zurückstellen, wenn man mit dem Preis-Leistung-Verhältnis vertrauter ist. Vergleichen Sie Angebote bei verschiedenen Händlern, zeigen Sie nie ein allzu großes Interesse für ein bestimmtes Stück und lassen Sie sich nie in ein ungewünschtes Verkaufsgespräch verwickeln oder unter Druck setzen.

Informationsstellen

... in Deutschland
Ägyptisches Fremdenverkehrsamt
Kaiserstr. 64, 60329 Frankfurt/Main,
Tel. 069-25 21 53, Fax 23 98 76

... in Österreich
Ägyptisches Fremdenverkehrsamt
Opernring 3/3/301-303, 1010 Wien
Tel. 01-587 66 33, Fax 587 66 34

... in der Schweiz
Ägyptisches Fremdenverkehrsamt
Marktgasse 59, 3011 Bern,
Tel. 031-311 22 10, Fax 311 22 85

Informationen im Internet

www.touregypt.net
Die offizielle Seite des Tourismusministeriums mit Informationen zu ganz Ägypten

www.yallabina.com
Auskünfte zu Kairo (*yalla bina* – los, lass' uns gehen)

www.aegypteninfo.de
www.aegypten-online.de
Deutsche Internet-Seiten für Auskünfte aller Art

Internationale Hotelketten erreicht man über die Seiten www.hilton.com, www.sofitel.com, www.sheraton.com, www.mercure.com, www.novotelcom, www.accor.com oder www.oberoi hotels.com. Auf den Homepages kann man auch Buchungen vornehmen.

Karten und Pläne

Von verschiedenen deutschen kartografischen Verlagen gibt es Karten zu Ägypten. Bei der deutschen Buchhandlung Lehnert & Landrock sowie im Bookshop der American University in Kairo bekommt man ebenfalls Kartenmaterial – unter anderem auch einen Stadtplan von Kairo.

Kinder

Ägypten ist ein sehr kinderfreundliches Land. Eine kindergerechte Ausstattung – etwa Kinderstühle – fehlt jedoch häufig in Hotels und Restaurants.

Reisen mit Kindern in Ägypten ist problemlos. Kinder sollten tagsüber gut mit einer Sonnenmilch mit hohem Lichtschutzfaktor eingecremt sein, nur das überall in Plastikflaschen erhältliche Mineralwasser trinken und möglichst keinen Salat essen. Frisch gepresste Obstsäfte gibt es an Verkaufständen. Im sehr ruppigen Straßenverkehr sollten kleine Kinder immer an die Hand genommen werden.

Lesetipps

Arnold, Dieter, Die Tempel Ägyptens, Zürich 1992; architektonische und kunsthistorische Beschreibung der wichtigsten ägyptischen Tempel

Assmann, Jan, Ägypten – Eine Sinngeschichte, Darmstadt 1996; wie dachten die Alten Ägypter?

Brambach, Joachim, Kleopatra – Herrscherin und Geliebte, München 1995; eine Biographie

Brunner-Traut, Emma, Die Alten Ägypter, Stuttgart 1987; allgemeine, breit angelegte Untersuchung über das Alltagsleben der Alten Ägypter

Brunner, H. Grundzüge der altägyptischen Religion, Darmstadt 1988; kompakte Darstellung der religiösen Vorstellungen

Christie, Agatha, Tod auf dem Nil, München 2001; während einer Nilkreuzfahrt gilt es für den Meisterdetektiv einen Mord zu klären.

Durrell, Lawrence, Justine, Balthasar, Montolive, Clea (das so genannte Alexandria-Quartett, vier Bände), Hamburg 1997; vier Personen erzählen die gleiche Liebes- und Kriminalgeschichte in Alexandria jeweils aus ihrem Blickwinkel

Flaubert, Gustave, Reisetagebuch aus Ägypten, Frankfurt 1981; der sehr persönlich gefärbte Reisebericht des französischen Romanciers

France, Peter, Der Raub der Nofretete, München 1995; wie die Abenteurer das Land ausplünderten

Germer, Renate, Das Geheimnis der Mumien, Hamburg 1994; alles über Mumifizierung

Gosh, Amitav, In einem alten Land, Hamburg 1996; der indische Autor erzählt von seiner ethnologischen Feldforschung während seiner Studentenzeit in Ägypten und berichtet über die mittelalterlichen Handelsbeziehungen jüdischer Kaufleute aus Kairo mit Indien

Hornung, Erik, Echnaton, München 1996; das Leben des ›Ketzerpaharo‹

Hornung, Erik, Der eine und die Vielen, Darmstadt 1993; die ägyptische Götterwelt

Hornung, Erik, Das Tal der Könige, Zürich 1985; ausführliche Darstellung der Pharaonengräber

James, T. G. H. Pharaos Volk. Leben im Alten Ägypten, Zürich/München 1988; Alltagsleben der einfachen Leute unter den Pharaonen

Kaiser, Maria Regine, Arsinoe – Königin von Ägypten, Bergisch Gladbach 2000; historischer Roman

Machfus, Nagib, Die Midaq-Gasse, Zürich 1991; Alltagsleben, Wünsche und Hoffnungen der Bewohner in einer Kairoer Altstadtgasse

Machfus, Nagib, Miramar, Zürich 1994; vier junge Männer in der Pension Miramar lieben das Stubenmädchen, dann wird einer umgebracht. Alle Akteure erzählen die Geschichte aus ihrer Perspektive.

Montlaur, Pierre, Imohotep – Arzt der Pharaonen, Hamburg 1990; historischer Roman

Peters, Elizabeth, Der Hüter von Luxor, Berlin 2000; historischer Roman

Rademacher, Cay, Mord im Tal der Könige, München 2001; historischer Roman

Robins, Gay, Frauenleben im Alten Ägypten, München 1996; wie lebten und welche Rechte hatten die Frauen in der altägyptischen Gesellschaft?

Schüssler, Karlheinz (Hrsg.), Pharao Cheops und der Magier – Altägyptische Märchen und Erzählungen, Zürich 2003

Semsek, Hans-Günter, Ägypten und Sinai, Köln 2000; Kunst-Reiseführer

Semsek, Hans-Günter, Kauderwelsch: Ägyptisch-Arabisch für Globetrotter. Bielefeld 2001; praktischer ägyptisch-arabischer Sprachführer

Stadelmann, Rainer, Die ägyptischen Pyramiden, Darmstadt 1991; alles über die Pyramiden

Mietfahrzeuge

Alle internationalen Mietwagenfirmen bieten Fahrzeuge in Ägypten an, eine Buchung vom Heimatland macht keine Schwierigkeiten. Bei einer Reservierung von zuhause sind die gefahrenen Kilometer frei. Wer in Ägypten einen Wagen mietet, zahlt für jeden gefahrenen Kilometer zusätzlich, häufig sind 100 km pro Miettag frei.

Im Nile Hilton Hotel am zentralen Midan at Tahrir von Kairo gibt es einen Avis-Schalter, bei dem man das im Heimatland gebuchte Auto abholen kann. Lokale Anbieter sind deutlich billiger, die Autos allerdings nicht immer in einem guten Zustand. Vor der Fahrt sollten vor allem die Innenseiten der Reifen, der Reservereifen, Wagenheber und der Schraubenschlüssel für die Radmuttern kontrolliert werden.

Moscheebesuche

Christen dürfen fast alle islamischen Gebetsstätten betreten (eine Ausnahme ist die Hussein-Moschee in Kairo); für Frauen gibt es manchmal einen separaten Eingang. Vor dem Eintritt muss man die Schuhe ausziehen, häufig werden Tücher um das Schuhwerk gebunden.

Der Besuch einer Moschee wird nur in angemessener Bekleidung gestattet (keine Shorts, keine kurzärmligen Blusen). Eine Besichtigung während der Gebetszeiten sollte vermieden werden. Frauen verdienen sich den Respekt der Einheimischen, wenn sie nach Durchschreiten der Pforte mit einem weißen Schal das Haar bedecken.

Notrufnummern

s. vordere Umschlagklappe

Öffnungszeiten

Geschäfte sind meist täglich (außer Fr) von 9 bis 18 Uhr geöffnet. Viele Geschäfte schließen erst nach 21 Uhr. Ämter sind täglich außer Fr von 9 bis 15 Uhr geöffnet; Banken Mo-Do von

9/9.30 bis 12.30/13.30 Uhr (Sa/So sind nur wenige Geldinstitute – und dann auch nur kurze Zeit – geöffnet).

Die Banken in den großen internationalen Hotels sind sieben Tage in der Woche bis in den späten Abend geöffnet, im Nile Hilton sogar rund um die Uhr. Postämter öffnen täglich außer Fr von 9 bis 15 Uhr. Während der Fastenzeit gelten diese Zeiten nicht. Meist sind Geschäfte dann am späten Vormittag und ab 20 Uhr wieder offen.

Post

Postämter gibt es in jedem ägyptischen Ort. Da die Schlangen an den Schaltern lang sind, sollte man sich mit einem größeren Vorrat an Briefmarken, Briefpapier, Umschlägen und Postkarten eindenken. Gegen Aufpreis gibt es Briefmarken an Straßenständen vor der Post, in Schreibwarenläden und größeren Hotels.

Damit postlagernde Sendungen ankommen, sollte nur der Nachname auf dem Umschlag stehen, sonst könnte der Brief falsch abgelegt werden. Adresse: Main Post Office/Cairo-Egypt/Poste Restante/General Delivery.

Kairos Hauptpostamt befindet sich am Midan Ataba neben der Feuerwehr.

Radio und Fernsehen

Ägyptens elektronische Medien unterliegen der staatlichen Aufsicht. Über 30 Rundfunksender bieten zumeist ein arabischsprachiges Programm. Es gibt aber auch englische, französische, griechische, italienische und deutsche Sendungen.

Das Fernsehen zeigt zum größten Teil einheimische Spielfilmproduktionen, gelegentlich auch amerikanische Filme im Original mit Untertiteln. Täglich sendet Kanal 2 um 19 Uhr Nachrichten in französischer, um 20 Uhr in englischer Sprache.

Reisekasse

Aus Sicherheitsgründen sollte man nur wenig Bargeld mit sich führen. Reiseschecks in Euro, US-$ sowie in jeder anderen Währung können bei allen Banken getauscht werden. Im Basar oder im Hotel gibt es bei Zahlungen mit Kreditkarten keine Probleme; besonders akzeptiert werden American Express, Visa und Master Card/Euro Card.

Reisegepäck

Empfehlenswert ist leichte Kleidung aus Baumwolle oder Leinen. Kurze Hosen gelten als anstößig. Besonders Frauen sollten die islamischen Kleidervorschriften beachten und lange Röcke oder Hosen, hochgeschlossene Blusen mit Ärmeln sowie einen BH tragen.

Zum Schutz gegen die Abendkühle sowie die oft sehr kalt eingestellten Klima-Anlagen in Bussen und Bahnen sollte man einen warmen Pullover zur Hand haben. Weiterhin benötigt man leichte Sommerschuhe oder Sandalen, robustes Schuhwerk für Wanderungen und die oft ausgedehnten Besichtigungstouren, Badesandalen aus Plastik zum Schutz gegen Seeigel und spitze Steine, einen Sonnenhut, eine gute Sonnenbrille, eine Taschenlampe für den Besuch von Gräbern und Tempeln sowie ein gutes Taschenmesser.

Reisezeit

Die beste Reisezeit für einen Ägypten-Besuch liegt zwischen Oktober und April. Sehr angenehm sind die Temperaturen zwischen Ende September und Ende November. Von Dezember bis Ende Februar wird es nachts recht kalt.

Während der Weihnachts- und Osterferien reisen die meisten Besucher in das Nil-Land, besonders für Individualtouristen kann es dann schwierig werden, Tickets für Flugzeuge, Busse und Eisenbahnen zu bekommen; auch sind die Hotels in der Hochsaison überfüllt. Eine rechtzeitige Buchung ist unbedingt ratsam.

Sicherheit

Die Anschläge islamischer Fundamentalisten auf Touristen brachten Ägypten in Misskredit. Im März 1999 haben die Fundamentalisten über ihre Anwälte erklären lassen, dass sie Gewaltakte nicht mehr unternehmen werden, seitdem ist es im Land ruhig geblieben.

Aufgrund der Anschläge der Fundamentalisten werden Pauschaltouristen in Reisebussen nur im bewachten Konvoi gefahren. Dies betrifft die Strecken Hurghada – Luxor, Luxor – Tempel von Dendera und Abydos, Luxor – Assuan, Assuan – Abu Simbel. Gelegentlich kommt es vor, dass die Polizei aus Sicherheitsgründen Touristen verbietet, in öffentlichen Bussen die Strecke Assuan – über Luxor – Hurghada zu fahren. Für der Bahn gilt dies nicht.

Wer als Individualtourist entweder allein oder mit anderen ein Sammeltaxi gemietet hat, sollte sich an der Rezeption des Hotels nach den Abfahrtszeiten der Konvois erkundigen. Die kennen die Fahrer der Sammeltaxis zwar auch, doch halten sie sich aus Angst, Kunden zu verlieren, nicht immer daran. Sie hoffen, sich durch die Kontrollen schmuggeln zu können.

Diebstahl ist selten, Gewaltverbrechen wie Raub, Mord oder Totschlag, von denen Touristen betroffen wären, sind Ausnahmen.

Souvenirs

Wer die Pyramiden von Saqqara besucht – egal ob mit dem Bus oder dem Taxi –, wird bei einer Teppichfabrik und einer Papyrus-Schule anhalten. In ersterer knüpfen Kinder unter staatlicher Aufsicht und nach dem Schulbesuch für eine behördlich genehmigte Zeitspanne Teppiche, die auch nach Deutschland zuverlässig nachgesandt werden. In letzterer wird man mit der einstigen pharaonischen Papyrusherstellung vertraut gemacht und kann auf Papyrus gemalte pharaonische Szenen kaufen. Diese sind handgemalt und nicht, wie oft in Kairoer Touristenbasaren, per Stempel gedruckt.

An allen touristischen Orten gibt es kleine Pharaonen-Figuren; weitgehend authentisch, allerdings auch teurer, sind diese Skulpturen im Geschäft des Ägyptischen Museums in Kairo. In allen Touristenzentren kann man Namen in Hieroglyphen in eine Gold- oder Silberkartusche gießen lassen.

Telefonieren

Es gibt öffentliche Fernsprecher für lokale, nationale und internationale Gespräche. Grüne Telefone werden von dem Unternehmen Menatel, rote von Nile Phone betrieben. Apparate von Menatel sind weiter verbreitet als vom Konkurrenten Nile Phone. Für diese Fernsprecher benötigt man eine Telefonkarte (zu 5, 10, 20 oder 40 L.E.), die man in Geschäften, bei Straßenhändlern, Zeitungsverkäufern, in der Post und auf Bahnhöfen erhält.

Ägypten ist an das internationale Mobilfunknetz des GSM-Standards angeschlossen. Entlang des Nil-Tals von Alexandria bis Assuan, entlang des Suez-Kanals von Port Said über Ismailiyya bis Suez, an der Küste des Roten Meeres etwa in Hurghada und auf dem Sinai kann man mit dem Handy in Europa anrufen.

Landesvorwahl nach Deutschland Tel. 0049, nach Österreich Tel. 0043, in die Schweiz Tel. 0041. Auslandsgespräche werden auch in Hotels vermittelt. Die Gespräche vom Hotelzimmer sind deutlich teurer als von einem öffentlichen Telefon mit Telefonkarte.

Toiletten

Die öffentlichen Toiletten an Busstationen, Bahnhöfen, in Cafés, in Zügen oder Überlandbussen sind in einem schlechten hygienischen Zustand. Im Tagesrucksack sollte eine Rolle Toilettenpapier nicht fehlen. In Alexandria, Kairo, Luxor, Assuan und Hurghada verfügen Vier- und Fünf-Sterne-Hotels oder die Filialen von McDonald´s und Kentucky Fried Chicken über ordentliche Toiletten.

Unterkunft

Kairo, Alexandria, Luxor, Assuan und Hurghada bieten Hotels aller Preisklassen. Dennoch kann es während der Hauptreisezeiten, vor allem über Weihnachten und Ostern, zu Engpässen kommen. Rechtzeitige Buchung ist deshalb ratsam.

Von Mai bis September gewähren Mittelklasse- und Luxushotels Preisnachlässe. Wer länger als eine Woche in einem Hotel wohnt, kann ebenfalls eine Ermäßigung verlangen, die nach mehr oder weniger langwierigen Verhandlungen meist auch gewährt wird.

Die offizielle ägyptische Klassifizierung der Hotels reicht von ***** (Luxus) über *** (Mittelklasse) bis zu sehr einfachen, nicht kategorisierten Unterkünften; das ›Sterne-System‹ entspricht nicht immer europäischem Standard. Gemessen an mitteleuropäischen Preisen der jeweiligen Kategorie sind ägyptische Unterkünfte meist günstiger.

Bei den preiswerten Hotels jenseits offizieller Sanktionierung sind Komfort und Sauberkeit mehr Ziel als Realität. Warmes Wasser ist hier keine Selbstverständlichkeit, das Frühstück nicht immer im Preis inbegriffen. Stattdessen muss man sich häufig mit Mehrbettzimmern sowie ungepflegten Gemeinschaftsbädern und -toiletten begnügen. In solchen Unterkünften müssen Reisende selbst für Toilettenpapier, Handtücher und Seife sorgen. Vor der Buchung sollte man die Funktionsfähigkeit der Dusche, der Toilette und der elektrischen Installation prüfen.

Achtung: Immer mehr Mittelklassehotels und auch die Häuser der gehobenen Kategorie verlangen aufgrund der hohen Inflation des ägyptischen Pfundes, dass die Rechnung in Dollar oder in Euro beglichen wird.

Verhalten in der Öffentlichkeit

Wer nach Ägypten reist, bewegt sich in einer fremden Kultur und Religion, auch wenn der Massentourismus solcherart Einsichten häufig überdeckt. Dabei ist das richtige Verhalten in der Öffentlichkeit ganz einfach: Man sollte die Landessitten – zumindest hinsichtlich der Kleidung – respektieren.

Verkehrsmittel

Flugzeug

Dass das innerägyptische Flugnetz gut ausgebaut ist, kommt den vielen Touristen zugute. Die Flotte der Egypt Air besteht größtenteils aus modernen Flugzeugen. Gemessen am deutschen Preisniveau sind die Preise sehr günstig. Zwischen Kairo, Alexandria, Luxor, Assuan und Abu Simbel verkehren die Maschinen mehrmals täglich. Die reine Flugzeit von Kairo nach Assuan mit einer Zwischenlandung in Luxor beträgt etwa 75 Minuten.

Eisenbahn

Ägypten besitzt ein gut organisiertes Eisenbahnnetz. Die Preise sind sehr niedrig. Studenten erhalten gegen Vorlage des Internationalen Studentenausweises 50 % Ermäßigung.

Es gibt eine erste und zweite Klasse mit Klima-Anlage, eine zweite Klasse ohne Klima-Anlage sowie eine dritte Klasse. Die Bahnfahrt von Kairo nach Luxor dauert zehn Stunden (einfache Fahrt in der ersten Klasse 60 L.E.), von Luxor nach Assuan drei Stunden (einfache Fahrt in der ersten Klasse 30 L.E.). Nachts fährt der Super Sleeper von Kairo nach Assuan (und in Gegenrichtung), ein komfortabler Schlafwagen, der eigens für Touristen eingesetzt wird. Da die Klima-Anlage in den Waggons der ersten Klasse häufig sehr kalt eingestellt ist, sollte man einen warmen Pullover dabei haben.

Züge der ersten Klasse verkehren sehr pünktlich; mit längeren Wartezeiten und Verspätungen muss man dagegen bei den Bahnen der zweiten und dritten Klasse rechnen. Unbedingt einige Tage im Voraus buchen! Touristen dürfen aus Sicherheitsgründen nur noch die Züge der 1. und 2. Klasse benutzen.

Autobus

Zwischen Kairo, Alexandria, Luxor und Assuan werden komfortable Reisebusse eingesetzt, die über eine Toilette, Bordservice, Klima-Anlage und Video verfügen. Die Video-Rekorder machen es auf längeren Strecken allerdings oft unmöglich, zu lesen oder zu schlafen. Die Fahrpreise sind sehr niedrig – je nach Strecke zwischen

40 und 60 L.E. Für Nachtfahrten wird ab 17 Uhr, manchmal auch erst ab 19 Uhr ein Zuschlag erhoben.

Neben den ›Schnellbussen‹ verkehren auf den gleichen Routen Autobusse, die in jedem Städtchen einen Zwischenstopp einlegen und daher sehr viel länger unterwegs sind. Diese haben keinen Video-Rekorder.

Sammeltaxi

Noch die kleinste Fellachen-Siedlung Ägyptens ist mit einem Sammeltaxi (Peugeot-Kombi) erreichbar. Das Sammeltaxi fährt erst ab, wenn alle Plätze besetzt sind.

Während ägyptische Busfahrer meist recht moderat fahren, preschen die ›Piloten‹ der Sammeltaxis vor, als gälte es, ein Rennen zu gewinnen. Unfälle auf Grund von überhöhter Geschwindigkeit, riskanten Überholmanövern oder Überladung des Fahrzeugs sind häufig. Ausgebrannte und demolierte Peugeot-Wracks liegen alle paar Kilometer am Straßenrand.

Wer dieser Gefährdung entgehen möchte, sollte sich mit anderen Reisenden ein Taxi mieten und für die eventuell frei bleibenden Plätze zahlen. Geben Sie dem Fahrer vorher exakte Anweisungen über die Höchstgeschwindigkeit und verpflichten Sie ihn auf einen defensiven Fahrstil, am Ende der Tour das Trinkgeld nicht vergessen.

Wasser

Das stark gechlorte, wenig schmeckende Leitungswasser kann man trinken. Wer kein Risiko eingehen möchte, kauft das preiswerte, nicht kohlensäureversetzte Mineralwasser.

Zeit

Ägypten folgt der Osteuropäischen Zeit, die der Mitteleuropäischen Zeit um eine Stunde voraus ist.

Zeitungen und Zeitschriften

»Spiegel«, »Stern«, »Frankfurter Allgemeine Zeitung«, »Süddeutsche Zeitung«, »Die Zeit« und die »Bild-Zeitung« sind in Kairo und Alexandria in den großen Hotels und bei Straßenhändlern erhältlich. In Luxor, Assuan und Hurghada führen die Andenken- und Postkartenläden der Luxushotels sowie die Touristenzentren die bekanntesten deutschen Zeitungen.

Täglich erscheint in Kairo die »Egyptian Gazette«, eine englische Tageszeitung mit den wichtigsten Nachrichten aus aller Welt; auch von der halbamtlichen Tageszeitung »Al Ahram« gibt es eine englische Ausgabe.

Einmal monatlich wird die Illustrierte »Cairo Today« publiziert, deren Veranstaltungskalender die kulturellen Ereignisse in Kairo und Alexandria auflistet. Im zweimonatigen Rhythmus wird die ebenfalls für Touristen geschriebene Illustrierte »Places in Egypt« ausgeliefert. Bei den Touristeninformationsbüros in Kairo, Alexandria, Minia, Luxor und Assuan erhält man die – oft allerdings vergriffenen – Informationshefte »Cairo by Night and Day«, »Alexandria by Night and Day« und »Upper Egypt by Night and Day«.

SPRACHFÜHRER

Aussprache

Die Konsonanten b, t, d, r, s, f, k, l, m, n werden wie im Deutschen ausgesprochen. Besonderheiten gibt es bei den folgenden Buchstaben:

’ (hamza); markiert einen Stimmabsatz; im Deutschen kommt dies zum Beispiel beim Wort Postamt (wir sagen nicht Po-stamt) vor; mas’ûl – verantwortlich.

g (gîm); in einigen Teilen Ägyptens wird dies wie ein ganz normales g gesprochen; in weiten Teilen der arabischen Welt ist der Buchstabe jedoch ein dj; beides ist beliebig verwendbar; gebel oder djebel – Berg; gamîl oder djamîl – schön.

h (ha); die arabische Sprache kennt zwei unterschiedlich ausgesprochene h: ein aus der Lunge hervorgehauchtes und ein normales h; da die Aussprache des gehauchten h für europäische Kehlen zu schwierig ist, werden die beiden h hier als ein Buchstabe genommen; zu beachten ist, dass das h nicht als Dehnungsbuchstabe genutzt wird, es muss immer mit ausgesprochen werden; dahr – Rücken.

ch (cha); wie im Deutschen in Bach; charita – Landkarte. Viele Umschriften benutzen das anglisierte kh für das ch.

r (ra); ein gerolltes r; ragul – Mann

gh (ghein); ein nicht gerolltes r; ghârib – fremd, seltsam.

c (^{c}ein); das ^{c}ein ist ein gepresster Kehllaut, der durch die Verengung des oberen Teiles der Luftröhre erzeugt wird; ^{c}eila – Familie; mammu ^{c}a – verboten.

s (sîn); stimmloses s wie in Moos; samak – Fisch.

z (zên); stimmhaftes s wie im englischen Wort zoo; zâki – intelligent.

sh (shîn); wie ein sch im Deutschen; shams – Sonne.

q (qâf); gesprochen wie ein k, doch färbt sich der Nachbarvokal dunkler; in einigen Teilen Ägyptens fällt das q weg und wird durch eine hamza (’) ersetzt; faqîr – arm (fa’ir).

w (waw); wird breit ausgesprochen, ähnlich wie in den Sprechblasen von Comics (wow); zusammen mit dem a ergibt sich der Doppellaut au; law – wenn.

y (ya); wie das deutsche j; yôm – Tag.

Die Vokale

Die arabische Sprache kennt lang und kurz gesprochene Vokale. Da kurze Vokale nicht geschrieben werden, müssen die unterschiedlichen Vokale gekennzeichnet werden.

Lange Vokale tragen ein Hütchen; die Unterscheidung ist wichtig, denn sonst kommt es zu Missverständnissen; matar – Regen, matâr – Flughafen; hadîs – Gespräch, hâdis – Unfall

Betonung

In der Regel wird die vorletzte Silbe betont.

Fragewörter

Wann	imta
Warum	lê

Was	ê
Welche, -r, -s	ayyi
Wer	mîn
Wie	izzai
Wie bitte	na'am
Wie lange, wie weit	add ê
Wie teuer	bi kâm
Wo	fên
Woher	minên
Wohin	illa fên

Wochentage

Sonntag	yôm al hadd
Montag	yôm al itnên
Dienstag	yôm al talât
Mittwoch	yôm al arba^{c}a
Donnerstag	yôm al chamîs
Freitag	yôm al guma^{c}a
Samstag	yôm as sabt

Unterwegs im Lande

Auto	arabiyya
Bahnhof	mahatta
Bahnsteig	rasîf
Botschaft	sefâra
Bus	utubês
Deutsche Botschaft	sefârit almanya
Deutschland	almanya gharbiyya
direkt	^{c}alu tûl
Dorf	qarya
dort	hinâk
Ermäßigung	tachfîd
Fahrkarte	tazkâra
Flug	tairân
Flughafen	matâr
Flugzeug	tayyâra
Fluss	nahr
Gasse	hâra
Geld	filus
geradeaus	^{c}ala tûl
hier	hina
hin und zurück	râyih gay
Insel	gezîra
Klasse	daraga
Kleingeld	fakka
Konsulat	qunsiliyya
langsam	shuwayya
links	shmâl
Markt	suq
Meer	bahr
Norden	shamâl
Osten	sharq
Preis	taman
Pyramide	haram
rechts	yamîn
Reise	rihla
Schalter	shibbak at tazâkir
Schiff	markib
schnell	bi sura^{c}a
Stadt	medîna
Strand	shatt
Straße	shari^{c}a
Süden	ganûb
Taxi	tax
Weg	tariq
Westen	gharb
Zug	atr

Essen und Trinken

Auflauf	bil forn
Bananen	môs
Bestellung	talâb
Bier	bîra
Bohnen (gekocht)	fûl
Bohnenfrikadelle	ta'amiyya/felâfel
Brot	^{c}aish
Eier	bêd
Eis	talg
Essen	akl
Fleisch	lahma
Gabel	shôka
Gemüse	chadar

Hackfleisch-bällchen	kufta
Hammelfleisch (gegrillt)	kebab
Hühnchen	farcha
Kaffee	ahwa
Kartoffeln	batâtis
Käse	gibna
Lebensmittelladen	dukkan
Leber	kibda
Löffel	mal^{c}a
Mangos	manga
Milch	leben
Milchreis	ruzz bil leben
Mittagessen	ghada
Nudeln	makrona
Oliven	zetûn
Orangen	burtu'ân
Pfeffer	filfil
Rechnung	hisâb
Reis	ruzz
Restaurant	mata^{c}am
Salz	malh
Schafskäse	gibna bêda
Speisekarte	listit al akl
Tasse	fingân
Tee	shai
Teller	tiba'a
trinken	mashrub
Wasser	mâyya
Wein	nabîd
Weinblätter (gefüllt)	warra ^{c}einab
Zitrone	lemûn
Zucker	sukkâr
Zwiebeln	bassal

Im Hotel

Balkon	balkona
Bett	sirîr
Doppelzimmer	ôda bisirên
Hotel	funduq
Telefon	tilifôn
Toilette	dort al mâyya
Zimmer	ôda/ghurfa

Gesundheit

Apotheke	saideliyya
Arzt	hakîm/tabîb
Auge	^{c}ein
Augentropfen	'atra
Cholera	kolera
Durchfall	ishâl
Entzündung	iltihâb
Fieber	harara
Fuß	rigl
Gesundheit	saha
Grippe	infilwenza
Halsschmerzen	waga^{c}al ra'ba
Hand	^{c}îd
Herz	'alb
Hilfe!!!	musa'ada!!!
Injektion	'ibra
Kopf	dimâg
Kopfschmerzen	suda^{c}a
krank	^{c}ayyân
Krankenhaus	mustashfa
Magen, Bauch	batn
Magenschmerzen	waga^{c}a al ma^{c}ada
Malaria	malaria
Medizin	dawa
Mund	fumm
Ohr	widn
Operation	^{c}amaliyya
Pille	habbayya
Rezept	wasta
Rücken	dahr
Schmerzen	waga^{c}a
schwanger	hâmil
Tablette, Pastille	urs
Unfall	hâdis
Verstopfung	imsâk
wichtig	muhimm
Wunde,	garh

Post, Bank, Behörden

Angestellter, Beamter	muazzaf
Anzeige	shakwa
Armee	gêsh
Bank	bank
Brief	gawâb
Briefmarke	tâbiᶜa
Bürgermeister	ᶜumda
Bürgermeisteramt	ᶜumdiyya
Dokument	mustanad
Einreisevisum	ti'ishirit ad dichûl
Formular	istimara
Geld	filus
Hauptpost	al bosta markasi
Kleingeld	fakka
Luftpost	barîd gawwi
Polizei	shurta
Polizeistation	'ism al shurta
Post	bosta
Reisescheck	shik rihla
Telefon	tilifôn
Telefongespräch	hadîs tilifôn
Touristenpolizei	shurtit as siaha
Zoll	al gamâraik

Zahlen

٠	١	٢	٣	٤	٥	٦	٧	٨	٩
0	1	2	3	4	5	6	7	8	9

1	wâhid
2	itnên
3	talâta
4	arbaᶜa
5	chamsa
6	sitta
7	sabaᶜa
8	tamanya
9	tisᶜa
10	ᶜashra
11	hidâshar
12	itnâshar
13	talatâshar
14	arbaᶜatâshar
15	chamastâshar
16	sittâshar
17	sabaᶜatâshar
18	tamantâshar
19	tisᶜatâshar

Die Zahlen von 20 bis 90 enden auf -în

20	ishrîn
30	talatîn
40	irbiᶜîn
50	chamsîn
60	sittîn
70	sabaᶜîn
80	tamanîn
90	tisᶜaîn

Die Verbindung von Einer- und Zehnerzahlen erfolgt durch das Bindewort we (und)

21	wâhid we ishrîn
22	itnên we ishrîn
23	talâta we ishrîn
24	arbaᶜa we ishrîn

Die Hunderterzahlen enden bis auf zwei Ausnahmen auf -miyya

100	miyya
200	mitên
300	tultumiyya
400	urbuᶜmiyya
500	chumsumiyya
600	suttumiyya
700	subᶜumiyya
800	tummumiyya
900	tusᶜumiyya
1000	alf

REGISTER

REISEATLAS

LEGENDE

1 : 1.850.000

0 — 60 km

Schnellstraße mit Nummer (04)	Internationaler Flughafen
Fernstraße	Flugplatz
Hauptstraße	Bergbau
Nebenstraße	Pyramide
Piste	Sehenswürdigkeit
Eisenbahn	Archäologische Stätte
Kanal	Moschee
Staatsgrenze	Kloster; Kirche
Provinzgrenze	Leuchtturm
Museum	Höhle
Badestrand	National-/Naturpark
	Berggipfel; Höhenpunkt; Pass

A
B
C
1
2
3
4
El Burg
Baltîm
Burg Migheizil
Rosetta
(Rashîd)
Bahra el Burullus
'Ezbet
el Gezîra
ALEXANDRIA
(EL ISKANDARÎYA)
Canopus
Abu Qîr
Maamûra
Kafr
Silîm
El Dikheila
Agami
Kafr
el Dauwâr
El
Mahmûdîya
Mutûbis
Fuwa
El Haddâdi
Sidi Sâlim
Buto
El Hâmûl
Disûq
Kafr
el Sheikh
Biyala
Talkha
Abu
Hummus
DAMANHÛR
Shubra
Khît
Sa
el Hagar
EL MAHALLA
EL KUBRA
Iseum
Aga
Samannûd
El Simbillâwe
Abu Sir
Burg el Arab
Abu el Matâmîr
el Bahari
Hôsh Îsa
Naucratis
Basyûn
Ityâi
el-Barûd
El Dilingât
Ibyâr
TANTA
Abu Mena
Zâwyet
el Sinûsîya
Qarâ el Nûbârîya
Kôm Hamâda
Tala
Mît
Ghamr
'Alam el 'Afrag
82m
Nasr
Mudiriyet el Tahrir
El Batânûn
Gebel el Bâsûr
33m
Gebel Na'um
38m
El Shuhada
Quweisna
Alexandria Desert Road
Shibîn
el Kôm
Minya
el Qamh
'Alam Nafâza
149m
Âbâr el Brins
Gebel Mreir
37m
-24m
Wâdi Natrûn
Kôm Abu
Billu
Sirs el
Laiyana
Benha
Hathribi
Qâret el Mashrûka
135m
189m
Sadat
City
Shibîn
el Qanâtir
Deir el
Baramûs
Minqâr el Magabra
163m
Deir el Suriani
Deir Amba Bishoi
Deir Abu Maqar
Samâdûn
el Faiyâda
86m
Abu Za'bal
El Khânka
Gebel Qantara
198m
Shatânûf
SHUBRÂ
EL KHEIMA
Abu Rawâsh
EL GÎZA
Gebel Gubr
182m
Gîza
Sphinx
El Hawâmd
230m
Gebel Risu
Zâwyet
el Aryân
Abu Sir
Saqqâra
Memphis
Helua
Dahshûr
Dahshûr
Barnasht
Ghard el Tafasikh
353m
El Hai
Qasr el Sagha
Lisht
El Saff
Soknopaios
Mît Salsîl
Kôm Aushîm
El Widy
Tâmîya
345m
Gebel Qatrâni
Dionysias
Qârûn
Birket Qârûn
Philadelphia
El Hammâm
Sinnûris
Gerza
El Qubât
Madinet Walfa
Kharâbât Ihrît
Biahmo
Medûm
Atfih
FAYOUM
Crocodilo-
polis
Qâret Gahannam
224m
Wadi al
Rayan
Hawara
El Wasta
Madwar el Bighâl
283m
El Midawara
68m
Madinet
Mâdi
Itsa
El Lâhûn
El Lâhûn
Ishmant
El Gharaq el Sultâni
Heracleopol
is Magna
Bûsh
Umm el Bureigât
Minqân el Ruwayân
166m
Ihnâsya el
Madîna
Beni Suef
Dishâsha
Sumusta
Deir Samweil
254m
S. 234

D
E
F
1
2
3
4
Massabb Dumyât
Râs el Barr
Ezbet Gamasa
Gharbîya
Damietta
(Dumyât)
Kafr
Sa'd
Fâriskûr
Bahra el
Manzala
PORT SAID
Kôm Tinhîs
Port Fuad
Shirbîn
El
Gamâlîya
El Matarîya
El Manzala
Suez Canal
Khalîg el Tîna
Râs Burûn
Sabkhet el
Bardawîl
MANSÛRA
Bahr Hadûs
El Tîna
Tell
el Farama
Bîr el 'Afein
Bîr el 'Abd
El Mazâr
Sân el Hagar
Tanis
Tell el Rub
Thmuis
El Sûfîya
El Cap
Bahr el
Baqar
Gilbâna
Români
Bîr Kasseiba
Bîr Nagîd
Gebel el Amrar
319m
Tell
Fara'ûn
Daphnae
El Tell el Ahmar
El Qantara
el Gharbîya
El Qantara el Sharqîya
Umm'Agârim
149m
El
Huseinîya
Tell el Dab'a
Fâqûs
El Munâgât
el Kubra
Abu Kebîr
El Ballâh
116m
Gebel Maghâra
Rigal el-Khalla
208m
Gebel Hamâyir
625m
Zagazig
El Tell
el Kebîr
El Qassâsîn
Kathîb el Henu
207m
Tell Basta
ISMÂILÎYA
Bîr Barth
el Higâyib
Bîr Rôd Sâlim
Abu
Hammad
Bahr el Ismâ'ilîa
Tell el Mas'khûta
Serapeum
Bilbeis
Abu Sultân
Khatmia Pass
Bîr Gifgâfa
Gebel Yi'allaq
1094m
Zawâmil
Ramadan
City
Fâyid
Großer
Bittersee
Kleiner
Bittersee
Gebel el Girba
237m
Gineifa
Bîr
el Giddi
Giddi
Pass
Bîr el Thamâda
El Dar el Beida
Ahmed Hamdi Tunnel
Gebel el Giddi
840m
CAIRO (EL QÂHIRA)
El 'Agrûd
El Kûbri
Gebel 'Ataqa
871m
SUEZ
Mitla Pass
Wâdi el Agmeidara
Gebel Kahalîya
591m
Port Tawfîq
'Uyûn Mûsa
Qa'lat el Jundi
Gebel Abu Shâma
578m
Adabîya
Ain Sudr
Gebel Akheidir
367m
Bîr Bad'
Bîr Udeib
Sheikh
Salâma
Wâdi el Shûna
W. Ghuweibba
Sudr
Râs El Sudr
Gebel Sinn Bishr
622m
Wâdi Gheita
Wâdi el Wirâg
Naqb Ghûl
861m
Ain Sukhna
Asl
1076m
'Idwet el Mall
726m
Bîr Abu Darag
Gebel Khoshira
381m
Wâdi el Sîq
Kûlet el Qrein
897m
Râs
Matarma
S
i
Gebel Fûl
435m
Wâdi Abu
Râs Abu
Darag
Râs
Mal'ab
Gebel el Galâla
1274m
Râs Umm Maghrab
930m
El Gharandal
El Tarabil
994m
el Baharîya
G o l
Zafarâna
El Tileimât
223m
Sarabît
el Khâdim
Abu Zenîma
Mersa Thilmet
Bîr Buerât
Gebel Thilmet
Gebel Ataitîr el D
05
43
44
46
04
30
39
48
47
32
34
42
49
31
301
45
24
402
305
03
401
23
33
26

S. 235

A
B
C
1
2
3
4
S. 232
S. 236
Qasr el Sagha
Soknopaios
Mît Salsîl
Kôm Aushîm
Lisht
El Hai
El Saff
El Widy
Tâmîya
Philadelphia
Birket Qârûn
Dionysias
Qârûn
Gebel Qatrâni
345m
353m
Madinet Walfa
El Hammâm
Sinnûris
Gerza
Medûm
El Qubâbât
Atfîh
Biahmo
Kharâbât Ihrît
FAYOUM
Crocodilopolis
Qâret Gahannam
224m
Wadi al Rayan
Hawara
El Wasta
Gebel Tarbûl
Abu Khashirât
310m
Gebel el
el Baha
Madwar el Bighâl
283m
El Midawara
68m
Itsa
Madinet Mâdi
El Lâhûn
Ishmant
El Gharaq el Sultâni
Heracleopolis Magna
Bûsh
Umm el Bureigât
Minqân el Ruwayân
166m
Ihnâsya el Madina
Dishâsha
Beni Suef
254m
Wâdi el Wirâg
Kûlet
Sumusta el Waqf
Biba
Deir Samweil
Gabal el Nûr
W. Abu Rimth
Qâret 'Abd el Hafîz
269m
Minqâr Shinnâra
251m
El Fashn
Gineinet el 'Ata
318m
El Gafâdûn
El Hîba (Ancyronpolis)
Qâret el Balad el Kharba
167m
El Basqlaqûn
El Qâiyât
Zâwyet el Gidâmi
Dûr el Abyad
257m
Maghâgha
W. Quss
W. Abu Khar
El Bahnasa (Oxyrhynchos)
Abu Girg
Shârûna
Geb
Beni Mazâr
Matâi
Daqûf
El Sirîrîya
Gebel el Ahmar
232m
Khashm el Raqaba
483m
Samâlût
Deir Gabal el Teir
Nazlet el 'Amûdein
Deir el 'Adra
Wâdi el Tarfa
Tihna el Gabal
Acoris
Idmu
Qurûn Harhash
416m
Tuwa Beni Ibrâhîm
MINIA
Arabische
Talla
Kôm el Ahmar
Saft el Khammâr
Beni Ahmad
El Fiqrîya
Abu Qurqâs
(Östliche
Balansûra
Beni Hassan
Speos Artemidos
Hôr
El Mahras
El Sheikh 'Ibâda (Antinopolis)
Al Ashmunein/ Tuna el Gebel
El Rairamûn
Hermopolis
Mallawi
Tanda
Deir Mawâs
Tell al Amarna
Dalga
Königsgrab
Dairût el Shirif
El 'Imarîya
Dashlût
Dairût
Tilat Hassa
476m
Sanabu
Masâra
Mîr
El Qûsîya
Nekropole von Mîr
Umm el Qusûr
Deir El Miharraq
Beni Shiqeir
El Tatâlîya
Manfalût
Beni Mûhammadîyât
El 'Atâmna
'Arab Miteir
Beni 'Adi el Baharîya
Masrâ
Abnûb
El Atâwla
Manqâbad
ASSIUT (ASYÛT)
285m
Shutb
Durunka
El Mutî'a
Kôlet el Fartilla
487m
Felsengräber
Mûsha
Abu Tîg
El Zâwya
Beni Smei
El Nikheila
El Zârabi
El Badâri
Bîr Umm D
El Diweir
Sidfâ
Qâw el Kebîr (Antaeopolis)
Tima
Bîr Abu Ha
Gharbi
10
20
22
55
48
02
21
26
27
25

1 cm = 18,5 km 1 : 1.850.000
0 60 km

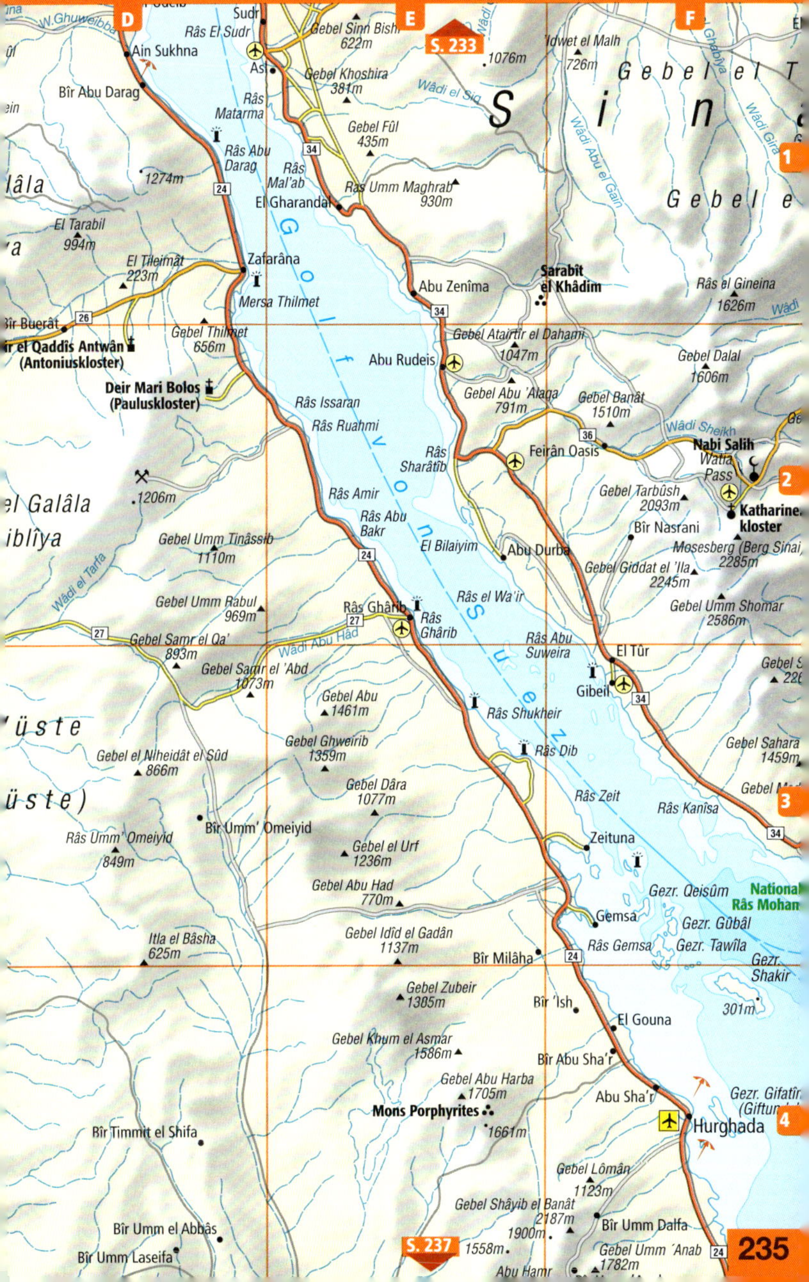

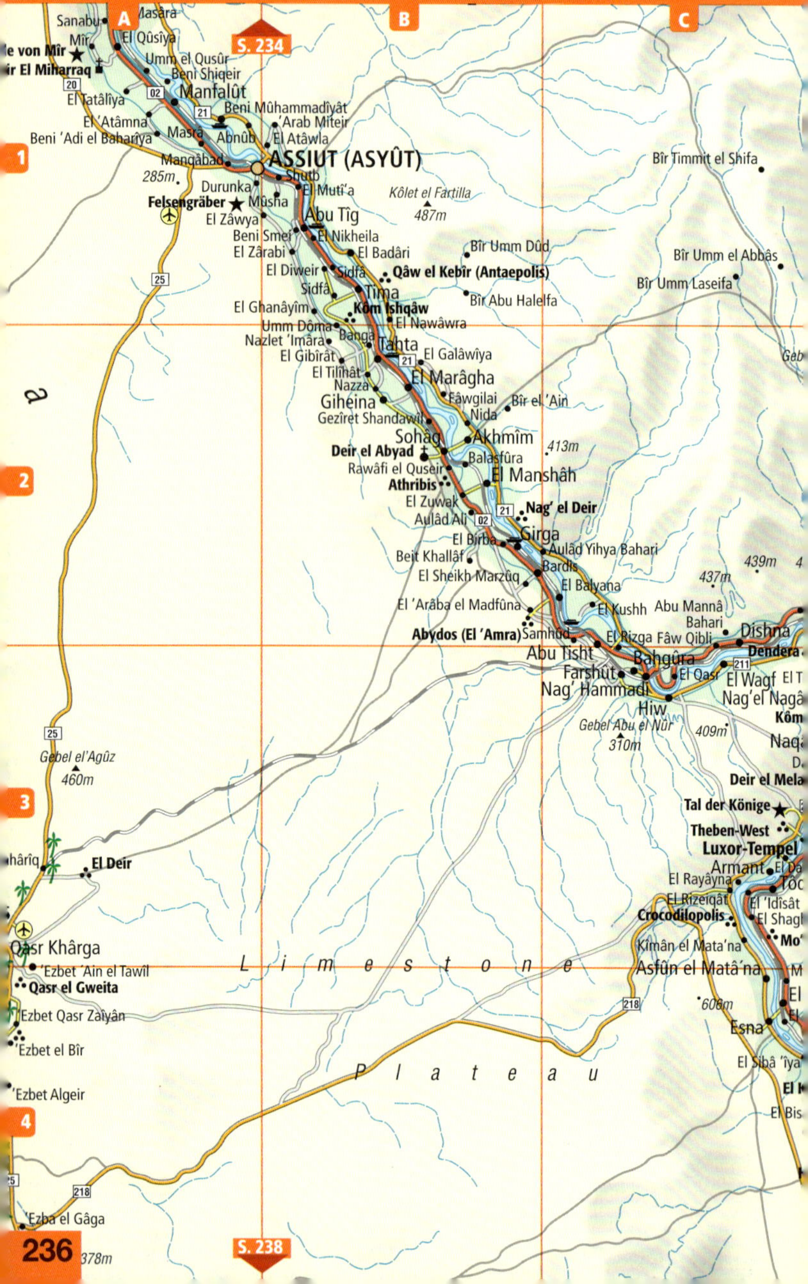

A
B
C
1
2
3
4
S. 234
S. 238
Sanabu
Masâra
Mîr
El Qûsîya
Umm el Qusûr
Beni Shiqeir
El Tatâlîya
Manfalût
Beni Mûhammadîyât
'Arab Miteir
El 'Atâmna
Masra
Abnûb
El Atâwla
Beni 'Adi el Bahariya
Manqâbad
ASSIUT (ASYÛT)
285m
Shutb
Durunka
El Muti'a
Felsengräber
Mûsha
Kôlet el Fartilla
El Zâwya
Abu Tîg
487m
Beni Smei'
El Nikheila
El Zârabi
El Badâri
Bîr Umm Dûd
Bîr Umm el Abbâs
Bîr Timmit el Shifa
El Diweir
Sidfâ
Qâw el Kebîr (Antaepolis)
Bîr Umm Laseifa
Tima
Bîr Abu Halelfa
El Ghanâyîm
Kôm Ishqâw
El Nawâwra
Umm Dôma
Nazlet 'Imâra
Banga
Tahta
El Galâwîya
El Gibîrât
El Tilîhât
El Marâgha
Nazza
Fâwgilai
Bîr el 'Ain
Giheina
Nida
Gezîret Shandawîl
Sohâg
Akhmîm
413m
Deir el Abyad
Balasfûra
Rawâfi el Quseir
El Manshâh
Athribis
El Zuwak
Nag' el Deir
Aulâd Ali
Girga
El Birba
Aulâd Yihya Bahari
Beit Khallâf
Bardis
439m
437m
El Sheikh Marzûq
El Balyana
El 'Arâba el Madfûna
El Kushh
Abu Mannâ Bahari
Abydos (El 'Amra)
Samhûd
El Rizga
Fâw Qibli
Dishna
Dendera
Abu Tisht
Bahgûra
Farshût
El Qasr
El Wagf
Nag' Hammadi
Nag'el Nagâ
Hiw
Gebel Abu el Nûr
409m
310m
Kôm
Gebel el'Agûz
460m
Deir el Mela
Tal der Könige
Theben-West
Luxor-Tempel
El Deir
Armant
El Rayâyna
El Rizeiqât
El 'Idîsât
Crocodilopolis
El Shagl
Qasr Khârga
Kimân el Mata'na
'Ezbet 'Ain el Tawil
Limestone
Asfûn el Matâ'na
Qasr el Gweita
'Ezbet Qasr Zaiyân
606m
Esna
'Ezbet el Bîr
El Sibâ 'iya
Plateau
'Ezbet Algeir
El Bis
'Ezba el Gâga
378m
20
02
21
25
211
218

D
E
F
1
2
3
4
S. 235
S. 239
Rotes Meer
Gebel Zubeir 1385m
Bîr 'Ish
El Gouna
301m
Gebel Khum el Asmar 1586m
Bîr Abu Sha'r
Gebel Abu Harba 1705m
Mons Porphyrites
1661m
Abu Sha'r
Gezr. Gifatîn (Giftun Island)
Hurghada
Gebel Lômân 1123m
Gebel Shâyib el Banât 2187m
Bîr Umm Dalfa
1900m
1558m
Gebel Umm 'Anab 1782m
Abu Hamr 1433m
Bîr Umm 'Anab
Mons Claudianus
Râs Abu Soma
Gebel Fatîra 1355m
1446m
Bîr Abu Murrât
Gezr. Safâga
Selebi
465m
Bîr Umm Tâghir
G. Nagâra 834m
Safâga
El Helta
Gebel Hadrabîya 759m
Abu Mareiwât
Bîr Safâga
Magal
Gebel Weira 1035m
Bîr Wasîf
Umm Huweitat
639m
Gebel Semna 1062m
Bîr Semna
Bîr Abu Gawa
28
24
Bîr el Qreiya
Bîr el Gidâmi
G. Umm Zarâbît 708m
Bîr Quei
Magal el Sâqi
Gebel Hamrâwein 679m
Gebel el Gîr 508m
G. el Rubshi 996m
619m
Qena
Gebel el Surai 657m
Bîr el Kubbanîya
Gebel Mi'tiq 1112m
Bîr Sivala
Bîr Nakheil
Bîr el 'Anz
Quseir
29
G. Umm Ba'anib 1038m
Bîr Beida
02
El Barâhma
Qift
Qasr el Banat
Bîr Umm Fawâkhir
438m
Bîr Zareib
El Zawâyda
Bîr el Hammamat
Bîr Kareim
Bîr 'Asal
Qus
El Laqeita
Bîr el Muweilih
Bîr Hamdalla
Higâza
Bîr el Qash
912m
Râs Abu'Aweid
El Qibli Qamûla
Khuzâm
Gebel Abu Tiyûr 1099m
Bîr Umm Gheig
Karnak-Tempel
Karnak 429m
Bîr Zaidûn
Gebel el Sibâ'i 1477m
Râs Toronbi
Luxor (El Uqsur)
Gebel el Nezzi 670m
Gebel Umm Naqqât 1309m
481m
Gebel Abu Diyâb 1160m
787m
El Mahâmîd
El Kâb (Nekhab)
Gebel 'Igla el Iswid 973m
Serier Maharrâr 271m
Barrâmîya
363m
212
El Killi Sharq
El Kanâyis
814m
Edfu
Tempel
El Ridîsîya Bahari
Hangalîya
Gebel Serag
Gebel Hangaliya 1240m
408m
1198m
Bahr el (Nil)
Silwa Bahari

A
B
C
S. 236
Plateau
'Ezbet Algeir
218
'Ezba el Gâga
378m
'Ezbet Dush
'Ezbet el Maks el Qibli
Gebel Silsila -
Gebel el Ba
497m
275m
Libysche Wüste
Sheikh Zayed Canal
(in Planung)
550m
272m
Sinn el Kaddâb
(Westliche Wüste)
Nasser-S
Toshka Lakes
(in Bau)
366m
185m
Toshka
Karawanenrastplatz
El Derr
391m
El Dakka
Amada
Maha
As Sabu
Qasr Ibrim
336m
450m
Abu Simbel
1
2
3
4

D
E
F
S. 237
1
2
3
4
El Kâb (Nek
Serier Maharrâr
271m
363m
Barrâmîya
Gebel ´Igl swid
973m
Qibli
Gharb
El Kilh Sharq
El Kanâyis
212
814m
Edfu
Tempel
El Ridîsîya Bahari
isîya Qibli
Gebel Serag
Hangalîya
Gebel Hangaliya
1240m
408m
1198m
Gebel Nugrus
1505m
Bahr el Nil
(Nil)
Silwa Bahari
305m
Haremhab
El Kâgûg
Fâris
Bîr Umm Qubûr
Bîr Abu Had
Iqlît
Ombos
Kôm Ombo
Bimbân
El Nasr (Nasr City)
Kamelmarkt
Daraw
Sabakhâya
El ´Aqaba
el Saghîra
Ballâna
Gebel Musîwir
1021m
Gebel el Kammasha
247m
El Khattara
Bîr Abu
Hamâmîd
Sheikh
Shazly
02
ASSUAN
(ASWÂN)
886m
skloster
phantine
El Shallal
Bîr Quleib
Bîr Hileiyi
Gebel
1018m
r Damm
Philae (Agílkia)
391m
ara City
Sadd al Ali
(Assuan-Hochdamm)
Wâli
Kalâbsha
Gebel Zarqet Na´âm
823m
Bîr Abu
Hashîm
Arabische Wüste
Gebel Awamtib
793m
(Östliche Wüste)
Gebel Kala
Bîr Nagîb
Tempel
Bîr el Haimur
Gebel Seiga
Bîr Murra

Abbildungsnachweis

Axel Krause/laif, Köln: Titelbild, vordere und hintere Umschlagklappe, S. 2/3, 8, 10, 67

Clemens Emmler/laif, Köln: S. 1, 14, 16, 19, 20, 22, 27, 29, 30, 33, 34, 37, 39, 41, 51, 54, 57, 60, 63, 64, 70/71, 73, 74, 76, 84, 87, 90, 93, 97, 101, 107, 114, 116, 119, 120, 125, 129, 132, 138, 143, 152, 158, 160,164, 168, 173, 176, 179, 180, 184, 188, 194, 197, 199, 203, 205, 206

Hans-Günter Semsek, Köln: S. 42, 43, 46, 47

Kartografie

DuMont Reisekartografie, Fürstenfeldbruck

© MAIRDUMONT, Ostfildern

4., aktualisierte Auflage 2007
© DuMont Reiseverlag, Ostfildern
Alle Rechte vorbehalten
Grafisches Konzept: Groschwitz, Hamburg
Druck: Rasch, Bramsche
Buchbinderische Verarbeitung: Bramscher Buchbinder Betriebe